Michael Behrens
Richard Roth (Hrsg.)

Biometrische Identifikation

DuD-Fachbeiträge

herausgegeben von Andreas Pfitzmann, Helmut Reimer, Karl Rihaczek
und Alexander Roßnagel

Die Buchreihe DuD-Fachbeiträge ergänzt die Zeitschrift DuD – Datenschutz und Datensicherheit in einem aktuellen und zukunftsträchtigen Gebiet, das für Wirtschaft, öffentliche Verwaltung und Hochschulen gleichermaßen wichtig ist. Die Thematik verbindet
Informatik, Rechts-, Kommunikations- und Wirtschaftswissenschaften.
Den Lesern werden nicht nur fachlich ausgewiesene Beiträge der eigenen Disziplin geboten, sondern auch immer wieder Gelegenheit, Blicke über den fachlichen Zaun zu wer-
fen. So steht die Buchreihe im Dienst eines interdisziplinären Dialogs, der die Kompetenz
hinsichtlich eines sicheren und verantwortungsvollen Umgangs mit der Informationstechnik fördern möge.

Unter anderem sind erschienen:

Heinrich Rust
Zuverlässigkeit und Verantwortung

Joachim Rieß
Regulierung und Datenschutz im
europäischen Telekommunikationsrecht

Ulrich Seidel
Das Recht des elektronischen
Geschäftsverkehrs

*Günter Müller, Kai Rannenberg,
Manfred Reitenspieß, Helmut Stiegler*
Verläßliche IT-Systeme

Kai Rannenberg
Zertifizierung mehrseitiger
IT-Sicherheit

Hannes Federrath
Sicherheit mobiler Kommunikation

Volker Hammer
Die 2. Dimension der IT-Sicherheit

Dogan Kesdogan
Privacy im Internet

Alexander Roßnagel
Datenschutzaudit

Gunter Lepschies
E-Commerce und Hackerschutz

*Andreas Pfitzmann, Alexander Schill
Andreas Westfeld, Gritta Wolf*
Mehrseitige Sicherheit
in offenen Netzen

Patrick Horster (Hrsg.)
Kommunikationssicherheit
im Zeichen des Internet

*Dirk Fox, Marit Köhntopp,
Andreas Pfitzmann (Hrsg.)*
Verlässliche IT-Systeme 2001

Michael Behrens, Richard Roth (Hrsg.)
Biometrische Identifikation

Michael Behrens
Richard Roth (Hrsg.)

Biometrische
Identifikation

Grundlagen, Verfahren, Perspektiven

Die Deutsche Bibliothek – CIP-Einheitsaufnahme
Ein Titeldatensatz für diese Publikation ist bei
Der Deutschen Bibliothek erhältlich.

1. Auflage November 2001

Der Verlag Vieweg ist ein Unternehmen der Fachverlagsgruppe BertelsmannSpringer.
www.vieweg.de

Gedruckt auf säurefreiem und chlorfrei gebleichtem Papier

Konzeption und Layout des Umschlags: Ulrike Weigel, www.CorporateDesignGroup.de
Druck und buchbinderische Verarbeitung: Lengericher Handelsdruckerei,
Lengerich/Westf.
Printed in Germany

ISBN 3-528-05786-6

Vorwort

Die modernen elektronischen Diener, seien es Handys, Geldausgabeautomaten oder PCs, verweigern uns heute regelmäßig die Gefolgschaft, wenn uns das korrekte Passwort oder die passende Geheimzahl nicht rechtzeitig einfällt. Sind den Schöpfern derartiger Mensch-Maschine-Schnittstellen die Konsequenzen der ständig wachsenden Menge der damit einhergehenden Merkprozesse bewusst? Wenn wir es nicht in Zukunft als normal ansehen wollen, eine Vielzahl von Ziffern- oder unaussprechlichen Wort-Sonderzeichen-Kombinationen zu beherrschen, dann benötigen wir dringend bessere Alternativen. Eine vielversprechende Möglichkeit, personenbezogene Rechte geltend zu machen, bietet die biometrische Identifikation, bei der personenspezifische Merkmale zur Erkennung genutzt werden.

Eine Platzierung biometrischer Identifikationsverfahren in den unterschiedlichsten Anwendungsbereichen des alltäglichen Lebens verlangt eine Auseinandersetzung aus verschiedenen Blickwinkeln, da technische ebenso wie sozialwissenschaftliche Aspekte zu den bestimmenden Faktoren einer gesellschaftlichen Akzeptanz biometrischer Systeme gehören. Mit diesem Themenfeld hat sich im Dezember 2000 ein Symposium mit folgenden Zielen beschäftigt:

- Schaffung und Dokumentation von Basiswissen zu biometrischen Identifikationssystemen,

- Forcierung des offenen Gedankenaustausches zwischen den Fachdisziplinen und

- Anstoßen von neuen Fragen und Zukunftsszenarien für biometrische Systeme.

Die Ergebnisse aus Vorträgen und Diskussionsbeiträgen des Symposiums dienen als Basis für dieses Buch. Es gliedert sich in die Teile Grundlagen, Verfahren und Perspektiven.

Nach einer Einführung zum Thema von H. Reimer beschäftigt sich im Grundlagenteil der Beitrag von M. Behrens und R. Roth mit der begrifflichen Basis der biometrischen Identifikation, ihrer Funktionsweise sowie einem Klassifikationsansatz der Anwendungsfelder. Im Beitrag von A. Albrecht und T. Probst geht es um die Fragen zum Verbraucher- und Datenschutz. Ob biometrische Merkmale genetisch prädisponiert sind, erläutert G. Behrens. Mit der provokanten Frage, inwieweit biometrische Identifikation human sein kann, beendet J. Splett den ersten Teil.

Im zweiten Teil werden die derzeit verbreitetsten Verfahren der biometrischen Identifikation erläutert: Fingerbilderkennung (M. Behrens / B. Heumann), Gesichtserkennung (F. Weber), Sprechererkennung (J. Zinke), Iriserkennung (J. Daugman) sowie Unterschriftserkennung (C. Schmidt / J. Lenz).

Im abschließenden Teil zum Thema Perspektiven der biometrischen Identifikationssysteme setzen sich M. Behrens und R. Roth mit empirischen Befunden zur biometrischen Identifikation aus Nutzerperspektive auseinander. Während M. Rumpf der Frage nach geht, inwieweit aus dem Umfeld der biometrischen Identifikationssysteme innovative Unternehmensgründungen möglich sind, begründet L. Klemm aus industriepolitischer Sicht die Notwendigkeit der Integration von "Capital and Competence", um dem marktlichen Durchbruch biometrischer Systeme die notwendige Schubkraft zu verleihen.

Die Durchführung eines Symposiums und die Erstellung eines Buches erforderten die Unterstützung Vieler. Insbesondere möchten die Herausgeber an dieser Stelle den Mitarbeitern des BioTrusT-Teams der FH Gießen-Friedberg und Frau H. Schoeler in ihrer Funktion als Lektorin des Buches danken. Für die Erstellung des endgültigen Formats hat sich Herr C. Völp, Student am Fachbereich Wirtschaftsingenieurwesen und Produktionstechnik, besonders verdient gemacht. Ein herzlicher Dank gebührt auch Herrn Prof. Reimer, der als Geschäftsführer von TeleTrusT e.V. maßgeblich und frühzeitig zur Verbreitung der Idee der biometrischen Identifikation in Deutschland beigetragen hat. Für die ideelle und materielle Unterstützung bei der Durchführung von Symposium und Buchprojekt danken die Herausgeber auch Herrn Staatsminister a. D., L. Klemm und der first photonics capital.

Michael Behrens

Richard Roth

INHALTSVERZEICHNIS

1   BIOMETRISCHE IDENTIFIKATION - EINE AUSSICHTSREICHE INNOVATION..**1**

Helmut Reimer
1.1   Biometrie und Informationstechnologie 2
1.2   BioTrusT: Ein interdisziplinäres Projekt 4

I. TEIL: GRUNDLAGEN

2   GRUNDLAGEN UND PERSPEKTIVEN DER BIOMETRISCHEN IDENTIFIKATION..**8**

Michael Behrens und Richard Roth
2.1   Was ist biometrische Identifikation? 9
2.1.1   Einführung...9
2.1.2   Begriffliche Klärungen 9
2.2   Basismodell der biometrischen Identifikation 10
2.2.1   Merkmalsauswahl..11
2.2.2   Messung von Merkmalen..14
2.2.3   Individualisierung 15
2.2.4   Technischer Aufbau des biometrischen Identifikationssystems 19
2.3   Anwendungsfelder biometrischer Identifikationssysteme 21
2.3.1   Aufgaben biometrischer Identifikation als Ausgangsbasis für einen
        Klassifikationsansatz 21
2.3.2   Zugangssicherung 23
2.3.3   Personalisierung..23
2.3.4   Klassifikation der Anwendungsfelder......................................24
2.4   Zusammenfassung 25

3   BEDEUTUNG DER POLITISCHEN UND RECHTLICHEN RAHMENBEDINGUNGEN FÜR BIOMETRISCHE IDENTIFIKATIONSSYSTEME..**27**

Astrid Albrecht und Thomas Probst
3.1   Einführung...28
3.2   Einsatzfelder biometrischer Verfahren 29
3.3   Datenschutzrechtliche Besonderheiten der Biometrie 32
3.3.1   Risiken der Personengebundenheit 32
3.3.2   Überschießender Informationsgehalt 33
3.4   Potenzieller Nutzen der Biometrie..33
3.5   Datenschutzrechtliche Regelungen..35
3.5.1   Technischer Datenschutz 35
3.5.2   Einzelne Problemfelder der Datensicherheit............................36

3.5.3   Problematik der Sicherheitsvermutung 38
3.5.4   Template-freie Verfahren 39
3.6   Größere Rechtsverbindlichkeit 40
3.6.1   Elektronischer Zahlungsverkehr 41
3.6.2   Elektronischer Rechtsverkehr 45
3.7   Rechtliche Rahmenbedingungen 49
3.8   Ausblick 51
3.9   Zusammenfassung 52

**4   HUMANGENETISCHE ASPEKTE: ZUSAMMENHANG ZWISCHEN
         BIOMETRIK, KÖRPERMERKMALEN UND GENEN 55**

Gloria Behrens
4.1   Einführung 56
4.2   Gene und Proteine 56
4.3   Zellen 57
4.4   Chromosomen 58
4.5   DNA 59
4.6   Genotyp und Phänotyp 60
4.7   Genexpression: vom Gen zum Protein 60
4.8   Merkmale und Genpolymorphismus 62
4.8.1   Monogene Körpermerkmale 63
4.8.2   Polygene Merkmale 63
4.9   Genregulation 65
4.9.1   Embryogenese 65
4.9.2   Genregulation in der Embryogenese 66
4.10   Zusammenfassung 68

**5   BIOMETRIK HUMAN?   ZU ETHISCHEN FRAGEN IM
         ZUSAMMENHANG MIT BIOMETRISCHEN
         IDENTIFIKATIONSVERFAHREN 71**

Jörg Splett
5.1   Erkannt – nicht erkannt? 72
5.2   Identifikation und Geheimnis? 73
5.3   Der Mensch messbar? 75
5.4   Mensch und Maschine 76
5.5   Mensch und Mensch 77

II. TEIL: VERFAHREN

6   FINGERBILDERKENNUNG 81

Michael Behrens und Björn Heumann
6.1   Historische Entwicklung...82
6.2   Anatomische Charakteristika von Fingern...............................83
6.3   Abgrenzung von Fingerabdruck ("print"; offline) und Fingerbild (online) 85
6.4   Biometrisches Fingerbild-Identifikationssystem 86
6.4.1   Grundaufbau 86
6.4.2   Sensoren...86
6.4.3   Bildverarbeitung 91
6.4.4   Matching 96
6.4.5   Lebenderkennung 99
6.5   Enrollment bei Fingerbild-Identifikationssystemen................99
6.5.1   Anforderungen..99
6.5.2   Vorgehensweise 100
6.5.3   Qualitätsbewertung 100
6.6   Systembedingte Probleme bei Fingerbild-Identifikationssystemen..........100
6.6.1   Öffentliche Erkennbarkeit biometrischer Merkmale 100
6.6.2   Bewertung von Fingerbildsensortypen 101
6.6.3   Probleme bei berührungslosen Fingerabdrucksensoren........102
6.6.4   Qualitative Bewertung von Fingerbildsystemen.............102
6.7   Ausblick..103

7   GESICHTSERKENNUNG..105

Frank Weber
7.1   Einführung..106
7.2   Anwendungsaspekte 108
7.2.1   Vor- und Nachteile der Gesichtserkennung 109
7.2.2   Nutzungsmodi...110
7.2.3   Leistungsmerkmale heutiger Systeme 111
7.3   Technische Verfahren zur Gesichtserkennung 111
7.3.1   Typischer Systemaufbau...112
7.3.2   Hauptschwierigkeiten und Lösungsprinzipien.............113
7.3.3   Gesichtslokalisierung...115
7.3.4   Extraktion und Vergleich von Merkmalen....................117
7.4   Die FERET-Tests..122
7.5   Ausblick..124
7.6   Fazit 125

8   IRISERKENNUNG **129**

John Daugman
8.1   Einführung 130
8.2   Auffinden der Iris in einer Abbildung 132
8.3   Prüfung auf statistische Unabhängigkeit: die Kombinatorik der Wavelet-Phasensequenzen 138
8.4   Erkennung der Iris unabhängig von Größe, Position und Orientierung....144
8.5   Eindeutigkeit der nicht bestandenen Prüfung auf statistische Unabhängigkeit...148
8.6   Entscheidungsumgebung für die Iriserkennung................................152
8.7   Geschwindigkeit der Iriserkennung 156
8.8   Zusammenfassung 157

9   SPRECHERERKENNUNG **159**

Joachim Zinke
9.1   Einführung...160
9.2   Begriffsklärung...160
9.3   Sprachanalyse - Gewinnung von Merkmalen aus dem akustischen Signal 162
9.4   Mustererkennung von Sprache 166
9.5   DTW – "dynamic time warp" 167
       9.5.1 HMM – Hidden-Markov-Modelle 169
       9.5.2 Entscheidungsschwelle 171
       9.5.3 Fehlerraten 172
9.6   Einflussfaktoren von Fehlentscheidungen 173
9.7   Feldtests mit Prototypen 175
9.8   Zusammenfassende Wertung und Ausblick....................................176

10   UNTERSCHRIFTENERKENNUNG **179**

Christiane Schmidt und Jörg-M. Lenz
10.1   Einführung...180
10.2   Grundprobleme der Schreibererkennung...181
       10.2.1 Entwicklung von Handschrift 181
       10.2.2 Physiologische Einflussfaktoren 182
       10.2.3 Konstanz und Konsistenz in Schriftproben.........................185
10.3   Beschreibung von Schriftproben 186
       10.3.1 Vorgehen beim Handschriftengutachten..............................186
       10.3.2 Mathematische Modelle...187
       10.3.3 Erfassung von Schriftproben...188
       10.3.4 Qualitative und quantitative statische Schriftmerkmale.......189
       10.3.5 Schriftmerkmale aus der Schreibbewegung.........................190

10.3.6 Schreibbewegungsmerkmale aus dem Schriftbild 191
10.4   Einsatzgebiete automatischer Schriftprüfsysteme....................................192

III. TEIL: PERSPEKTIVEN

11   BIOMETRISCHE IDENTIFIKATION AUS NUTZERPERSPEKTIVE – EMPIRISCHE BEFUNDE 195

Michael Behrens und Richard Roth

11.1   Einführung 196
11.2   Untersuchungsmethodik 196
11.2.1 Untersuchungsinhalt Technik 198
11.2.2 Untersuchungsinhalt Sozialwissenschaft 200
11.3   Empirische Ergebnisse..201
11.3.1 Ziele und Grundstruktur der empirischen Erhebung............................201
11.3.2 Kenntnisse und Einstellungen zur biometrischen Identifikation...........202
11.3.3 Analyse des Nutzungsprozesses 209
11.4   Entwicklung von Nutzungsfeldern zu einem Markt 217
11.5   Zusammenfassung und Ausblick 219

12   INNOVATIVE UNTERNEHMENSGRÜNDUNGEN AUS DER HOCHSCHULE - EINIGE GRUNDÜBERLEGUNGEN AM BEISPIEL DES TECHNOLOGIEFELDES BIOMETRIE 221

Maria Rumpf

12.1   Braucht Deutschland eine neue Gründungswelle?.....................................222
12.2   Evaluation eines Gründungsvorhabens: Was ist entscheidend bei der Förderung von innovativen Ausgründungen aus Hochschulen?..............223

13   WACHSTUMSMARKT BIOMETRIE? 227

Lothar Klemm

AUTORENVERZEICHNIS..231

1   Biometrische Identifikation - eine aussichtsreiche Innovation

Helmut Reimer

1.1   Biometrie und Informationstechnologie

Eine der großen Herausforderungen in offenen IT-Systemen – wie dem Internet – ist die Identifikation von Teilnehmern. Sie ist für einen verbindlichen elektronischen Geschäfts- und Rechtsverkehr genau so notwendig wie für Verwaltung von Zugriffsrechten auf Ressourcen und Informationen in Rechnernetzen. Geldwerte Transaktionen (wie zum Beispiel beim Homebanking) müssen auf einer zweifelsfreien Autorisierung der Teilnehmer beruhen. Zusammenfassend kann man Identifikation und Autorisierung als *Legitimation* eines Teilnehmers für bestimmte Anwendungen in einem IT-System betrachten.

Bei den weitverbreiteten wissensbasierten elektronischen Zutritts-, Zugangs- und Zugriffssystemen muss der Benutzer heutzutage ein von ihm geheim zu haltendes Wissen, sein persönliches Passwort (bzw. seine Geheimnummer - PIN), eingeben. Wird die richtige PIN oder das richtige Passwort eingegeben, so gibt das System die weiteren Schritte für den Benutzer frei: Der Benutzer wird zugelassen. Das System kann jedoch nicht entscheiden, ob tatsächlich die ursprünglich mit dieser PIN oder diesem Passwort ausgestattete Person zugelassen wurde oder eine andere, eigentlich nichtberechtigte Person, die im Besitz des richtigen Passwortes oder der richtigen PIN ist. Eine Schwäche des PIN- oder Passwortsystems liegt also darin, dass PIN und Passwort zwar *personenbezogen*, aber nicht *personengebunden* sind. Biometrische Merkmale sind prinzipiell in der Lage, diese Systemschwäche zu beheben, da sie personengebunden sind und nicht von anderen Personen vorgewiesen werden können. Allerdings muss auch in diesem Fall das IT-System das vorgewiesene biometrische Merkmal durch Vergleich mit einer vorher abgelegten Referenz prüfen und die Zugriffsberechtigung erteilen.

Eine weitere Schwäche rein wissensbasierter Authentisierungsverfahren besteht darin, dass Passwörter bei der Eingabe "abgelauscht" werden können oder mit Hilfe von Passwort-Wörterbüchern automatisch ermittelbar sind. Um einen angemessenen Schutz von IT-Ressourcen vor unbefugtem Zugriff zu erreichen, sind deshalb organisatorisch aufwendige und unbeliebte Maßnahmen des IT-Security-Managements zum regelmäßigen Wechsel von Passwörtern erforderlich. Außerdem gilt: Je besser die Passwörter in Bezug auf Wörterbuchangriffe sind, desto schwerer kann sie sich der Teilnehmer merken. Indem sich der Teilnehmer aber das Passwort notiert, entsteht wieder eine neue Sicherheitslücke. Auf den ersten Blick scheinen Vorteile einer biometrischen Teilnehmeridentifikation auch in dieser Hinsicht offensichtlich zu sein.

Betrachtet man die Idee der Verwendung von biometrischen Merkmalen allerdings genauer, so ergeben sich mindestens drei spezifische Aspekte, die bei der Ausgestaltung von biometrischen Authentisierungsverfahren zu berücksichtigen sind:

- Die Zahl der verwendbaren biometrischen Merkmale ist begrenzt; anders als bei Passworten ist die Diskreditierung z. B. eines Fingerprints in einem IT-System eine direkte Einschränkung der Handlungsoptionen des Teilnehmers.

- Biometrische Merkmale sind keine Geheimnisse. Eine Reihe von ihnen können auch nicht verborgen werden, sondern werden unweigerlich hinterlassen.

- Die biometrischen Merkmale werden in den IT-Systemen zu Datensätzen, die allen denkbaren Manipulations- und Kopierangriffen ausgesetzt sind und unter Umständen auch durch Wiedereinspielen eine Teilnehmeridentifikation vortäuschen können.

Diese Aspekte weisen darauf hin, dass die Anwendung biometrischer Identifikationsverfahren in IT-Systemen keineswegs trivial ist, sondern komplexe Überlegungen erfordert und hohe Ansprüche an eine Systemsicherheit stellt.

Für den Einsatz von biometrischen Identifikationsverfahren stellt das Konzept einer PSE – "personal security environment" – , das im Zusammenhang mit Anwendungen der asymmetrischen Kryptographie entwickelt wurde, einen erfolgversprechenden Ansatz dar. In der PSE sind alle Daten und Funktionalitäten zusammengefasst, die für eine Teilnehmerauthentifikation oder -legitimation erforderlich sind. Abgebildet wird die Idee der PSE beispielsweise durch eine SmartCard, deren Hard-/Softwaresystem den hohen Sicherheitsanforderungen für elektronische Signaturen genügt. Die Autorisierung des Teilnehmers gegenüber der SmartCard erfolgt üblicherweise wiederum durch ein Passwort, wobei dessen Verifikation innerhalb der PSE abläuft. Die Sicherheit der Identifikation wird gegenüber dem wissensbasierten Ansatz verbessert: Der Teilnehmer muss sich durch *Besitz* (personalisierte SmartCard) und *Wissen* (Passwort) legitimieren. Auch diese Lösung ist jedoch kein Schutz gegen die Möglichkeit, dass sich ein Unberechtigter beider Komponenten bedient.

Aktuelle Entwicklungen zielen darauf ab, die PSE über die derzeitigen Möglichkeiten der SmartCards hinaus zu erweitern. In die "Sicherheitsumgebung" derartiger Smart-Token – beispielsweise in Form von mobilen Endgeräten mit Dateneingabe- und Anzeigemöglichkeiten – können auch biometrische Identifikationsverfahren integriert werden. Ein Smart-Token kann dann nur vom Besitzer aktiviert werden, dessen elektronische Form der Merkmalsdaten auch ausschließlich in der PSE existieren.

Die Frage, in welchem Maße biometrische Verfahren tatsächlich Vorteile für die Vertrauenswürdigkeit von Informationssystemen bringen, kann jedoch nicht allgemein, sondern nur anwendungsbezogen beantwortet werden. Auch ihre Akzeptanz wird sich nur im Zusammenhang mit ihrer Notwendigkeit und Nützlichkeit im Konkreten entwickeln.

Im Zusammenhang mit dem Ziel von TeleTrusT Deutschland e. V., die gesellschaftliche und rechtliche Anerkennung einer mit kryptographischen Verfahren erzeugten elektronischen Signatur zu fördern, ist der Nachweis der Benutzerauthentizität bereits seit 1993 Gegenstand intensiver interdisziplinärer Diskussion zwischen Juristen und Technikentwicklern, Datenschutzbeauftragten und Vertretern der Verbraucherverbände. Die Suche nach einer Antwort auf diese Frage führte 1996 zur Gründung der TeleTrusT-Arbeitsgruppe "Biometrische Identifikationsverfahren". Dieses Gremium ist derzeit die einzige interdisziplinäre deutsche Plattform für Biometrieanwendungen im Umfeld der Informationstechnik. Sie bildet seitdem das Dach für zielgerichtete Aussagen zum Thema. Im TeleTrusT-Kontext behandelt die Arbeitsgruppe dabei vorrangig die Integration von biometrischen Verfahren in Konzepte für eine vertrauenswürdige Informations- und Kommunikationstechnik durch kryptographische Verfahren und eine Sicherheitsinfrastruktur (Zertifizierungsdienste – Trusted Services).

1.2   BioTrusT: Ein interdisziplinäres Projekt

Vor dem Hintergrund breiter Anwendungsfelder sind in den letzten zehn Jahren umfangreiche Forschungsarbeiten zu Anwendungseigenschaften biometrischer Merkmale, zur Sensorik und zur Aufbereitung biometrischer Daten, zu Fehlerquoten bei der Verifikation von biometrischen Daten bestimmter Personen usw. durchgeführt worden. Weltweit sind etwa 200 Unternehmen entstanden, die biometrische Verfahren zur Marktreife entwickeln wollen.

Bisher gibt es marktreife biometrische Verfahren in erster Linie für Anwendungsnischen, z.B. für die Zugangskontrolle zu Hochsicherheitsbereichen. Es handelt sich dabei um einen "angeordneten Einsatz" in spezieller (geschlossener) Systemumgebung, meist mit wenigen, "sicherheitsbewussten" Teilnehmern.

Die innovative Herausforderung besteht darin, die Verfahren so weiter zu entwickeln, dass sie den Ansprüchen einer breiten Anwendung genügen und auch hinsichtlich der Kosten und der tatsächlichen Akzeptanz durch die Nutzer erfolgreich werden. Durch das interdisziplinäre Projekt BioTrusT (gefördert durch das BMWi und durch die Sparkassenorganisation) hat TeleTrusT dafür eine Plattform insbesondere für die beteiligten Anbieter von biometrischen Verfahren geschaffen.

Unter Berücksichtigung der Tatsache, dass praktische Anwendungen in IT-Systemen noch den Charakter von Pilot-/Voruntersuchungen haben, sind dabei allgemeine Ziele:

• Verbesserung der Verfahrensqualität (Sensoren, Algorithmen, Enrollment);

• Verbesserung der Ergonomie, Akzeptanzuntersuchungen;

• Vorbereitung der Standardisierung; Schnittstellen zur Systemumgebung.

Im Projekt BioTrusT werden einige aussichtsreiche Einsatzstrategien untersucht:

• *Zutrittssicherung (Robustheitstest):* Diese Anwendung biometrischer Verfahren testet die Robustheit der Verfahren im praktischen Einsatz. Gleichzeitig wird die Akzeptanz der Verfahren im Bereich der Betreiber getestet.

• *Zugang zu PC-Ressourcen (Anwendungsintegrationstest):* Der Test biometrischer Identifikationsverfahren an Personal Computern in konventioneller Anwendungsumgebung verfolgt das Ziel, ihre Integrationsfähigkeit zu verbessern und Erkenntnisse über Nutzeranforderungen und –verhalten zu gewinnen. In Stufen sollen PC-Anwendungen, Verbundanwendungen und Web-Zugang durch biometrische Verfahren anstelle von Passwörtern gesichert werden. Dabei kommt eine international genormte Standardschnittstelle zum Einsatz, das BioAPI, das später den Betreibern und den Nutzern die Wahlmöglichkeit eines geeigneten biometrischen Verfahrens erleichtern soll. Insbesondere sollen diese Ergebnisse dem Einsatz der Biometrie zum Schutz lokaler Ressourcen des Anwenders (z. B. Mobiltelefon, PDA, PC, Laptop, andere mobile Endgeräte) den Weg bereiten.

• *Einsatz biometrischer Verfahren in Infrastrukturen des Bankenbereichs:* Grundsätzliche Überlegungen sind im Hinblick auf die Anwendung biometrischer Verfahren z. B. am Geldausgabeautomaten (GAA) oder an anderen Selbstbedienungsterminals im Bankenbereich erforderlich. In diesem Bereich existieren Infrastrukturen und Standards, die notwendigerweise berücksichtigt werden müssen. Zunächst ist konzeptionell zu klären, wie diese Gegebenheiten und die Ansprüche an die Integration biometrischer Verfahren aus Sicht von Daten- und Verbraucherschutz erfüllt werden können. Ein wichtiges Element ist dabei die Frage, welchen Stellenwert der höhere Komfort für den Benutzer (Convenience) besitzt.

• *Einsatz für E-Commerce und E-Banking:* Diese Anwendung erfordert die Integration von biometrischen Verfahren in entsprechende Protokolle für Bankgeschäfte und ist mit dem Einsatz neuer Generationen von Bank- (Chip-) karten verbunden. Mit der Vorbereitung dieser Anwendung soll der Weg zu einer vom Kunden akzeptierten Massenmarktfähigkeit biometrischer Konzepte bereitet werden. Insbesondere soll die praktische Integration von biometrischen Verfahren in eine sichere Teilnehmerumgebung vorbereitet werden. Erwartet wird eine weitgehende Integration von Sensorik und Verifikation in einer sicheren Hardwareumgebung (z. B. in Chipkarte und Terminal).

Der Markt für biometrische Anwendungen zeigt derzeit das für neue und komplexe Technologien typische Bild. Gemessen am riesigen Gesamtmarkt der Informations- und Kommunikationstechnik ist der weltweite Markt für Biometrie noch klein. Für

1999 wurden etwa 100 Mio. US$ Umsätze ermittelt, davon fast 60 % in den USA (vor allem für Zutrittssicherungen, aber auch für Grenzkontrollen und im Bereich Social Welfare).Die dabei am häufigsten eingesetzten biometrischen Merkmale sind Fingerprint und Handgeometrie.

Die Organisation der Biometrieanbieter IBIA (International Biometric Industry Association) rechnet jedoch für 2010 mit einem USA-Markt von 1 bis 2,5 Mrd. US$.

Ein Blick auf das Marktvolumen für biometrische Anwendungen zeigt, dass BioTrusT mit seinem interdisziplinären Ansatz notwendig ist, um nicht den Anschluss an internationale Entwicklungen zu verlieren. Erfahrungsakkumulation ist dabei das wichtigste Fundament sowohl für die Anbieter biometrischer Verfahren als auch für Betreiber von Anwendungen und deren Nutzer, die beteiligten Sachwalter für den Daten- und Verbraucherschutz.

Vertrauenswürdigkeit biometrischer Identifikationsverfahren

Zum Verhältnis zwischen biometrischen Identifikationsverfahren und IT-Sicherheit gibt es ein breites Spektrum von Erkenntnissen, die sich wie folgt zusammen fassen lassen:

*   Die Integration von biometrischen Verfahren in IT-Systeme ist eine komplexe Aufgabe, die stets auch eine Neubewertung der Sicherheitsziele einschließt.

*   Sinn macht die Benutzung biometrischer Identifikationsverfahren nur dann, wenn die Anwendungssicherheit des Gesamtsystems nicht beeinträchtigt wird.

*   Der Umgang mit biometrischen Informationen in IT-Systemen erfordert selbst umfassende Sicherheitsmaßnahmen.

Unter Berücksichtigung unterschiedlicher Anwendungsszenarien können dabei differenzierte Anforderungen an die Qualität der biometrischen Identifikation und den Schutzbedarf von Komponenten und Lösungen entstehen. Beispielsweise unterscheidet sich eine Biometrieanwendung zur Legitimation gegenüber lokalen IT-Ressourcen grundsätzlich von einer Anwendung, bei der eine Identifikation gegenüber anderen Teilnehmern in einer offenen IT-Umgebung erfolgen soll. Das zentrale Thema ist in jedem Fall die praktische Sicherheit, die mit der gesamten Anwendung erreicht wird.

Unter dem Blickwinkel der Anforderungen an elektronische Signaturen hat die Diskussion um Kriterien zur Sicherheitsbewertung biometrischer Verfahren begonnen. So wird im Rahmen der *Common Criteria* (Internationaler Standard für IT-Sicherheit) an einem *Protection Profile* für biometrische Identifikationsverfahren gearbeitet. In den USA ist der ANSI-Standard X9.84 "Biometric

Management and Security" verabschiedet worden, der sich an den Anforderungen des Einsatzes bio-metrischer Verfahren im Bankenumfeld orientiert. Es ist abzusehen, dass in anderen relevanten Anwendungsbereichen, z. B. für den Biometrieeinsatz in mobilen Endge-räten, zukünftig ebenfalls spezifische Kriterien definiert werden.

Grundsätzlich sind es die Ansprüche des Teilnehmers an Daten- und Verbraucher-schutz, die seine Akzeptanz für die Verwendung von eigenen biometrischen Merkmalen in IT-Systemen bestimmen. Da Sicherheitsqualitäten nicht aus-schließlich akademisch vorbestimmt werden können, sondern vor allem im Wechselspiel zwischen Produkt- und Verfahrenspflege sowie den realen Einsatzbedingungen entstehen, ist für den gegenwärtigen Entwicklungsstand der Verfahren entscheidend, dass Transparenz für die Risiken und für Haftungs-bedingungen des Teilnehmers besteht. Eine wichtige Frage ist dabei auch: Welchen Sicherheitswert für den Teilnehmer hat der Ersatz der PIN durch ein biometrisches Verfahren?

In offenen IT-Systemen beruht ein Konzept der Teilnehmeridentifikation auf der Mitwirkung einer vertrauenswürdigen "Public-key-Infrastruktur" mit Zerti-fizierungsdienstleistungen. Die Einbindung von biometrischen Verfahren in diese Konzepte ist noch weitgehend offen. So ist beispielsweise ungeklärt, inwieweit ein Empfänger einer elektronischen Signatur Kenntnis davon haben muss, ob PIN oder Biometrie verwendet wurde.

Jedenfalls ist zu erwarten, dass sich das Spektrum von Trusted Services um Ange-bote wie z. B. eine Überprüfung von biometrischen Signaturen für eine Partei, die eine direkte Identifikation eines Teilnehmers benötigt, erweitern wird. Ebenso denkbar und für bestimmte Anwendungen notwendig ist, dass das Enrollment eines biometrischen Merkmals statt in unsicherer lokaler Systemumgebung bei einem vertrauenswürdigen Dienstleister erfolgt.

Eine breite Akzeptanz der Biometrie wird letztlich nur erreichbar sein durch Transparenz der angebotenen Lösungen hinsichtlich

- des Schutzes biometrischer Daten vor missbräuchlicher Benutzung,

- der Verwendung öffentlich bekannter Standards für die notwendigen Sicher-heitsmaßnahmen,

- der Evaluierung von verwendeten Komponenten und Sicherheitsmaßnahmen nach offengelegten Kriterien und

- der Risikoverteilung in den Geschäftsbedingungen.

2   Grundlagen und Perspektiven der biometrischen Identifikation

Michael Behrens und Richard Roth

2.1   Was ist biometrische Identifikation?

2.1.1   Einführung

Überall, wo wir nicht persönlich bekannt sind, müssen wir uns ausweisen, sei es, um in ein fremdes Land einzureisen, ein Hotelzimmer zu mieten oder Geld von der Bank zu erhalten. In solchen Situationen geht es darum, den Erkennungsprozess abzusichern. Dabei stützen wir uns auf die Vertrauenswürdigkeit eines Dritten, eines Identifikationspapieres oder auch auf die Vertraulichkeit eines vereinbarten Passwortes. Die verwendeten Methoden des Identitätsnachweises bauen also immer auf Besitz oder Wissen auf. Wenn dabei Technik zur Überbrückung einer räumlichen Distanz erforderlich wird, verläuft der Identitätsnachweis nicht grundsätzlich anders.

Dabei ist davon auszugehen, dass technische Geräte letztendlich im Auftrag von Menschen handeln. Das Öffnen einer Fahrzeugs mit Hilfe eines funkgesteuerten Schlüssels zählt dazu genauso wie das Abheben eines Geldbetrages von einem Geldausgabeautomaten durch Eingabe einer Zahlenkombination oder der Passwortgeschützte Zugang zum PC.

Die genannten Beispiele zeigen aber auch sofort Schwächen und Gefahren solcher Methoden auf: Jeder, der das Passwort oder die richtige PIN kennt, kann im Namen des Berechtigten handeln, wenn er sich in Besitz des Schlüssels oder der Chipkarte gebracht hat[1]. Außerdem stellt sich die Frage, ab welcher Kartenzahl die richtige Zuordnung der entsprechenden PIN noch reibungslos gelingt.

Aus den Schwächen klassischer Sicherungssysteme, verlieren-vergessen-bestohlen werden, ergeben sich Potenziale für die biometrische Identifikation. Das Nutzungsspektrum ist allerdings mit diesem sicherheitsorientierten Ansatz bei Weitem nicht ausgeschöpft. Da die biometrische Identifikation eine Personalisierung im wahrsten Sinne des Wortes ermöglicht, ergeben sich daraus weitreichende Nutzenkategorien beispielsweise im Convenience-Bereich.

2.1.2   Begriffliche Klärungen

Die divergierenden Interpretationen der Begriffe 'Biometrie' oder 'Biometrik' in unterschiedlichen fachspezifischen Zusammenhängen können leicht Missverständnisse hervorrufen. Die folgende terminologische Basis besteht aus drei Grundbegriffen.

---

[1] Siehe dazu auch: Albrecht und Probst; Kap. 3, in diesem Band

- **Biometrie** (engl.: **biometrics**), ein aus dem Griechischen stammender Begriff, bedeutet laut Lexikon: biologische Statistik, Zählung und Messung von Lebewesen.

- **Biometrik** ist das automatisierte Messen eines oder mehrerer spezifischer Merkmale eines Lebewesens (e.g. einer Person).

- **Biometrische Identifikation** verfolgt das Ziel, eine mittels Biometrik spezifizierte Person von anderen unterscheidbar zu machen.

In der technikorientierten Literatur wird der Begriff 'biometrische Identifikation' häufig zu Biometrie verkürzt. Dieser Terminus jedoch wird in der Mathematik, und dort insbesondere in der Statistik, sowie in Medizin, Biologie und Pharmazie mit einem anderen Bedeutungsumfang verwendet. Das Gleiche gilt auch für die Begriffe 'biometrisches System' und 'biometrisches Verfahren', die gemäß der hier vorliegenden Terminologie als 'biometrisches Identifikationssystem' und 'biometrisches Identifikationsverfahren' zu interpretieren sind.

Eine weitere begriffliche Unterscheidung hinsichtlich der Nutzung von biometrischen Identifikationssystemen geschieht über die Termini 'Identifikation' und 'Verifikation':

- **Identifikation** bedeutet, dass ein Individuum aus einer vorgegebenen Menge heraus erkannt wird (1:n).

- Bei der **Verifikation** wird eine geforderte Identifikation (1:1) entweder bestätigt oder verworfen.

2.2   Basismodell der biometrischen Identifikation

Im Folgenden wird zunächst eine abstrakte Grundstruktur der Abläufe bei der biometrischen Identifikation dargestellt.

Eine biometrische Identifikation erfordert drei Schritte:

Merkmalsauswahl. Zur biometrischen Identifikation werden ein oder mehrere Merkmale benötigt. Diese Merkmale können entweder Eigenschaften oder Verhaltensweisen sein. Aus der Menge der zur Verfügung stehenden Merkmale wird ein Merkmal (oder die Kombination mehrerer Merkmale) ausgewählt.

Messung von Merkmalen. Gemäß der in Abschnitt 2.1.2 genannten Definition kommen dabei nur Merkmale in Frage, die automatisch erfasst werden können. Die Messung erfolgt auf der Grundlage von absoluten und/oder relationalen Größen.

Individualisierung. Individualisierung heißt, solange Teilmengen aus einer Gesamtmenge von Individuen zu bilden, bis ein einzelnes Element, das identifizierte Individuum, übriggeblieben ist. Gelingt dies nicht, ist die biometrische Identifikation nicht erfolgreich. Bei einer Verifikation ist dies gleichbedeutend mit der Aussage, dass eine getestete Person ihren Anspruch, eine bestimmte Person zu sein, nicht beweisen kann.

Drei Schritte:

1. Merkmalsauswahl

2. Messung von Merkmalen

3. Individualisierung

Abb. 2.1 Schema der biometrischen Identifikation

2.2.1   Merkmalsauswahl

Jede biometrische Identifikation basiert auf einem Vergleich zwischen dem (oder den) biometrischen Merkmal(en) des Individuums und den früher erfassten biometrischen Referenzdaten.

Eignungskriterien von Merkmalen

Zur Bewertung eines Merkmals hinsichtlich seiner Eignung für die biometrische Identifikation werden in der Literatur[2] die folgenden Anforderungen formuliert:

*   *Universalität*, d.h. ein Merkmal ist bei jeder Person vorhanden,

*   *Einzigartigkeit*, d.h. ein Merkmal ist bei jeder Person anders,

*   *Permanenz*, d.h. ein Merkmal ist zeitlich invariant,

*   *Erfassbarkeit*, d.h. ein Merkmal lässt sich quantitativ erheben.

---

[2] Jain / Bolle / Pankanti, 1999, S. 4

Als ideal zur biometrischen Identifikation wird sodann ein Merkmal bezeichnet, wenn es die Gesamtheit dieser Anforderungen erfüllt. Zweifel bleibt, inwieweit die Formulierung eines Ideales in diesem Zusammenhang sinnvoll ist, und, davon unabhängig, inwieweit die genannten Anforderungen ein Ideal überhaupt erfüllen würden. So ist die Erfassbarkeit unter Bezugnahme auf die Definition eines biometrischen Identifikationssystem logisch zwingend eine Basisforderung. Die Forderung der Permanenz ist dagegen sehr kritisch zu sehen. Offensichtlich herrscht hier noch Forschungs- und Diskussionsbedarf.

Unabhängig von der Erörterung eines eventuellen Ideals der biometrischen Identifikation müssen für eine Realisierung bestimmte pragmatische Basisforderungen an ein Verfahren zur biometrischen Identifikation gestellt werden:

- *Technische Umsetzbarkeit*, dabei muss das Verfahren zur Unterscheidung einer geeignet großen Zahl von Individuen genügen,

- *Ökonomische Machbarkeit*, d.h. die Kosten müssen angemessen sein,

- *Überlistungsresistenz*, d.h. das Verfahren darf durch betrügerische Techniken zumindest nur schwer beeinflussbar sein und

- *Akzeptanz*, d.h. bei den Individuen muss die Bereitschaft bestehen, das zum Verfahren gehörende Merkmal zur biometrischen Identifikation zu verwenden.

Synopsis von Verfahren zur biometrischen Identifikation

Die Verfahren, die zur biometrischen Identifikation dienen, werden nach den biometrischen Merkmalen benannt, die jeweils Verwendung finden. Dies sind charakteristische Merkmale des Individuums, die entweder als physiologische Merkmale oder als Verhaltensmerkmale auftreten.

Die zwei folgenden Tabellen geben einen Überblick über die Vielzahl biometrischer Identifikationsverfahren; wobei eine Beschränkung auf derzeit angewendete Verfahren vorgenommen wird. Deshalb bleibt beispielsweise die Analyse des menschlichen Erbgutes, die DNA–Analyse, ausgespart, da sie bisher nicht automatisch durchgeführt wird und daher derzeit noch nicht zu den biometrischen Identifikationsverfahren zählt.

Tabelle 2.1 Synopsis biometrischer Identifikationsverfahren, die auf Körpermerkmalen basieren

Biometrisches Identifikationsverfahren	Repräsentation des biometrischen Merkmals	Charakteristik
Fingerbilderkennung	Muster der Hautleisten auf der Fingerkuppe	Bild der Fingerlinien, Klassenbildung, charakteristische Merkmale (Minutien)
Handerkennung	Maße und Form von Fingern und Handballen	Länge der Finger, Profil der Hand
Gesichtserkennung	Gesichtsbild und geometrische Merkmale	Transformationsansatz: Kovarianzanalyse (von Gesichtsbildern); Attributansatz: Attribute wie Nase, Augen etc. und ihre spezifischen geometrischen Größen- und Anordnungen
Iriserkennung	Muster des Gewebes um die Pupille	Texturanalyse
Retinaerkennung	Muster der Blutgefäße im Augenhintergrund	Texturanalyse des zirkulären Scans der Netzhaut bzw. der choroidalen Blutgefäße hinter der Retina

Tabelle 2.2 Synopsis biometrischer Identifikationsverfahren, die (überwiegend) auf Verhaltensmerkmalen basieren

Biometrisches Identifikationsverfahren	Repräsentation des biometrischen Merkmals	Charakteristik
Sprechererkennung	Stimme	Sowohl von vorgegebenen Texten abhängige wie unabhängige Lösungen sind bekannt.
(Unter-) Schrifterkennung	Schreibverhalten	Geschwindigkeit, Druck, Beschleunigung des Schreibvorgangs
Tastendruckdynamik	Tipprhythmus / -geschwindigkeit	Gemessen werden Druckdauer und Zwischenzeiten der Tastenbetätigung
Optische Sprechererkennung	Mimik	Analyse von Bewegungsabläufen beim Sprechen vereinbarter Texte

2.2.2   Messung von Merkmalen

Bei der messtechnischen Erfassung von biometrischen Merkmalen sind zwei Herausforderungen zu bewältigen:

Grundsätzlich unterliegt jedes biometrische Merkmal einer hohen zeitlichen Variabilität, zumindest im mikroskopischen Bereich[3].

In pragmatischer Hinsicht sind bei endlichen Kosten und in endlicher Messzeit Kompromisse bei der erreichbaren Genauigkeit unvermeidlich.

Wird beispielsweise eine Gesichtserkennung durchgeführt, sind   durch die üblicherweise   verwendeten   digitalen   CCD–Kameras   Messungenauigkeiten mindestens in der Größenordnung der Auflösung des Kamerabildes festgeschrieben. Durch Mimik und Bewegung der Person entstehen weitere Ungenauigkeiten in den Auswertungen ebenso wie durch störende Reflexe oder Veränderungen der Lichtverhältnisse, möglicherweise durch den Tageszyklus verursacht. Probleme vergleichbarer Art lassen sich für alle biometrischen Verfahren und die zugehörigen Sensoren angeben. Bei der Verarbeitung der Messwerte entstehen weitere Ungenauigkeiten. Insgesamt führen die Ungenauigkeiten dazu, dass in der Entscheiderstufe eine Person als identifiziert gilt, wenn das Ergebnis innerhalb eines geforderten maximalen Toleranzfeldes liegt. Die messtechnische Verarbeitung eines biometrischen Merkmals ist in Abb. 2.2 für das Fingerbild von links nach rechts beispielhaft dargestellt.

| Erfassung der biometrischen Rohdaten | Filterung: Befreiung von Artefakten | Normierung des Datensatzes | Ergebnis: Aktueller Merkmalssatz | Merkmalssatz |

Abb. 2.2 Messung und Weiterbearbeitung eines Merkmalssatzes am Beispiel eines Fingerbildsystems

Realistischerweise kann davon ausgegangen werden, dass es Personengruppen gibt, bei denen ein Merkmal aufgrund einer schwachen Ausprägung oder gar eines

---

[3] Dies gilt konsequent betrachtet auch für die DNA; siehe dazu auch G. Behrens, Kap. 4 in diesem Band.

individuellen Mangels eines Merkmals nicht ausreichend genau messtechnisch erfasst werden kann. Um eine Diskriminierung zu vermeiden, sollte daher immer die Verwendung verschiedener biometrischer Identifikationsverfahren in Betracht gezogen werden.

2.2.3   Individualisierung

Enrollment-Prozess

Wie in Kapitel 2.2.1 bereits erwähnt, kann eine biometrische Identifikation nur dann erfolgreich durchgeführt werden, wenn die Verwendung findenden Merkmale einer Person in einem Vorprozess registriert worden sind. Dieser Registrierungsprozess wird zumeist als *Enrollment* bezeichnet.

Der Enrollment-Prozess besteht aus den Schritten:

* Erfassung der relevanten Merkmale, oft mehrfach unter veränderten Rahmenbedingungen,

* Bearbeitung der relevanten Merkmale,

* Bündelung und Speicherung als Datensatz.

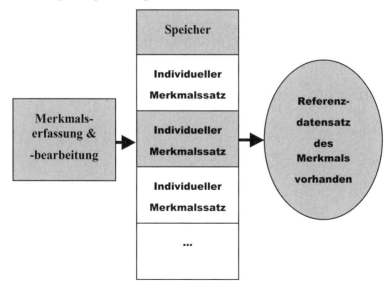

Abb. 2.3 Grundstruktur des Enrollment-Prozesses

Der als Ergebnis vorliegende Referenzdatensatz wird auch als Referenz–Template bezeichnet[4].

Identifikation

Bei der Identifikation muss ein aktuell erfasster biometrischer Datensatz mit einer Vielzahl verschiedener Datensätze im Hinblick auf Ähnlichkeit verglichen werden. Bei diesem Wiedererkennungsvorgang gilt eine Identität als gefunden, wenn in der Menge der zu vergleichenden Referenzdatensätze genau einer gefunden wird, bei dem die Ähnlichkeit innerhalb vorgegebener Schranken liegt.

Dieser Prozess unterscheidet sich grundsätzlich von demjenigen, eine eingegebene Pinnummer oder ein Passwort als zu einer Person zugehörig oder nichtzugehörig zu bewerten. Während letztere Frage eindeutig zu beantworten ist, kann für ein biometrisches Merkmal prinzipiell nur ein Grad der Ähnlichkeit zu den registrierten Merkmalsdatensätzen angegeben werden. Dies liegt an Messungenauigkeiten ebenso wie an den Eigenschaften der Merkmale, die zur biometrischen Identifikation benutzt werden[5].

Die Abläufe bei der Identifikation werden in Abb. 2.4 dargestellt. Die im Bild verwendete Darstellung mit den drei Farben der Ampel symbolisiert den Unsicherheitsbereich zwischen der klaren Ja/Nein-Entscheidung.

---

[4] S.a. 1998 Glossary of Biometric Terms der Association for Biometrics (AfB) und der International Computer Security Association (ICSA)

[5] Dazu s.a. die Beiträge von Daugman, Behrens / Heumann, Schmidt / Lenz, Weber und Zinke in diesem Band

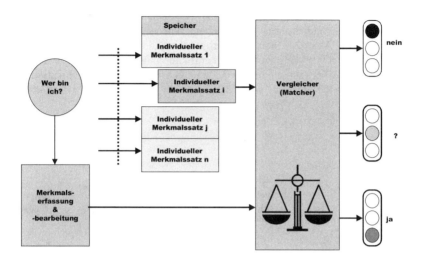

Abb. 2.4 Identifikation

Ein weiterer Punkt, der bei der Identifikation beachtenswert ist, betrifft die Datenbank der Merkmalsdatensätze, der Templates. Da für eine Identifikation in einer Datenbank die Templates aller zur Identifikation vorgesehenen Personen vorgehalten werden müssen, stellt sich das Problem der Verteilung, Verwaltung und Sicherung dieser zahlreichen persönlichen Daten. Die juristischen Fragestellungen, die sich aus dieser Aufgabe ergeben, werden an anderer Stelle in diesem Band[6] ausgiebig erläutert. Der Aufwand einer zentralisierten Datenbank ist vermutlich nicht gering. Deshalb wird sich sicherlich die Frage stellen, inwieweit ein Betreiber[7] dies überhaupt wünscht, vor allem, wenn es Alternativen gibt. Der Verzicht auf eine zentrale Datenbank ist bei der im folgenden Abschnitt beschriebenen Verifikation möglich.

---

[6] Albrecht und Probst, Kap. 3, in diesem Band.

[7] *Betreiber*: Der Betreiber ist verantwortlich für die Einrichtung und die Unterhaltung des biometrischen Identifikationssystems. Er muss nicht unbedingt mit dem biometrischen System interagieren, er ist vielmehr der Kunde eines Anbieters biometrischer Systeme.

Verifikation

Die Verifikation erfordert im Unterschied zur Identifikation nur den Vergleich des aktuell erfassten Datensatzes einer explizit bekannten Person mit genau einem[8] hinterlegten oder gleichzeitig vorgelegten Datensatz. Wie in Abb. 2.5 im Unterschied zur Abb. 2.4 deutlich wird, ersetzt der 1 : 1-Vergleich bei der Verifikation den 1 : n-Vergleich der Identifikation. Ein Vorteil der Verifikation besteht deshalb offensichtlich in der Möglichkeit, den für die Verifikation einer Person benötigten Datensatz auch dezentral zum Beispiel auf Chipkarten zu speichern[9].

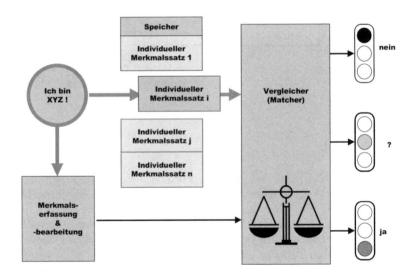

Abb. 2.5 Verifikation

---

[8] Verschiedene biometrische Identifikationsverfahren benötigen auch bei der Verifikation einen gut gewählten Vorrat an Merkmalsdatensätzen. Dabei kann es sich auch um anonyme Datensätze handeln, die primär zum Training dieser Systeme benutzt werden.
[9] Eine ausführliche Diskussion der Vor- und Nachteile von Verifikation und Identifikation ist erforderlich.

2.2.4   Technischer Aufbau des biometrischen Identifikationssystems

Nachdem in den vorangegangenen Ausführungen die Verwandtschaft von Identifikation und Verifikation dargestellt worden ist, können nun die fünf Basiskomponenten eines technischen biometrischen Identifikationssystems benannt werden (Abb. 2.6):

- *Datenerfassung*, einschließlich der bildlichen Erfassung des biometrischen Merkmals durch einen geeigneten Sensor.

- *Datenübertragung*, was Signalkompression und entsprechende Expandierung sowie eventuell eine Reduktion des Störungsanteils, der durch das unvermeidliche Rauschen entsteht, einschließt.

- *Signalverarbeitung*, besteht aus der Extraktion der biometrischen Merkmale aus dem Signal und der Vergleichsstufe, bei der die aktuellen Merkmale mit den gespeicherten verglichen werden.

- *Datenspeicherung* der Merkmalsmuster (Templates), die aus einer Mehrzahl erfasster Merkmale gebildet werden.

- *Entscheidungsstufen*, hier wird abhängig von der festgestellten Ähnlichkeit und der eingestellten Entscheidungsschwelle die Identität festgestellt oder verworfen.

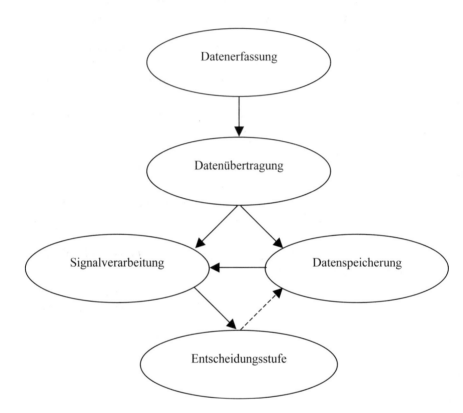

Abb. 2.6 Basiselemente eines biometrischen Identifikationssystems.

*) nur beim Enrollment.

2.3   Anwendungsfelder biometrischer Identifikationssysteme

2.3.1   Aufgaben biometrischer Identifikation als Ausgangsbasis für einen Klassifikationsansatz

Nach der Darlegung der Funktionsweise der biometrischen Identifikation stellt sich die Frage nach den potenziellen Anwendungsfeldern.

In der Literatur finden sich zahlreiche Vorschläge für die Anwendung der biometrischen Identifikation[10]. Meistgenannt sind Ersatzstrategien für PIN und Passwörter oder die elektronische Substitution von (Papier-) Identifikations-dokumenten. Gemeinsam ist den meisten Quellen die Konzentration auf Zugangssicherungen. Um das Potenzial der biometrischen Identitifikationssysteme auszunutzen, ist es dringend notwendig, eklektizistische Aufzählungen zu vermeiden und zu versuchen, einen systematischen Klassifikationsansatz der Anwendungs-felder zu schaffen. Wie im vorigen Kapitel gezeigt, liegt die Aufgabe der biometrischen Identifikation in der Individualisierung der Nutzer. Ausgehend von der Voraussetzung, dass das primäre Ziel der biometrischen Identifikation in der Individualisierung besteht, lassen sich daraus zwei Subziele formulieren (Abb. 2.7):

Finden einer Identität. Hierbei geht es darum, einen bestimmten biometrischen Datensatz mit einer Datei von biometrischen Datensätzen zu vergleichen um bei Identität über die zugehörigen Personendaten (Name, Adresse o.ä.) zu verfügen. Diese Vorgehensweise wird in erster Linie in der Forensik zur Anwendung kommen. Beispiele sind die automatischen Fingerabdruckerkennungssysteme[11] von Polizeiorganisationen. Charakteristisch für dieses Anwendungsfeld ist, dass eine Kooperation, ein Einverständnis oder Wissen über den Vorgang seitens der betroffenen Personen nicht erforderlich sind.

---

[10] Vgl. z.B. Ashbourn, 2000, S. 15 – 44 oder Ratha / Bolle, 1999, S. 382-383

[11] *AFIS* Automatic Fingerprint Identification System

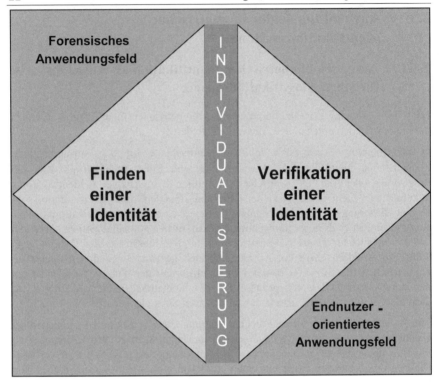

Abb. 2.7 Schema der Klassifikation der Anwendungsfelder

Verifikation einer Identität. Die Verifikation ist dadurch charakterisiert, dass sie genau einer bestimmten Person erlaubt, Möglichkeiten zu nutzen, die ihr individuell zugeordnet sind. Diese Anwendungsklasse setzt eine Handlung des Benutzers voraus, die von der Maschine als Angabe seiner Identität interpretiert wird. Als Handlung sind beispielsweise die Benutzung einer Chipkarte, das Nennen des Namens oder das Auflegen eines Fingers denkbar. Somit können die Kooperation, das Einverständnis und das Wissen über den Vorgang seitens der betroffenen Personen als vorhanden vermutet werden.

Während die Autoren in der Anwendungsklasse „Finden einer Identität" gegenwärtig keine Notwendigkeit zur weiteren Differenzierung erkennen können, erscheint eine weitergehende Analyse der Anwendungsklasse „Verifikation einer Identität" notwendig. Die bei dieser Anwendungsklasse dem Nutzer individuell zugeordneten Möglichkeiten umfassen neben den in der Literatur hinreichend dargestellten Sicherheits- und Sicherungsfähigkeiten auch die konsequente

Individualisierung von Angeboten und Leistungen. Eine erfolgreiche Individualisierung einer Person ermöglicht eine maßgeschneiderte Lösung gemäß den Wünschen dieses Nutzers. Deshalb differenziert sich diese Anwendungsklasse in die beiden Teilklassen „Zugangssicherung" und „Personalisierung".

2.3.2 Zugangssicherung

Aus der Individualisierungsleistung folgt zwingend, dass mit Hilfe biometrischer Identifikationssysteme jeglicher Zugang ausschließlich für Berechtigte ermöglicht wird. Damit können Räume gegen unbefugtes Betreten, Geräte gegen unerlaubtes Benutzen und Dienste gegen unberechtigte Inanspruchnahme gesichert werden.

Als Beispiele sind zu nennen

* für Räume: militärisches Sperrgebiet oder das Eigenheim,

* für Geräte: Mobiltelefon oder Herz- Lungenmaschine,

* für Dienste: Home-Banking oder Internet-Wahlen.

Allen Zugangssicherungen gemeinsam ist, dass sie nicht notwendigerweise mit biometrischen Identifikationssystemen realisiert werden müssen. Somit wird deutlich, dass biometrische Identifikationssysteme sowohl als komplette Substitute für konventionelle Sicherungslösungen wie auch als Ergänzung von konventionellen Sicherungslösungen eingesetzt werden können. So kann ein Fingerbildsystem an der Haustür den bisherigen mechanischen Schlüssel komplett ersetzen, während bei Geldausgabeautomaten schon aufgrund der gewaltigen Zahl an Nutzern eine Ergänzung einer biometrischen Lösung durch Chipkarten wahrscheinlich ist.

2.3.3 Personalisierung

Die Individualisierungsleistung ermöglicht in einem bislang nicht überschaubaren Maß jedem Einzelnen die auf ihn zugeschnittene, maßgeschneiderte Problemlösung anzubieten. Diese Personalisierung erlaubt es, Räume für den Nutzer abzustimmen, Geräte auf ihn einzustellen und Dienste an ihn anzupassen. Als Beispiele sind zu nennen

* für Räume: Temperatur- oder Lichtverhältnisse,

* für Geräte: Mobiltelefon mit persönlichem Telefonbuch oder ein Kaffeeautomat im Büro, der jedem Mitarbeiter nach seinen Vorlieben den Kaffee brüht,

* für Dienste: das Fernsehgerät, das die Lieblingssendung vorschlägt oder die Videokonferenz, die alle Teilnehmer mit Namen begrüßt.

Während die oben aufgeführte Gatekeeper-Funktion (Zugangssicherung) nicht ausschließlich biometrischen Identifikationssystemen vorbehalten ist, können sie allerdings mit dieser Tailoring-Funktion das im Marketing angekündigte One-to-One-Paradigma einer Realisierung näher bringen.

2.3.4   Klassifikation der Anwendungsfelder

Auf der Grundlage der Ausführungen in Kap. 2.3.1, 2.3.2 und 2.3.3 lässt sich ein erster Klassifikationsansatz der verschiedenen Anwendungsfelder der biometrischen Identifikation ableiten. An dieser Stelle wird darauf hingewiesen, dass die Unterteilung ausschließlich anwendungsbezogen vorgenommen wird. Ausgehend von der These der Individualisierung als originärer Aufgabe der biometrischen Identifikation kann eine erste Unterteilung in die beiden Teilklassen des Findens einerseits und der Verifikation einer Identität andererseits durchgeführt werden. Die Verifikation kann als Zugangssicherung oder zur Personalisierung dienen. Dabei ist auch die Kombination aus Gatekeeping und Tailoring denkbar. Beide Anwendungsklassen können jeweils in drei Anwendungskategorien differenziert werden, wobei auch hier die Übergänge zwischen den Kategorien Raum, Gerät und Dienst fließend sein können (Tabelle 2.3).

Tabelle 2.3 Klassifikation der Anwendungsfelder

Individualisierung						
Finden einer Identität	Verifikation einer Identität					
	Zugangssicherung			Personalisierung		
	Raum	Gerät	Dienst	Raum	Gerät	Dienst

2.4   Zusammenfassung

Im Rahmen dieses Beitrags geht es darum, drei Kernfragen zu beantworten:

- Was ist biometrische Identifikation?

- Wie funktioniert sie?

- Wozu kann sie verwendet werden?

Mit der begrifflichen Basis der biometrischen Identifikation wird ein Grundmodell aufgebaut, das die drei Schritte Merkmalsauswahl, Messung von Merkmalen und schließlich der Individualisierung umfasst. Diese Individualisierung dient als Ausgangspunkt für die Klassifikation potenzieller Anwendungsfelder. Mit diesem systematisch aufgebauten Klassifikationsmodell sehen wir die Möglichkeit, das Anwendungsspektrum biometrischer Identifikationssysteme über das auf Sicherheitsthemen begrenzte Feld hinaus um das vielversprechende Anwendungs-feld der Personalisierung zu erweitern. Durch das Maßschneidern praktisch aller Anwendungen eröffnet sich ein nahezu unerschöpfliches Feld an neuen, interessanten Möglichkeiten.

Das folgende Beispiel ist ein kurzer Blick in eine nahe Zukunft, bei der die biometrische Identifikation konsequent zur Komfortverbesserung genutzt wird:

Stellen wir uns vor, wir wollen einen Raum betreten. Nachdem der Raum von der Gesichtserkennung nach einem kurzen Blick freigegeben worden ist, hat er nun die für uns angenehme Temperatur und genau die richtige Helligkeit; der gewünschte Musiktitel läuft, während der Duft von frisch gebrühtem Kaffee, genau so wie wir ihn mögen, den Raum erfüllt. Der Sessel, der bereitsteht, hat sich bereits anatomisch richtig eingestellt.

LITERATUR

Ashbourn, J. (2000): Biometrics. Advanced Indentity Verification, London, Berlin, Heidelberg

Behrens, M., Roth, R. (2000): Sind wir zu vermessen, die PIN zu vergessen? Erfahrungen aus einem Feldversuch, in: Datenschutz und Datensicherheit (DuD), 24. Jg., Nr.6, S 327-331

Glossary of Biometric Terms der Association for Biometrics (AfB) und der International Computer Security Association (ICSA) 1998, www.afb.org.uk/public/glossuk1.html

Jain, A. K. et al. (ed.) (1999): Biometrics. Personal Identification in Networked Society, Boston, Dordrecht, London

Jain, A. K., Bolle, R., Pananti, S. (1999): Introduction to Biometrics, in: Jain, A. K. et al. (ed): Biometrics. Personal Identification in Networked Society, Boston, Dordrecht, London, S. 1-41

Ratha, N. K., Bolle, R. (1999): Smartcard based authentication, in: Jain, A. K. et al. (ed): Biometrics. Personal Identification in Networked Society, Boston, Dordrecht, London, S. 369 - 384

TeleTrusT Arbeitsgruppe 6 „Biometrische Identifikationsverfahren": Bewertungskriterien zur Vergleichbarkeit biometrischer Verfahren (Kriterienkatalog), TeleTrusT Deutschland e.V., www.teletrust.de/down/kritkat-1.zip

Zu biometrischen Identifikationssystemen und zum Thema Projekt BioTrusT: www.biometrie-info.de; www.biotrust.de

3 Bedeutung der politischen und rechtlichen Rahmenbedingungen für biometrische Identifikationssysteme

Astrid Albrecht und Thomas Probst

"Herr A. hatte im Moment des Unfalls beide Hände am Steuer – dies bezeugt sein Auto mittels der Fingerabdrucksensorik des Lenkrads. Auch seine Reaktionszeiten in den vorausgegangenen Verkehrssituationen lagen noch im normalen Bereich. Gegen ihn spricht seine Anwesenheit in einem Freizeitpark bis 5 Uhr morgens, laut Fernauskunft der Videoüberwachung des dortigen privaten Sicherheitsdienstes. Geschlafen hat Herr A. in dieser Nacht nicht. Die Staatsanwaltschaft, am Unfallort vertreten durch ein Biomobil, entscheidet gegen eine Anzeige, mit der Begründung, dass die Stimmanalysen während der Befragung von Herrn A. sowie seine Gesichtsmikromotorik und Körpersprache keinen Anhaltspunkt für ein subjektives Schuldgefühl ergeben".[1]

So könnte also eine unbeschränkte Weitergabe biometrischer Daten aussehen. Damit es dazu nicht kommt, haben Verbraucherverbände und Datenschutzvertreter erste konkrete Forderungen an den Einsatz von Biometrie formuliert, die mit Fortentwicklung der biometrischen Systeme auch im Projekt BioTrusT weiter konkretisiert werden[2].

3.1   Einführung

Die Frage nach der Vertraulichkeit der Kommunikation und der Sicherheit der Zugangsberechtigung sowie nach dem Schutz der Privatsphäre stellt sich vermehrt dort, wo offene Netze als elektronische Transportwege genutzt werden, wo es also um Zugang zu E-Commerce-Angeboten unter Verwendung elektronischer Zugangsberechtigungen geht[3]. Zunehmendes digitales Wirtschaften, das heißt vermehrtes Handeln in elektronischer Form sowohl im Business-to-Business- als auch im Business-to-Consumer-Bereich, erfordert geeignete Sicherheits-infrastrukturen. Eine Sicherheitsinfrastruktur stellt einen notwendigen wirtschaftlichen und organisatorischen, aber auch rechtlichen Unterbau dar, mit dem ein zuvor festgelegtes Sicherheitsniveau erreicht werden kann[4]. Ziel ist also ein festgelegtes Maß an Sicherheit für eine bestimmte Funktionalität. Eine solche Infrastruktur macht grundsätzlich nicht nur im Bereich des E-Commerce, sondern darüber hinaus überall dort Sinn, wo die Autorisierung der zugangsberechtigten Person im weitesten Sinne geregelt ablaufen muss. Inwiefern kann nun die biometrische Technologie in diesem Zusammenhang eine Rolle spielen? In Sicherheitsinfrastrukturen stellt die Authentizität einer Kommunikation eine von vielen Sicherheitsanforderungen und

---

[1] Aus: Hein, 1999, S. 108

[2] Zu diesem Projekt www.biotrust.de, und AgV, VPK Nr. 10 und 26/2000, sowie www.datenschutzzentrum.de /biometrie

[3] Brönneke / Bobrowski, 2000, S.148

[4] Definition nach Horster et al., 1999, S.1

damit eine mögliche Sicherheitsdienstleistung dar[5]. Die Authentizität einer Kommunikation muss sicherstellen, dass die miteinander kommunizierenden Partner auch wirklich diejenigen sind, für die sie sich ausgeben. Der Nachweis der Identität muss also gewährleistet sein.

Biometrische Verfahren sind solche Authentifizierungsverfahren, die dies gewährleisten können. Während bei den herkömmlichen Identifizierungsverfahren nach einem Geheimnis oder dem Besitz eines Token[6] im weitesten Sinn gefragt wird, wird bei der biometrischen Erkennung nach dem Sein der Person gefragt. Durch die Verwendung personengebundener Merkmale können entscheidende Nachteile herkömmlicher wissensbasierter Verfahren vermieden werden. Biometrische Verfahren bieten generell die Chance, die Vertraulichkeit und Datensicherheit, den Datenschutz und die Nutzerfreundlichkeit merklich zu verbessern. Dadurch können mittel- und langfristig bei den Verbrauchern Akzeptanz und Vertrauen in die neuen Instrumente des elektronischen Handelns insgesamt geschaffen werden. Nicht zu vernachlässigen sind jedoch neue Gefahrenpotenziale, die durch den Einsatz und den Gebrauch biometrischer Systeme entstehen. Biometrische Verfahren haben gegenüber anderen Identifikationsverfahren eine herausragende spezifische Besonderheit: durch die Verwendung körpereigener Merkmale betreffen sie die zu erkennende Person ganz unmittelbar. Die Person selbst wird zum Erkennungsobjekt, was erhebliche Konsequenzen nach sich zieht. Neben dem persönlicheren Erleben einer biometrischen Erkennung durch den einzelnen Nutzer im Vergleich zu einer künstlich generierten Identifikationsnummer oder eines selbst gewählten Passwortes sind hier Fragen der Menschenwürde und des Persönlichkeitsrechts betroffen. Zudem erfolgt eine biometrische Erkennung stets nur nach Wahrscheinlichkeiten, einen exakten Abgleich der biometrischen Datensätze kann es wegen der Varianz der verwendeten Merkmale nicht geben[7].

3.2   Einsatzfelder biometrischer Verfahren

Die genauen rechtlichen und politischen Rahmenbedingungen des Einsatzes biometrischer Verfahren hängen von verschiedenen Faktoren ab. Zum einen sind dies die konkreten Einsatzfelder, beispielsweise Zutrittskontrolle, Zugangsschutz zu (Computer-)Ressourcen, Freischaltung des Signaturschlüssels eines elektronischen Signaturverfahrens etc. In viel stärkerem Maße aber hängen die rechtlichen Randbedingungen vom Umfeld des Einsatzes ab. Werden biometrische Verfahren

---

[5] Horster, et al., 1999, S.3

[6] In diesem Fall: Gegenstand etwa in der Größe eines Schlüsselanhängers, der einen elektronischen Speicher und elektronische Anschlüsse enthält.

[7] Siehe zur biometriespezifischen Problematik der Toleranzschwelle weiter unten

durch die öffentliche Hand verwendet, ggf. im Bereich der Strafverfolgung oder im erkennungsdienstlichen Einsatz, so erfolgt dies unter anderen rechtlichen Voraussetzungen als etwa ein Einsatz im privatrechtlichen Verhältnis (beispielsweise zwischen Bank und Kunde), im innerbetrieblichen Bereich oder im Privatbereich (z. B. als Zugangskontrolle an Haus- oder Autotür).

Es lassen sich vier Anwendungsbereiche unterscheiden (Tabelle 3.1):

1. verpflichtender Einsatz durch die öffentliche Hand,
2. Einsatz aufgrund eines Angebotes durch die öffentliche oder private Hand,
3. innerbetrieblicher oder –behördlicher Einsatz,
4. privater Einsatz.

Tabelle 3.1 Einsatzbereiche[8] biometrischer Systeme und relevante Gesetze

Bereich	Verpflichtender Einsatz durch die öffentliche Hand	Angebot durch öffentliche Hand oder private Wirtschaft	Innerbetrieblicher oder innerbehördlicher Einsatz	Einsatz für private Zwecke
Beispiel	Pass Personalausweise Grenzkontrolle Asylverfahren Krankenkassen E-Government	Grenzkontrolle Bankautomaten E-Commerce E-Government	Computerzugang Zutrittssicherung	Mobiltelefone Mobile Endgeräte (PDA, Laptop, etc) Haus- und Autotür
Recht	Grundgesetz Pass- und Personalausweisgesetze, Asylverfahrensgesetz, Sozialgesetze Verwaltungsverfahrensgesetz Datenschutzrecht	BGS-Gesetz Kreditwesengesetz Verwaltungsverfahrensgesetz Wahlgesetze Datenschutzrecht AGB-Gesetz Signaturgesetz /-verordnung	Arbeitsrecht und Arbeitnehmermitbestimmungsrecht Datenschutzrecht	Hausrecht Datenschutzrecht

---

[8] Eine Übersicht über eine Auswahl an weltweiten Einsatzbereichen biometrischer Systeme bei Bunney, 20000, S. 103-124

Die anzuwendenden rechtlichen Regelungen hängen u.a. davon ab, wieweit der Einsatz biometrischer Verfahren in die Sphäre des Betroffenen eingreift:

So sind beispielsweise beim verpflichtenden Einsatz durch den Staat (1) neben allgemeinen Fragen der Verhältnismäßigkeit auch Aspekte der Menschenwürde relevant – schließlich kann sich kein Bürger dem Verfahren entziehen. Da der Umfang eines Eingriffs in die Privatsphäre aber auch vom eingesetzten Verfahren selbst abhängt, lassen sich diese Fragen immer nur anhand des konkreten Einzelfalls beantworten. Eine DNA-Analyse etwa greift erheblich stärker in die Privatsphäre eines Menschen ein als die Aufnahme des Gesichtes durch eine Kamera. Diese wiederum kann – wenn sie verdeckt und ohne das Wissen der Person vorgenommen wird - das sogenannte *informationelle Selbstbestimmungsrecht*, also das verfassungsrechtlich gewährleistete Persönlichkeitsrecht nach Artikel 2 Grundgesetz, stärker beeinträchtigen als etwa eine mittels Biometrie überprüfte Unterschrift. Abgesehen von diesen grundsätzlichen Überlegungen muss der Einsatz biometrischer Verfahren stets im Rahmen der spezialgesetzlichen Regelungen legitimiert sein, die für den konkreten Einsatz Anwendung finden. Soll beispiels-weise ein Template eines Fingerabdrucks auf Reisepässen oder Personalausweisen gespeichert werden, so sind das Pass- bzw. Personalausweisgesetz zu beachten. Diese verbieten in ihrer derzeit gültigen Fassung eine derartige Speicherung explizit und müssten entsprechend angepasst werden.

Beim Einsatz aufgrund eines Angebotes durch die private oder öffentliche Hand (2) fallen Aspekte der Menschenwürde und der Verhältnismäßigkeit (abgesehen von extremen Fällen, bei denen der Staat eine Verpflichtung zum Eingriff hat) nicht so sehr ins Gewicht – schließlich handelt es sich um Angebote, deren Annahme freisteht. Dennoch sind bei Anwendung durch die öffentliche Hand entsprechende gesetzliche Vorgaben zu beachten. So z.B. die Verwaltungsverfahrensgesetze, wenn Behörden im Rahmen eins Angebotes Online-Behördengänge anbieten[9], oder auch das Bundesgrenzschutzgesetz, wenn auf freiwilliger Basis biometrisch gesicherte Grenzkontrollen (ähnlich wie das US-amerikanische System INPASS) offeriert werden sollen.

Bei innerbetrieblichem oder innerbehördlichem Einsatz (3), etwa als Zutrittskontrolle zu einem Gebäude, als Zugangskontrolle zu Computern oder für Sichtvermerke (vergleichbar digitalen Signaturen) innerhalb eines Betriebes oder einer Behörde, sind die gesetzlichen Mitbestimmungsrechte der Personalver-tretungsorgane zu beachten.[10].

---

[9] Vgl. das Projekt Media@Komm, in dem in öffentlichen Verwaltungen der Einsatz der digitalen Signatur erprobt wird, http://www.mediakomm.net

[10] Siehe dazu Albrecht, 2000b, S. 361

Der Einsatz biometrischer Verfahren im Privatbereich (4) unterliegt kaum festgelegten datenschutzrechtlichen Regelungen. Probleme können allenfalls dann auftreten, wenn die Rechte unbeteiligter Dritter beeinträchtigt werden. Dies ist etwa dann vorstellbar, wenn Kameras von Gesichtserkennungsverfahren an Haustüren Personen außerhalb des Grundstücks aufnehmen – dies wäre durch das "Hausrecht" des Grundstücksbesitzers nicht gedeckt und würde die aufgenommene Person u.a. im Recht auf das eigene Bild beeinträchtigen.

Eine besondere Situation entsteht beim Einsatz der digitalen Signatur, die in allen vier Bereichen zur Anwendung kommen kann. Der hier einschlägige rechtliche Rahmen wird nach derzeit gültiger Rechtslage sowie mit Blick auf die aktuell geplanten Gesetzesänderungen weiter unten dargestellt.

3.3   Datenschutzrechtliche Besonderheiten der Biometrie

3.3.1   Risiken der Personengebundenheit

Aufgrund ihrer dauerhaften Personenbindung weisen biometrische Daten eine besondere Brisanz auf. Im Gegensatz zu anderen nur personenbezogenen Daten wie Namen, Kennnummern oder Passwörtern können sie nicht geändert werden (siehe aber Kap 3.5.4). Aus diesem Grunde wurden schon früh[11] Verfahren der Vermessung des menschlichen Körpers im Bereich der Strafverfolgung, des Ausweiswesens und des Erkennungsdienstes angewendet, wie auch der Einsatz von Fingerabdruckverfahren oder Größenangaben und Foto im Pass zeigen. Durch moderne Verfahren, die eine automatisierte Erfassung biometrischer Daten von vielen Personen ermöglichen, erwächst ein ernstzunehmendes Überwachungspotential. So ist durch eine Kopplung von Videoüberwachungskameras mit Gesichtserkennungssystemen, wie sie ansatzweise im britischen Newham[12] verwendet werden, die Erstellung von Bewegungsprofilen einzelner Personen möglich – sie können automatisiert von Kamera zu Kamera "weitergereicht" und so der Aufenthaltsort einer Person aufgezeichnet werden.

Wird bei zunehmender Verbreitung biometrischer Systeme eine Authentifizierung an vielen Orten (z.B. Haustür, Fahrkartenautomat, Firmenzutritt, Kantine, Kinokasse etc.) zur alltäglichen Routine, so kann bei einer Zusammenführung dieser Daten ebenfalls ein mehr oder weniger lückenloses Bewegungs- und Verhaltensprofil

---

[11] Alphonse Bertillon entwarf um 1880 ein Schema zur Vermessung menschlicher Körper, das 11 Maße und Charakteristika wie Kopfdurchmesser, Armlänge, Nasen- und Ohrform, aber auch Aussehen der Iris erfasste.

[12] Siehe Webseite der Stadt Newham, www.newham.gov.uk/press/julythrunov98/facereg.html (Stand 21.12.2000)

aufgezeichnet werden. Wenn biometrische Daten in zentralen Datenbanken verwaltet werden, so können diese Daten als Zugriffsschlüssel für die verschiedenen Datensätze eines Benutzers verwendet und dazu genutzt werden, unterschiedliche Daten eines Betroffenen zu einem Profil zusammenzuführen. Derselbe Zweck wäre natürlich auch mit einer einheitlichen Kennzahl, die jeden Betroffenen eindeutig identifiziert, möglich. Genau dieser Einsatz einer einheitlichen Kennzahl wurde dem Staat jedoch durch eine Entscheidung des Bundesverfassungsgerichts untersagt:

[Eine mit der Würde des Menschen unvereinbare gänzliche oder teilweise Registrierung und Katalogisierung der Persönlichkeit wäre nur anzunehmen], *"soweit eine unbeschränkte Verknüpfung der erhobenen Daten mit den bei den Verwaltungsbehörden vorhandenen, zum Teil sehr sensitiven Datenbeständen oder gar die Erschließung eines derartigen Datenverbundes durch ein einheitliches Personenkennzeichen oder sonstiges Ordnungsmerkmal möglich wäre; denn eine umfassende Registrierung und Katalogisierung der Persönlichkeit durch die Zusammenführung einzelner Lebensdaten und Personaldaten zur Erstellung von Persönlichkeitsprofilen der Bürger ist auch in der Anonymität statistischer Erhebungen unzulässig."*[13]

3.3.2   Überschießender Informationsgehalt

Eine weitere Gefahr liegt in den zusätzlichen Informationen, die biometrische Daten enthalten. So können aus biometrischen Rohdaten wie Videoaufnahmen des Gesichtes, Sprachaufnahmen, Aufnahmen von Iris, Augenhintergrund und Fingerabdruck weitere Informationen über die betreffende Person gewonnen werden. Anhand des Gesichtes und der Sprache lassen sich Geschlecht, ungefähres Alter und Hinweise auf die ethnische Herkunft gewinnen. Bestimmte Aufnahmen des Augenhintergrundes lassen u.U. Diagnosen von Krankheiten wie Diabetes oder Bluthochdruck zu. Bei Fingerabdrücken scheint es statistische Korrelationen von Fingerabdruckmustern und Krankheiten wie Leukämie oder Brustkrebs zu geben[14]. Auch wenn dies nicht wissenschaftlich gesichert ist, können solche "Informationen" in Form von Gerüchten Schaden stiften. Daher sollten biometrische Rohdaten mit besonderer Sensibilität behandelt werden.

3.4   Potenzieller Nutzen der Biometrie

Der Vorteil biometrischer Verfahren insbesondere für den Endnutzer kann schwerpunktmäßig in folgenden Aspekten bestehen:

---

[13] BVerfGE 60, 1, 53 mit Hinweis auf BVerfGE 27, 1 6
[14] Woodward, 1999, S.393

- größere Rechtsverbindlichkeit,

- höhere Sicherheit,

- mehr Bequemlichkeit in der Anwendung.

Im gesamten Bereich des elektronischen Rechts- und Geschäftsverkehrs können biometrische Verfahren vor allem eine echte Verifikation der Kommunikationspartner ermöglichen. Im Idealfall kann also festgestellt werden, ob es sich bei der handelnden Person tatsächlich um diejenige handelt, für die sie sich ausgibt. Elektronischer Rechtsverkehr bedeutet dabei, dass elektronische Medien sowohl bei Rechtsgeschäften des täglichen Lebens als auch im internationalen Wirtschaftsverkehr eingesetzt werden. Dabei ist es für das Unternehmen mindestens genauso wichtig zu wissen, wer auf der Kundenseite agiert (*Insolvenzrisiko*), wie für den Kunden, bei wem konkret (verantwortliche Person) er z.B. Waren bestellt (*Haftungsrisiko*). Fragen der Zurechnung einer (elektronischen) Transaktion sind für alle Akteure von Bedeutung.

Erfreulicherweise haben auch die meisten Hersteller inzwischen erkannt, dass beim Einsatz der Biometrie die Meinung der Nutzer eine ausgesprochen große Rolle spielt[15]. Es ist wohl allen mittlerweile klar, dass sich ein biometrisches Produkt am Markt nicht durchsetzen wird, wenn es von den potenziellen Nutzern nicht angenommen wird[16]. Diese werden sich zudem nicht von unternehmerischen Marketingstrategien, die ausschließlich auf Komfort aufbauen und Sicherheitsaspekte außer Acht lassen, in die Irre führen lassen. Medienkompetente Verbraucher werden solche vordergründigen Werbestrategien durchschauen und von tatsächlichen Qualitätsaussagen unterscheiden können. Die Medienkompetenz der Verbraucher ist daher genau wie im gesamten Bereich des E-Commerce auch in der Biometrie zu fördern. Die Verbraucher sollten in die Lage versetzt werden, mittels objektiver Informationen Vor- und Nachteile der Biometrie im Allgemeinen und einzelner Verfahren im Besonderen abwägen zu können, nicht zuletzt auch im Vergleich zu den herkömmlichen Methoden. Zum einen können dann Risiken besser eingeschätzt, zum anderen irrationale Ängste und unbegründete Befürchtungen abgebaut werden.

Chancen und Risiken biometrischer Verfahren liegen allerdings sehr nahe beieinander. Dies folgt unmittelbar aus der besonderen Eigenschaft der Biometrie: der Personengebundenheit der verwendeten Merkmale. Die Merkmale sind in aller Regel lebenslang an eine Person gebunden und untrennbar mit ihr verknüpft. Während dies auf der einen Seite dazu führen kann, Nachteile herkömmlicher Verfahren, die nach dem Prinzip Besitz und Wissen funktionieren, zu vermeiden, entstehen auf der anderen Seite besondere Gefahren. Ein kompromittierter

---

[15] Z..B. Pampus, 2000, S.349-350

[16] So auch die Einschätzung von Lockie, 2000, S.3

biometrischer Datensatz lässt sich nicht ohne weiteres auswechseln, ein Rückruf der missbrauchten Daten ist u.U. nicht möglich, die Zahl der zu verwendenden Merkmale ist naturgemäß begrenzt. Hinzu kommt die Frage der Verlässlichkeit der biometrischen Systeme, die insbesondere dort eine Rolle spielt, wo der Nutzer die mittels Biometrie geschützte Anwendung etwa im medizinischen Bereich u.U. sehr zeitnah benötigt und daher auf die hundertprozentige Funktionstüchtigkeit des Systems angewiesen ist.

3.5 Datenschutzrechtliche Regelungen

Neben den in Kap. 3.2 genannten rechtlichen Spezialregelungen sind in allen vier Anwendungsbereichen die einschlägigen Datenschutzgesetze zu beachten. Diese sind, sofern nicht spezielle Rechtsnormen wie etwa Regelungen für den Sozialdatenschutz im Sozialgesetzbuch (SGB) existieren, im Bundesdatenschutzgesetz (BDSG) für Bundesbehörden und den privatwirtschaftlichen Bereich sowie den Landesdatenschutzgesetzen (LDSG) für die Landesbehörden und Kommunen festgelegt. Alle Regelungen haben sich an der europäischen Datenschutzrichtlinie[17], die allerdings noch nicht in allen betroffenen Gesetzen umgesetzt[18] wurde, zu orientieren.

Die einschlägigen Datenschutzgesetze enthalten neben expliziten Regelungen, etwa zur Rechtmäßigkeit von Datenverarbeitung, Einwilligungen, Auskunftsrechten, Rechtmäßigkeit der Weitergabe von Daten etc., auch abstrakte Regelungen. Dazu zählt die Verpflichtung, zumutbare technische und organisatorische Maßnahmen zum Schutz von personenbezogenen Daten zu treffen, - § 9 BDSG und Anlage zu § 9 Satz 1, Artikel 17 Absatz 1 EU-Datenschutzrichtlinie, - aber auch die Verpflichtung zur Datensparsamkeit, Artikel 6 EU-Datenschutzrichtlinie (siehe auch Kap. 3.6.3).

3.5.1 Technischer Datenschutz

Die Begriffe Datenschutz und Datensicherheit hängen eng zusammen. Während mit dem Begriff *Datenschutz* in erster Linie die Vertraulichkeit der Daten assoziiert wird, befasst sich die *Datensicherheit* vorwiegend mit der Integrität, Verfügbarkeit und Authentizität von Daten. Durch den Einsatz geeigneter technischer Verfahren

---

[17] Richtlinie 95/46/EG des Europäischen Parlaments und des Rates vom 24. Oktober 1995 zum Schutz natürlicher Personen bei der Verarbeitung personenbezogener Daten und zum freien Datenverkehr

[18] Die Umsetzung im BDSG befindet sich zur Zeit im Entwurfsstadium. Aktuelle Entwürfe (Stand 13.10.2000) eines Gesetzes zur Änderung des Bundesdatenschutzgesetzes und anderer Gesetze, Bundestagsdrucksache 14/4329, sind abrufbar unter www.dud.de, Stichpunkt "Aktuelles".

lassen sich häufig alle diese vier Ziele erreichen. So kann mit Hilfe kryptographischer Techniken, insbesondere mit Verschlüsselung und Signierung, sowohl die Authentizität von Daten als auch die Vertraulichkeit sichergestellt werden.

3.5.2   Einzelne Problemfelder der Datensicherheit

Im Bereich der Datensicherheit lassen sich mehrere Problemfelder ausmachen, die zum einen biometriespezifisch sind, zum anderen auch andere Verfahren zur Authentifizierung (wie etwa PIN oder Token) betreffen.

Toleranzbereiche

Da biometrische Daten stets mit Messfehlern behaftet sind und auch zeitlichen Änderungen unterliegen, werden sie bei Verifikation (1:1) oder Identifikation (1:n) nicht auf Gleichheit, sondern auf "hinreichende Ähnlichkeit" getestet. Der Toleranzbereich, in dem biometrische Daten als "gleich" gelten, wird mit Hilfe eines Parameters eingestellt, der die Erkennungsgüte empfindlich beeinflusst. Bei zu großem Toleranzbereich kommt es häufig zu Falscherkennungen[19], d.h. Daten unterschiedlicher Personen werden als gleich klassifiziert und somit Unberechtigte vom System akzeptiert. Ist der Toleranzbereich dagegen zu eng, so werden häufiger Daten derselben Person als ungleich klassifiziert[20], und es kommt zu Falsch-zurückweisungen, also Abweisungen berechtigter Personen. Je nach Einstellung der Toleranzschwelle ist entweder die Falschrückweisungsrate[21] oder die Falsch-akzeptanzrate[22] geringer, was mit erhöhtem Komfort bzw. erhöhter Sicherheit einhergeht.

Abhängig vom Risikopotenzial einer Transaktion sollte der Nutzer ein ange-messenes Sicherheitsniveau wählen können, um zugleich die erforderliche Sicher-heit und eine bedienerfreundliche Anwendung zu gewährleisten.

Problematisch sind in technischer Hinsicht vor allem die beiden folgenden Punkte:

- Die Qualität (Falschrückweisungs- bzw. Falschakzeptanzrate) kann nur mit Hilfe von umfangreichen statistischen Tests bestimmt werden und hängt von der eingestellten Toleranzschwelle, den verwendeten Datenbanken der Testmuster,

---

[19] Häufig als "false acceptance" bezeichnet; besser ist der Begriff "false match".

[20] "false rejection", besser "false non-match"

[21] "false rejection rate", FRR

[22] "false acceptance rate", FAR

der Anzahl der Testmuster, den genauen Testbedingungen (werden Geräte oder Algorithmen getestet) etc. ab. Zwar gibt es Untersuchungen und Hinweise zu geeigneten Testmethoden[23], aber bisher keine Normung etwa durch gesetzlich festgeschriebene Mindestanforderungen derartiger Tests, so dass die Ergebnisse nicht vergleichbar sind.

- Wird die Toleranzschwelle unbemerkt manipuliert, so kann es zur fälschlichen Erkennung oder fälschlichen Nichterkennung kommen, was aufgrund vorausgegangener Tests mit der richtigen Toleranzschwelle als (nahezu) ausgeschlossen galt. Hier kann mit sinnvollen Protokollierungstechniken und der restriktiven Vergabe von Adminstrationsbefugnissen vorgebaut werden.

Berechtigung durch Datenbesitz?

Da biometrische Daten als mehr oder weniger "öffentlich" gelten, kann die Sicherheit biometrischer Verfahren nicht von einer Geheimhaltung biometrischer Daten abhängen: Fotos einer Person bzw. ihrer Körperteile oder ihrer Finger-abdrücke sind relativ leicht zu beschaffen. Auch das Auslesen biometrischer Daten aus Datenleitungen, Chipkarten, Datenbanken, Speichern etc. kann nicht ausgeschlossen werden. Daher ist bei der Erfassung und Übertragung biometrischer Daten zu überprüfen, ob diese tatsächlich von einer Person und dem entsprechenden Gerät stammen. Es muss verhindert werden, dass die Daten von einer Atrappe herrühren, etwa einem Foto oder einer Tonbandaufnahme. Im Bereich der Sensoren dienen Mechanismen der Lebenderkennung dazu, die Anwesenheit eines Menschen zu verifizieren. Angewendet werden z.B. im Bereich der Fingerabdruckerkennung Methoden wie die Messung von Pulsschlag, Temperatur, Leitfähigkeit der Haut oder Blutsauerstoffgehalt; bei Gesichtserkennungsverfahren werden Bewegungen des Gesichtes detektiert. Schwierig ist die Situation bei Spracherkennungs-verfahren; zum Schutz können hier sogenannte *Challenge-response-Verfahren* zum Einsatz kommen, die das Vorspielen von Tonbandaufnahmen erschweren. Dabei werden mehrere Templates eines Nutzers erfasst, indem dieser beim Enrollment mehrere Wörter (etwa die Ziffern Null bis Neun) sprechen muss. Bei der nachfolgenden biometrischen Erkennung wird dem Nutzer dann durch das System eine Ziffer genannt oder angezeigt, die er aussprechen muss.

---

[23] Siehe auch Wayman, 1999, S.345-368; und ders.: Biometrics Working Group, Best practices in testing performance of biometrics, siehe: www.afb.org.uk/bwg/bestprac10.pdf

Um eine authentische Übertragung innerhalb von Datenleitungen und eine feste Verknüpfung von Nutzerkennung und gespeichertem Template[24] sicherzustellen, können außerdem kryptographische Verfahren wie *"message authentification codes"* (MAC) verwendet werden[25].

Bei der Bewertung der Sicherheit müssen folgende Fragen beantwortet werden:

- Handelt es sich um ein authentisches körperliches Merkmal oder um ein Falsifikat?

- Wurden die Daten vom Sensor übertragen oder wurden sie von außen eingespielt?

- Wurden Vergleichsalgorithmus oder Toleranzschwelle manipuliert?

- Wurden die gespeicherten Daten authentisch übertragen?

- Wurde der gespeicherte Vergleichsdatensatz (aus Chipkarte oder Datenbank) manipuliert?

- Wurde das Resultat der biometrischen Authentifikation unverfälscht übertragen?

3.5.3   Problematik der Sicherheitsvermutung

Es stellt sich die Frage, ob biometrischen Systemen eine Sicherheitsvermutung[26] zugute kommen sollte, um die Rechtssicherheit im Rahmen ihrer Anwendungen zu erhöhen. Bei sorgfältiger Gestaltung der biometrischen Systeme (wie z.B. geeignete Wahl der Toleranzschwellen, siehe oben) und der begleitenden organisatorischen Maßnahmen (sicheres Enrollment, sorgfältige Auswahl von Administratoren, revisionsfeste Protokollierung etc.) könnte eine solche gerechtfertigt sein.

Beweiserleichterungen im Falle der Verwendung bestimmter Technologien kommen grundsätzlich durch die Schaffung von gesetzlichen Vermutungen in Betracht. So

---

[24] Andernfalls könnte ein System manipuliert werden, indem ein Angreifer seinen biometrischen Datensatz unter einer fremden Nutzer-ID ablegt und bei erfolgreicher Authentifizierung unter dieser ID agieren kann.

[25] Scheuermann / Schwiderski-Grosche / Struif, 2000, S. 43-52

[26] Eine gesetzlich festgelegte Sicherheitsvermutung schränkt das Gericht in seiner freien Beweiswürdigung ein, wenn es im Beweisverfahren auf die tatsächliche und nachweisbare Sicherheit des verwendeten technischen Verfahrens ankommt. Durch die Sicherheitsvermutung wird die Sicherheit des betreffenden Verfahrens für alle denkbaren (Streit-)fälle vorab zunächst angenommen und muss nicht in jedem Einzelfall nachgewiesen werden. Falls im Einzelfall Anhaltspunkte dafür vorliegen, dass die Sicherheitsvermutung hier nicht gerechtfertigt ist, ist es demjenigen, der sich auf die mangelnde Sicherheit beruft, möglich, die Sicherheitsvermutung zu entkräften.

erfolgt z.B. in § 1 Absatz 1 SigG[27] eine Sicherheitsvermutung zugunsten des gesetzeskonformen Verfahren der digitalen Signatur. Eine solche Beweiserleichterung, die den Richter im Rahmen seiner freien Beweiswürdigung einschränkt, ist hinsichtlich biometrischer Verfahren jedoch so lange nicht gerechtfertigt, wie die Sicherheit der Systeme nicht durch objektive Prüfkriterien nachgewiesen wurde. Eine technische Entwicklung durch das Recht vorwegzunehmen macht keinen Sinn, solange das Recht flexibel auf technische Neuerungen reagieren kann. Dies ist im deutschen Zivilprozessrecht durch die in jedem Fall gegebene Möglichkeit der freien Beweiswürdigung gewährleistet. Andernfalls würde dem Nutzer doch wieder die Last aufgebürdet werden, darlegen und beweisen zu müssen, dass er (trotz Verwendung eines biometrischen Systems) nicht derjenige war, der gehandelt hat.

In strafrechtlicher Hinsicht werden zivilrechtliche Beweiserleichterungen zwar nicht berücksichtigt, da hier die Täterschaft ausnahmslos zur vollen Überzeugung des Gerichts bewiesen werden muss. Dabei ist jedoch zu beachten, dass bei der Benutzung eines nur vermeintlich sicheren Verfahrens unbegründete Verdachtsmomente für den Beschuldigten auftreten können, der sich dieses Verfahrens bedient hat (vgl. oben im Eingangsbeispiel den Nachweis des Autounfalls). Die Widerlegung eines so entstandenen Tatverdachtes darf durch die Verwendung biometrischer Systeme nicht erschwert werden.

3.5.4   Template-freie Verfahren

Template-freie Verfahren, die gelegentlich auch als "anonyme Biometrie" bezeichnet werden, stehen erst am Anfang der technischen Entwicklung. Vom Grundsatz her werden dabei biometrische Daten verwendet, um einen eindeutigen kryptographischen Schlüssel zu konstruieren[28]. Die Problematik der Varianz biometrischer Daten, der man in den üblichen Verfahren durch geeignete Konstruktion des Vergleichsverfahrens und der Festlegung der Toleranzbereiche (siehe oben) begegnet, wird hier in die Konstruktion des kryptographischen Schlüssels verlagert. So müssen die unterschiedlichen Rohdaten, die bei Aufnahmen *desselben* biometrischen Merkmals gemessen werden, stets zu demselben biometrischen Schlüssel führen; Merkmale unterschiedlicher Personen müssen hingegen verschiedene Schlüssel ergeben[29].

---

[27] Gesetz zur digitalen Signatur vom 22.7.1997

[28] Donnerhacke, 1999, S. 151ff.

[29] Siehe auch Mytec Inc., Biometric Encryption, Chap. 22, wo technische Details der Umsetzung diskutiert werden, und das Verfahren Bio-Key der Firma Cifro, www.cifro.com und www.cifro.com/produkt.html (Stand 21.12.2000): Zwar funktionieren diese Verfahren im Detail etwas anders als oben beschrieben; der Grundsatz der Funktion hingegen ist gleich.

Mit Hilfe dieses Schlüssels S wird beim Enrollment eine Zufallszahl z verschlüsselt und z sowie ihr Chiffrat (= verschlüsselte Zahl) c gespeichert. Bei der Authentifizierung wird eine biometrische Messung vorgenommen und ein Schlüssel S' berechnet, mit dem die gespeicherte Zahl z verschlüsselt wird. Ergibt dieser Prozess die gespeicherte Zahl c, so stimmen S und S' überein und damit auch die Personen, aus deren biometrischem Merkmal S bzw. S' ermittelt wurde.

Werden für dieses Verfahren geeignete kryptographische Methoden[30] eingesetzt, sind aus der Kenntnis von z und c keine Rückschlüsse auf S und damit das biometrische Merkmal möglich.

Wenn in verschiedenen Anwendungsszenarien eines Benutzers, der den biometrischen Schlüssel S besitzt, verschiedene Zufallszahlen z, z', z'' etc. gewählt werden, ergeben sich verschiedene Paare (z,c), (z',c'), (z'',c'') etc., die alle zu demselben Schlüssel S gehören. Sie sind aber untereinander nicht vergleichbar: Für einen Außenstehenden ist es (sofern geeignete kryptographische Techniken eingesetzt werden) nicht feststellbar, ob zwei Zufallszahl-Chiffrat-Paare zu demselben oder zu zwei verschiedenen Schlüsseln gehören.

Dadurch ist es möglich, "biometrische Passwörter" zu wechseln: Für eine Person können stets neue Zufallszahl-Chiffrat-Paare erzeugt[31] werden, etwa wenn diese Paare auf Chipkarten gespeichert werden und eine solche Chipkarte abhanden gekommen ist.

Auch die Erstellung von Profilen, die durch Abgleich biometrischer Daten und deren Verwendung als einheitlichem Zugriffsschlüssel denkbar ist (Kap. 3.5), kann hierdurch verhindert werden. Der Einsatz solcher Template-freier Techniken ist ein gutes Beispiel für die in Kap. 3.5 diskutierte Datensparsamkeit, da keine biometrischen Daten, sondern nur die Zufallszahl-Chiffrat-Paare gespeichert werden müssen.

3.6   Größere Rechtsverbindlichkeit

Durch den Einsatz biometrischer Verfahren kann prinzipiell mehr Rechtssicherheit erreicht werden. Diese Annahme folgt vor allem aus folgenden Überlegungen:

---

[30] Z.B. Schneier,1996, Kapitel 1

[31] Es bestehen gewisse Ähnlichkeiten zu im vorherigem Abschnitt diskutierten Challenge-response-Verfahren, die bei verhaltensbasierten biometrischen Methoden zum Einsatz kommen können: Die Zufallszahlen entsprechen den eingelernten Wörtern (oben: Ziffern), der biometrische Schlüssel entspricht der individuellen Art des Aussprechens (abhängig z.B. von der Form des Kehlkopfes der Person), die Chiffrate den Aufnahmen der individuell ausgesprochenen Wörter. Vgl. dazu auch: Probst, 2000, S. 325

Wissensbasierte Verfahren haben in rechtlicher Hinsicht vor allem den entscheidenden Nachteil, dass damit die Verfügungsberechtigung der handelnden Person nicht tatsächlich nachgewiesen werden kann. Mittels Einsatz von Geheimzahlen oder Passwörtern kann stets nur überprüft werden, ob der verwendete Code auch der richtige ist. Eine Verifizierung der Person erfolgt gerade nicht. Hier kann durch den Einsatz biometrischer Systeme eine Verbesserung der Situation erreicht werden.

3.6.1   Elektronischer Zahlungsverkehr

Ein Blick auf die Situation beim ec-Karten-Missbrauch in Deutschland verdeutlicht die unmittelbare Rechtserheblichkeit der (technischen) Sicherheit eines Verfahrens für die getätigte Transaktion[32].

Die Zahlen sprechen eine deutliche Sprache: 1998 wurde in Deutschland Betrug mittels rechtswidrig erlangter Karten für Geldausgabe- bzw. Kassenautomaten in 35909 Fällen begangen. Die Schadenssumme betrug 41,7 Millionen DM[33]. Der Kreditkartenbetrug hat daneben nach Angaben von Experten des Bundes-kriminalamtes 1999 um 40% zugenommen und ist auf 36000 Fälle angestiegen, der Schaden beträgt nach Schätzungen des Bundeskriminalamtes gut 30 Miollionen DM. Die Schadenssumme weltweit durch Geldautomaten- und Kontomissbrauch wird auf 400 Millionen US-$ geschätzt[34].

Nach deutschem Recht stellt sich die Situation grundsätzlich wie folgt dar:

Zivilrechtlich betrachtet stellt die Abhebung eines Geldbetrages am Geldautomaten eine Weisung an die Bank dar, den angeforderten Betrag auszuzahlen. Dem liegt ein Geschäftsbesorgungsvertrag nach § 675 Bürgerliches Gesetzbuch (BGB) zugrunde. Die Bank kann einen Aufwendungsersatzanspruch gemäß §§ 670, 675 Absatz 1 BGB gegen den Kunden geltend machen, wenn die Abhebung aufgrund wirksamer Weisung nach § 665 BGB erfolgt ist[35]. Die Bank hat somit nur dann Anspruch auf Berechnung des Betrages zu Lasten des Kundenkontos, wenn eine wirksame Anweisung des Berechtigten oder eines bevollmächtigten Dritten vorliegt. Hat ein unberechtigter Dritter die Karte samt Geheimzahl verwendet, liegt keine wirksame Weisung vor, die Bank muss den (in der Regel sofort verrechneten) Betrag dem Konto wieder gutschreiben. Ein Kunde, auf dessen Girokonto ohne seinen Auftrag oder sonstigen Rechtsgrund Belastungsbuchungen vorgenommen werden, kann die

---

[32] Umfassende Darstellung der Problematik in Albrecht, 1999, S. 73-83

[33] Quelle: Polizeiliche Kriminalstatistik des Bundeskriminalamtes für das Jahr 1998

[34] Woodward, 1999, S.395

[35] Vgl. auch BGHZ 130, 87, 91

Rückführung und Auszahlung des sich nach der Berichtigung ergebenden Gutachtens verlangen[36]. Dieser Anspruch ergibt sich grundsätzlich aus §§ 667, 675 Absatz 1 BGB.

Nach den Geschäftsbedingungen muss regelmäßig der Kunde für den unberechtigt abgehobenen Betrag einstehen, wenn er grob fahrlässig mit Karte und Geheimzahl umgegangen ist. Grobe Fahrlässigkeit liegt nach der Rechtsprechung des Bundesgerichtshofes (BGH) dann vor, wenn die im Verkehr erforderliche Sorgfalt in ungewöhnlich hohem Maße verletzt wurde, wenn ganz nahe liegende Überlegungen nicht angestellt oder beiseite geschoben wurden und dasjenige unbeachtet geblieben ist, was im gegebenen Fall sich jedem aufgedrängt hätte[37]. In den Allgemeinen Geschäftsbedingungen werden regelmäßig folgende Fälle definiert:

a) die PIN wurde auf der Karte vermerkt,

b) die PIN wurde zusammen mit der Karte aufbewahrt oder

c) der Kunde hat die PIN einem Dritten mitgeteilt[38].

Ein Gericht muss im Rahmen eines Beweisverfahrens durch Beweiserhebung die Wahrheit der von den Parteien aufgestellten Behauptungen feststellen. Nach allgemeinen zivilprozessualen Beweislastregeln muss stets derjenige, der einen Anspruch behauptet, auch dessen Voraussetzungen darlegen und beweisen. Den dergestalt Beweisbelasteten treffen die Folgen der Nichterweislichkeit, d.h. er kann seinen Anspruch nicht durchsetzen, wenn er die Voraussetzungen nicht beweisen kann. Die Bank muss somit das Vorliegen einen der o.a. Tatbestände der groben Fahrlässigkeit beweisen, andernfalls kann sie ihren Anspruch auf Verrechnung des Betrages nicht durchsetzen. Ausnahmsweise wird die Beweisführung für die beweisbelastete Partei erleichtert, wenn besondere Umstände vorliegen. Zu der im Rahmen des ec-Karten-Missbrauchs in der überwiegenden Anzahl der Fälle angenommenen Beweiserleichterung gehört der sogenannte *Beweis des ersten Anscheins (Prima-facie-Beweis)*. Dieser kommt immer dann in Betracht, wenn sich unter Berücksichtigung aller unstreitigen und festgestellten Einzelumstände und besonderen Merkmale des Sachverhalts ein für die zu beweisende Tatsache nach der Lebenserfahrung typischer Geschehensablauf ergibt[39]. Dieser Prima-facie-Beweis ist gesetzlich nicht normiert und bzgl. der dogmatischen Herleitung umstritten[40],

---

[36] BGHZ 121, 98, 106

[37] BGH-Urteil vom 8.10.1991, WM 1991, S.1946 ff.

[38] Vgl. die Bedingungen der Sparkassen für die Verwendung der ec-Karte, Fassung vom 15.10.1997, Nr. A III 2.4., abgedruckt in WM 51/52-1996, 2356 ff., S.2358

[39] BGH NJW 96, S.1828 f.

[40] Vgl. dazu Zöller-Greger, Vor § 284 Rz. 277

wird jedoch seit vielen Jahren gewohnheitsrechtlich in der Rechtsprechung deutscher Gerichte anerkannt[41] und überwiegend aus § 286 Zivilprozessordnung (ZPO) hergeleitet. Bei seiner Anwendung schließt das Gericht von bestimmten feststehenden tatbestandsfremden Tatsachen auf das Vorliegen des eigentlich zu beweisenden Tatbestandsmerkmals[42]. Es handelt sich nicht um eine echte Beweislastumkehr zugunsten der eigentlich beweisbelasteten Partei, jedoch um einen vorläufigen Beweis. Dies hat Auswirkungen auf die Anforderungen an die Erschütterung eines so zustande gekommenen Beweises durch die Gegenpartei. Es reicht nämlich grundsätzlich aus, Umstände darzulegen, aus denen sich die ernsthafte Möglichkeit eines vom Gewöhnlichen abweichenden Geschehensablaufs ergibt[43]. Misslingt das, ist der volle Nachweis der zu beweisenden Tatsache mit dem Anscheinsbeweis erbracht.

In beweisrechtlicher Hinsicht gilt bei dem hier betrachteten ec-Karten-Missbrauch danach grundsätzlich Folgendes: Die Bank muss die Weisung durch den Berechtigten beweisen. Sie kann nach den üblicherweise vorliegenden Protokollen aber nur beweisen, dass die Karte mit der dazugehörigen Geheimnummer verwendet wurde. Somit beruft sich die Bank in der Folge auf die Verletzung der in ihren Allgemeinen Geschäftsbedingungen niedergelegten Sorgfaltspflichten des Kunden, wonach bei grober Fahrlässigkeit der Kunde für die unberechtigten Abhebungen von seinem Konto haftet. Die Bank behauptet nun den grob fahrlässigen Umgang des Kunden mit Karte und Geheimzahl, aufgrund dessen ein unberechtigter Dritter diese nur hat verwenden können, und verlangt aufgrund der so genannten positiven Vertragsverletzung Schadensersatz in Höhe des abgehobenen Betrages. Der Kunde muss in der Folge beweisen können, dass er seinen Sorgfaltspflichten genügt hat, also nicht grob fahrlässig etwa Karte und Geheimzahl gemeinsam aufbewahrt hat. Das gelingt ihm in vielen Fällen nicht, weil die Banken darlegen, die Geheimzahl habe z.B. nicht in der Kürze der Zeit entschlüsselt werden, folglich der Täter also nur aufgrund des grob fahrlässigen Umgangs des Kunden die Geheimzahl benutzen können. Diese Darstellung reicht vielen Gerichten zur Annahme des Beweises ersten Anscheins aus. Wegen der vermuteten hohen Sicherheit des ec-Karten-Verfahrens und der Geheimzahl (keine Entschlüsselungsmöglichkeit in relativ kurzer Zeit, kein Ausspähen etc.) gehen die Gerichte in vielen Fällen ohne nähere Begründung davon aus, dass es sich nicht anders als von der Bank behauptet zugetragen haben könne[44].

---

[41] Zuerst RGZ 130, 359, 360; seit BGHZ 2, 1 ff. ständige Rechtsprechung des BGH

[42] Petri, 1997, S.662

[43] BGH NJW 96, S.1828 f.

[44] So z.B. LG Köln, Urteil vom 20.9.1994, WM 95, 976 ff., 977: "die Kammer hält es für ausgeschlossen, dass sich ein Dritter ... innerhalb der hier maßgeblichen acht Tage Kenntnis von der PIN ... verschafft haben kann."

Es wurde in der Vergangenheit sogar angenommen, die ec-Karte unter Verwendung der richtigen Geheimzahl "repräsentiere" den Karteninhaber[45]. Um diesen Beweis zu erschüttern, muss der Kunde in jedem Einzelfall durch aufwändige und kostspielige Sachverständigengutachten die ernsthafte Möglichkeit eines anderen Geschehensablaufs darlegen können. Faktisch kommt dies in der Praxis einer Beweislastumkehr gleich, denn der Kunde muss nunmehr nachweisen, dass nicht er die betreffende Transaktion durchgeführt hat[46].

In der jüngeren Vergangenheit mehren sich die Stimmen in der Rechtsprechung, die nicht mehr ohne weiteres auf das ec-Karten-Verfahren und die Sicherheit der Geheimzahl vertrauen und somit die Behauptungen der Banken nicht mehr für die Annahme des ersten Anscheins (für einen grob fahrlässigen Umgang durch den Kunden) ausreichen lassen[47]. Auch nach Wechsel der Banken auf größere Schlüssellängen und Umgestaltung der PIN-Nummern wird zunehmend der von der Bank regelmäßig vorgetragene Sachverhalt des fahrlässigen Verhaltens des Kunden für nicht mehr ausreichend gehalten[48], um ein Verschulden des Bankkunden und damit dessen Haftung zu begründen. Zuletzt hat der für das Bankrecht zuständige XI. Zivilsenat des BGH die Voraussetzungen der groben Fahrlässigkeit bei Verwahrung von ec-Karte und Geheimnummer definiert[49]. Er hat entschieden, dass es nicht als grob fahrlässig (sondern nur als einfach fahrlässig) einzustufen sei, wenn der Karteninhaber die Geheimnummer zu Hause in einem Dokumentenstapel und die Karte in einem anderen Raum aufbewahrt. Hier wurde endlich von einem Bundesgericht den tatsächlichen Schwierigkeiten im Umgang mit geheim-zuhaltenden Codes Rechnung getragen und folgerichtig die Anforderungen an die Sorgfaltspflicht des Bankkunden verringert.

Ein Zustand der Rechtssicherheit, und zwar für alle Beteiligte, ist jedoch nicht zuletzt wegen fehlender gesetzlicher Regelungen in diesem Bereich nicht absehbar. Eine einheitliche Linie lässt sich in der Rechtsprechung nicht erkennen. Allerdings ist nach dem Urteil des BGH davon auszugehen, dass zumindest in der Beurteilung der "gemeinsamen Aufbewahrung" von Karte und Geheimzahl die unteren Instanzen folgen werden. Dreh- und Angelpunkt bleibt aber die Beurteilung des Sicherheits-systems der Geldinstitute, insbesondere die Frage, ob es für Unbefugte technisch möglich ist, die geheime PIN zu ermitteln. Der Kunde hat allerdings nach wie vor

---

[45] LG Bonn, Urteil vom 11.1.1995, WM 95, S.575 f.

[46] Z.B. AG Charlottenburg, Urteil vom 13.8.1997, WM 97, S.2082 ff.

[47] Wegweisend OLG Hamm, Urteil vom 17.3.1997, NJW 97, S.1711 ff.

[48] Vgl. AG Duisburg, Urteil vom 9.9.1999, DuD 4/2000, S.240 ff.; LG Mönchengladbach, Urteil vom 28.4.2000, Az. 2 S 288/99

[49] Urteil vom 17.10.2000-XI ZR 42/00

keinen Einblick in diesen Ablauf, dieser wird auch den vom Gericht berufenen Sachverständigen nicht umfassend gewährt.

Bei entsprechend nachgewiesener höherer Sicherheit biometrischer Verfahren ist künftig damit zu rechnen, dass technisch nichtkompetente Verbraucher und Gerichte nicht mehr in jedem Einzelfall von Gutachteraussagen technischer Sachverständiger abhängig sein werden. Durch den prinzipiellen Verzicht auf das Wissenselement bei biometrischen Systemen bestehen dann keine Anhaltspunkte mehr dafür, dem Verbraucher mittels Allgemeiner Geschäftsbedingungen Sorgfaltspflichten aufzuerlegen, denen er aus unterschiedlichen Gründen nicht genügen kann. Bei nicht lediglich behaupteter, sondern nachgewiesener Sicherheit biometrischer Verfahren müssen sich die Gerichte nicht mehr auf den hier oft nicht nachvollziehbar angewendeten Beweis des ersten Anscheins zu Lasten des Bankkunden stützen.

Darüber hinaus sollten bei Anwendung eines nachgewiesen sicheren Verfahrens insbesondere die Banken sowie andere Betreiber endlich bereit sein, das Missbrauchsrisiko zu übernehmen und ihre Allgemeinen Geschäftsbedingungen zugunsten der Kunden ändern. Das wird vermutlich auch davon abhängen, ob die Versicherungsunternehmen die Sicherheit der biometrischen Verfahren für so hoch einschätzen, dass sie bereit sind, ihre Prämien zu senken und damit das finanzielle Risiko der Betreiber bei Missbrauch vermindern. Beispiele für eine entsprechende Änderung der Allgemeinen Geschäftsbedingungen gibt es bereits beim Einsatz des HBCI (HomeBankingComputerInterface-)Verfahrens. Hier heißt es z.B.: "Die Raiffeisen-Volksbank eG Mainz ist bei einem eingetretenen Schaden von der Verpflichtung zum Ersatz des Schadens nur dann befreit, wenn sie den Nachweis erbringt, dass der Schaden insgesamt oder teilweise durch ein Verhalten des Kunden entstanden ist"[50].

3.6.2   Elektronischer Rechtsverkehr

Im elektronischen Rechtsverkehr werden idealerweise keine Papierdokumente mehr ausgetauscht, die elektronische Erklärung ist vielmehr losgelöst von Sprache und Schrift sowie vom Trägermedium Papier. Hieraus ergeben sich aber spezifische Risiken, die bei der bisherigen Art und Weise, Verträge abzuschließen, so nicht existieren. Die vorsätzliche Veränderung einer Schrifturkunde ist mittels Sachverständigengutachten relativ einfach nachweisbar. Manipulationen an einem elektronischen Dokument dagegen hinterlassen grundsätzlich keine Spuren. Hinzu kommen bei der Verwendung von EDV technikimmanente Fehler und Bedienungsfehler. Daraus folgt, dass im ungesicherten EDV-Verkehr keine Gewähr dafür besteht, dass das verschickte Dokument auch wirklich unverändert beim Empfänger

---

[50] Sonderbedingungen für RVB FAKTUM DIREKT, Fassung Januar 1999, Nr. 11 Satz 2

angekommen ist. Mit Einsatz elektronischer Signaturverfahren kann die Integrität der abgegebenen Erklärung verbessert werden. Eine elektronische Signatur soll aber daneben auch die Identität der handelnden Person sicherstellen. Bei einem durch eigenhändige Unterschrift unterzeichneten Dokument werden ohne deutliche Anzeichen einer Manipulation keine Zweifel an der Urheberschaft entstehen. Was aber geschieht mit einem elektronischen Dokument, das nicht in dieser Form unterzeichnet werden kann? Das digitale Signaturverfahren nach deutschem SigG kann grundsätzlich Integrität und Identität eines (elektronischen) Dokumentes gewährleisten.

Ein Problem aber bleibt unabhängig vom eingesetzten Signaturverfahren bestehen und lenkt das Augenmerk unmittelbar auf die Biometrie: der Schutz des Zugangs zum Signaturschlüssel. Auch bei Überprüfung und Bestätigung der Identität des Signaturschlüsselinhabers durch eine vertrauenswürdige Instanz wie eine Zertifizierungsstelle, wie in § 5 SigG in Verbindung mit § 3 SigVO[51] vorgesehen, kann nicht sichergestellt werden, wer den Signaturschlüssel tatsächlich benutzt. Dies gilt mindestens so lange, wie der Schlüsselmechanismus in einer Karte abgelegt wird, die nur mittels Geheimzahl und Passwort freigeschaltet werden kann, also weiterhin das Prinzip Besitz und Wissen eingesetzt wird.

Auf europäischer Ebene ist die EU-Richtlinie über gemeinschaftliche Rahmenbedingungen für elektronische Signaturen[52] zu beachten. Diese lässt ausdrücklich die einzusetzende Technik offen. Erwägungsgrund (8) besagt: *"Die rasche technologische Entwicklung und der globale Charakter des Internet erfordern ein Konzept, das verschiedenen Technologien und Dienstleistungen im Bereich der elektronischen Authentifizierung offen steht.".* Nach Anhang III, 1.c) der Richtlinie muss (bei den sogenannten *"sicheren Signaturerstellungseinheiten"*) gewährleistet sein, dass *"die für die Erzeugung der Signatur verwendeten Signaturerstellungsdaten von dem rechtmäßigen Unterzeichner vor der Verwendung durch andere verlässlich geschützt werden können."* Nach diesen Formulierungen ist der Einsatz biometrischer Verfahren im Rahmen elektronischer Signaturen freigestellt.

Im geltenden deutschen Signaturrecht wird in der Signaturverordnung als Zugangskontrolle zum Schlüsselmechanismus die Identifikation des Schlüsselinhabers durch Besitz und Wissen vorgeschrieben (§ 16 Absatz 2 Satz 2 SigVO). In § 16 Absatz 2 Satz 3 werden biometrische Verfahren nur zusätzlich zur Identifikation zugelassen. Nach Inkrafttreten der europäischen Richtlinien muss das deutsche Signaturgesetz nun bis Mitte 2001 angepasst werden. Auf den o.a.

---

[51] Verordnung zur digitalen Signatur vom 22.10.1997

[52] Richtlinie 1999/93/EG des europäischen Parlaments und des Rates vom 13.12.1999, ABl L 13/12 vom 19.1.2000

verlässlichen Schutz des Schlüsselmechanismus, der nach der Richtlinie gefordert wird, nimmt auch der neue Entwurf des deutschen Signaturgesetzes Bezug[53]. Dort heißt es in § 17 zu den Produkten für elektronische Signaturen, dass *"sichere Signaturerstellungseinheiten"* u.a. *"gegen unberechtigte Nutzung der Signaturschlüssel schützen"* sollen. Auch hiernach kommt also der Einsatz biometrischer Erkennungsverfahren in Betracht. Bereits in der Gesetzesbegründung heißt es zu § 16 Absatz 2 Signaturverordnung[54]: *"Die Signiertechnik wird in der Regel im Wesentlichen auf einer Chipkarte oder einem vergleichbaren Träger (z.B. PCMCIA-Karte) realisiert. Um über Besitz (Karte) und Wissen (PIN oder Passwort) hinaus eine Bindung des Signaturschlüssels an den Inhaber zu erreichen, können biometrische Merkmale (z.B. Gesicht, eigenhändige Unterschrift oder Fingerstruktur) genutzt werden."* In dem Arbeitspapier zu einer neuen SigVO[55] ist in den Anforderungen an Produkte für qualifizierte elektronische Signaturen in § 14 Absatz 1 Satz 1 vorgesehen, *"dass der Signaturschlüssel erst nach Identifikation des Inhabers durch Besitz und Wissen oder durch Besitz und ein biometrisches Merkmal angewendet werden kann"*. In § 14 Absatz 1 Satz 3 heißt es weiter: *"Bei Nutzung biometrischer Merkmale muss eine dem wissensbasierten Verfahren gleichwertige Sicherheit gegeben sein"*. Konkreter und sinnvoller wäre an dieser Stelle allerdings eine Formulierung, die auf den hinreichenden Schutz der unbefugten Nutzung des Signaturschlüssels nach dem Stand von Wissenschaft und Technik abstellen würde. Die in § 14 Absatz 5 aufgestellten Anforderungen an eine Prüfung der hier genannten Produkte sollen ungeachtet des eingesetzten Verfahrens gelten, d.h. bei einem Einsatz biometrischer Produkte müssen dieselben Prüfstufen und Mechanismenstärken wie bei Einsatz eines wissensbasierten Verfahrens eingehalten werden[56].

Besondere Relevanz erhält das dargestellte Problem des mangelhaften Zugangsschutzes des Signaturschlüssels durch neue Entwicklungen im Zivilprozessrecht. In § 292 a ZPO-Entwurf ist im Rahmen des so genannten Formgesetzes (s.o.) eine Beweisregelung vorgesehen, nach der *"der Anschein der Echtheit einer in elektronischer Form (d.h. nach § 126a BGB-E, also mit qualifizierter Signatur) vorliegenden Willenserklärung, der sich auf Grund der*

---

[53] Entwurf bei www.dud.de

[54] Vom 8.10.1997

[55] Arbeitspapier zur Vorbereitung einer Verordnung zur elektronischen Signatur und zur Umstellung der Gebühren auf den Euro, Stand 30.11.2000, BMWi-VI B 2, zusammen mit Erläuterungen zur Vorbereitung einer Begründung abrufbar unter www.iukdg.de

[56] Die AgV hat sich unter den Bedingungen der mindestens gleichwertigen Sicherheit und entsprechenden gesetzlichen Rahmenbedingungen stets für die alternative Zulassung biometrischer Merkmale neben dem Wissenselement eingesetzt, vgl. u.a. Stellungnahme der AgV vom 5.5.2000 zum "Gesetz über Rahmenbedingungen für elektronische Signaturen" – Diskussionsentwurf 07 vom 13.4.2000, zu § 17

Prüfung nach dem Signaturgesetz ergibt (...), nur durch Tatsachen erschüttert werden (kann), die es ernsthaft als möglich erscheinen lassen, dass die Erklärung nicht mit dem Willen des Signaturschlüssel-Inhabers abgegeben worden ist". Damit erfolgt die gesetzliche Regelung eines Einzelfalles des Anscheinsbeweises (s.o.), die dem Nutzer der elektronischen Signatur ein mit "seiner" Signatur signiertes Dokument grundsätzlich zurechnet. Er kann, wie oben dargestellt, diesen Anschein nur durch die substantiierte Darstellung eines anderen Geschehensablaufs erschüttern, der nach Überzeugung des Gerichts ernsthaft als möglich erscheint. Das wird dem Signaturschlüsselinhaber in der Regel nicht möglich sein. Auf die zu seiner Signaturkarte gehörigen Geheimzahl hat, wie bei der ec-Karte, jeder unbefugte Dritte prinzipiell Zugriff.

Die Regelung des § 292 a ZPO-Entwurf ist nicht nur aus gesetzessystematischen Gründen abzulehnen. Ohne eine grundsätzliche Regelung des Anscheinsbeweises (die, wie oben ausgeführt, nicht existiert - es handelt sich um Gewohnheitsrecht), ist es nicht schlüssig, einen speziellen Anwendungsfall zu regeln. Hinzu kommt, dass der beim Anscheinsbeweis erforderliche "typische Geschehensablauf" bei der qualifizierten Signatur gerade fehlt: Erfahrungen mit diesem technischen Verfahren müssen erst noch gesammelt werden. Der Anschein der Echtheit der betreffenden Willenserklärung kann erst im Laufe der Zeit von der Rechtsprechung gesammelt werden. Beweisfiktionen ohne korrespondierende tatsächliche Verlässlichkeit des Beweismittels sind aber nicht zuletzt aus dem verfassungsrechtlich garantierten Prinzip der Waffengleichheit unzulässig[57].

Nach dem Entwurf des neuen SigG handelt es sich bei der qualifizierten Signatur zwar um eine solche, die – im Gegensatz zur nicht qualifizierten Signatur - zusätzliche Anforderungen erfüllen muss (wie etwa die Verwendung einer so genannten sicheren Signaturerstellungseinheit). Jedoch werden diese Anforderungen nicht von einer vertrauenswürdigen dritten Stelle überprüft (vgl. die oben dargestellten Anforderungen an eine Sicherheitsinfrastruktur), da nach dem Gesetzesentwurf nur noch eine Anzeige der Zertifizierungsstelle, die solche Signaturen erzeugt und vertreibt, bei der zuständigen Behörde erforderlich ist (§ 4 Absatz 3 SigG-Entwurf). Eine objektive Überprüfung und damit die Gewährleistung einer im Gegensatz zu der nur behaupteten auch tatsächlich nachgewiesenen Sicherheit findet nur bei den akkreditierten Zertifizierungsstellen statt (§ 15 SigG-Entwurf). Das zur Zeit mit der digitalen Signatur nach geltendem Recht erreichte hohe Sicherheitsniveau lässt sich daher nur mit dieser "dritten" Stufe der qualifizierten Signatur einer akkreditierten Zertifizierungsstelle erreichen. Daher wäre eine derartige Beweisregelung allenfalls mit Bezug auf die qualifizierte

---

[57] Roßnagel, 2000, S. 459

Signatur mit nachgewiesener Sicherheit, also einer akkreditierten Zertifizierungs-stelle, gerechtfertigt.

3.7   Rechtliche Rahmenbedingungen

Schließlich sind gesetzliche Regelungen ein relevanter Faktor zur Schaffung von Vertrauenswürdigkeit biometrischer Verfahren. Gerade im sensiblen Bereich der Biometrie darf die Verantwortung für den Umgang mit biometrischen Datensätzen nicht allein den Markt-Akteuren überlassen werden. Rechtliche Rahmen-bedingungen müssen dabei die technischen Möglichkeiten berücksichtigen und zu einem gerechten Interessenausgleich zwischen Nutzern, Betreibern und Herstellern führen. Möglichkeiten der Ko- und Selbstregulation können ebenfalls in Betracht gezogen und sollten unter Beteiligung aller Betroffenen entwickelt werden[58].

Zum einen sind hier Bedingungen angesprochen, die für den praktischen Einsatz von Biometrie bestimmte Sicherheitsanforderungen (wie z.B. eine Mindesteinstellung der Toleranzschwelle, siehe Kap. 3.5.2) vorgeben. Hier ist etwa die Einrichtung von Zertifizierungsstellen sowie unabhängiger Evaluationszentren möglich. Eventuell kommt eine Art Prüfsiegel für biometrische Verfahren in Betracht. Was hier tatsächlich sinnvoll und praktikabel ist, muss noch weiter untersucht werden. Um die Sicherheit eines biometrischen Systems umfassend beurteilen zu können, müssen objektiv überprüfbare Kriterien geschaffen werden. Aktuell werden neben technischen Evaluierungskriterien[59] auch Möglichkeiten entwickelt, die Common Criteria, die im Rahmen der Signaturprodukte bereits in die geltende SigVO eingeflossen sind[60], auf biometrische Verfahren anzuwenden. Standardisierungs-vorhaben auf internationaler Ebene können zu Interoperabilität der Systeme und damit für den Nutzer zu größerer Anbieterunabhängigkeit führen[61]. Im Rahmen eines schlüssigen Sicherheitskonzepts ist allerdings nicht nur an die Sicherheit des biometrischen Systems u.a. durch die Überwindungssicherheit des Sensors, sondern auch an die Sicherheit des Gesamtsystems zu denken, in das das biometrische System letztlich eingebettet wird. Pflichten zur Verschlüsselung sollten auch im Rahmen biometrischer Anwendungen in Betracht gezogen werden.

Zu größerer Rechtssicherheit führen auch entsprechende Regelungen im vertraglichen Bereich, was nicht zuletzt die dargestellte Situation der ec-Karten

---

[58] Ein Beispiel aus der jüngeren Vergangenheit ist die Konvention zur Anbieterkennzeichnung, die die AgV gemeinsam mit Vertretern der Anbieter aus der Wirtschaft entwickelt hat, vgl. www.agv.de

[59] Z.B. im Projekt "BioKrit" des BSI, vgl. www.bsi.de

[60] Common Criteria for Information Technology Security Evaluation, BAnz. 1999, S. 1945

[61] Z.B. BioAPI, vgl. www.bioapi.com

gezeigt hat. Hier sind kundenfreundliche Haftungsbestimmungen durch die Betreiber biometrischer Verfahren gefragt, die bei entsprechend hoher Sicherheit die Beweislast bei Missbrauch etwa der ec-Karte auf sich nehmen und den Kunden von der Haftung befreien. Klare, verständliche und faire Formulierungen gehören selbstverständlich dazu.

In datenschutzrechtlicher Hinsicht müssen Ge- und Verbote den Umgang mit biometrischen Datensätzen regeln. Inwieweit bereits die bestehenden gesetzlichen Regelungen ausreichen, ist noch weiter zu prüfen. Genau festgelegte Zugriffsrechte bezüglich der biometrischen Datensätze müssen eindeutig geregelt werden (z.B. Schreib- und Lesebefugnisse). Die Einhaltung der Vorschriften muss durch eine ausreichend öffentliche Kontrolle gewährleistet sein. Dies kann etwa durch unabhängige Datenschutzbeauftragte nach zuvor festgelegten Kriterien durchgeführt werden. Neben dem allgemeinen Grundsatz der Datenvermeidung muss daneben die Zweckbindung der Datenerhebung beachtet werden, biometrische Daten dürfen nicht für andere Zwecke als die bloße Erkennung verwendet werden. Im Vorfeld ist aber wünschenswert, Daten, wenn überhaupt, nicht in Klarfassung, sondern nur verschlüsselt zu erfassen. Die dezentrale Speicherung der Daten sollte die Regel, die zentrale Erfassung die Ausnahme sein, und dann auch nur in anonymisierter und pseudonymisierter Form erfolgen. Positiv zu bewerten sind die in Kap. 3.5.4 beschriebenen Template-freien Verfahren, die zwar eine Erkennung im Einzelfall gewährleisten, aber den Gefahren der dauerhaften Personenbindung (siehe Kap. 3.4) begegnen können. Zudem müssen Sicherheitskonzepte offengelegt werden. Eine Politik der "security by obscurity" würde dem Vertrauen der Nutzer in die Verfahren entgegenstehen und damit die Akzeptanz behindern. Schließlich muss die staatliche Verwendung biometrischer Datensätze restriktiv geregelt werden. Negativbeispiel ist hier die Sozialversicherungsnummer in den USA, die ursprünglich "not for identification" gedacht war, heute aber als der Identifizierungsausweis schlechthin eingesetzt wird[62].

Letztendlich gehören auch arbeitsrechtliche Bestimmungen, die den Einsatz biometrischer Erkennungssysteme im Betrieb regeln, zu den Regelungen, die bei einer Anwendung biometrischer Systeme zu beachten sind. In Deutschland können Arbeitnehmer in Betrieben mit einer Mindestanzahl von fünf Mitarbeitern unterhalb der Leitungsebene einen Betriebsrat wählen, der bei vielen betriebsinternen Maßnahmen ein umfassendes Mitbestimmungsrecht nach dem Betriebsverfassungsrecht hat; im öffentlichen Bereich nehmen Personalvertretungen diese Aufgabe wahr. Bei Einführung eines biometrischen Verfahrens etwa als Zutrittskontrolle zum Betrieb oder als Zugangssicherung am PC sind danach grundsätzlich Betriebs-

---

[62] Woodward, 1999, S. 398

vereinbarungen erforderlich, d.h. verbindliche schriftliche Übereinkünfte zwischen Geschäftsführung und Betriebsrat[63].

3.8   Ausblick

Die Beteiligten an einer Sicherheitsinfrastruktur, also Nutzer, Betreiber und Hersteller, aber auch der Staat, stehen zueinander in rechtlichen, organisatorischen und technischen Beziehungen[64]. Das notwendige Vertrauen in eine solche Infrastruktur ist dabei stets subjektiv und kann nur dadurch objektiviert werden, indem vertrauenswürdige Dritte, denen alle Beteiligte vertrauen, die Erbringung der zuvor vereinbarten Sicherheitsdienste gewährleisten. Hier kommen Trusted Third Parties wie etwa Zertifizierungsstellen oder auch private Trust Center in Betracht. Darüber hinaus müssen die Beteiligten aber auch die Möglichkeit haben, die festgelegten Sicherheitsanforderungen auf ihre Einhaltung hin zu überprüfen. Dafür werden transparente Methoden und Maßnahmen der Objektivierung benötigt. Die technische Umsetzung der definierten Anforderungen muss u.a. dadurch gewährleistet sein, dass die Einhaltung der aufgestellten Regeln auch überprüft wird. Denn nur dadurch kann eine hohe Akzeptanz der Infrastruktur durch alle Beteiligten erreicht werden.

Nach bisherigen Erkenntnissen aus BioTrusT und anderen biometrischen Testszenarien steht der Nachweis der Verlässlichkeit biometrischer Systeme noch aus. Durch unabhängige Stellen nachprüfbare Evaluierungskriterien werden zur Zeit entwickelt. Die Möglichkeiten einer Einbindung biometrischer Systeme in (bestehende) Sicherheitsinfrastrukturen sind noch weiter zu eruieren, genauso wie die konkrete Einbindung in bestehende rechtliche Regelungen und die Notwendigkeit der Schaffung biometriespezifischer Vorschriften. Was heute jedoch schon deutlich wird, ist der Umstand, dass für eine breite Akzeptanz biometrischer Verfahren in der Bevölkerung eine hohe Vertrauenswürdigkeit der Verfahren unabdingbar ist. Dazu ist eine umfassende Sicherheit der Systeme, aber auch Alltagstauglichkeit durch Robustheit und Zuverlässigkeit im Masseneinsatz sowie eine hohe Nutzerfreundlichkeit in der Anwendung erforderlich[65]. Gegenüber den herkömmlichen Verfahren ist ein deutlicher Mehrwert im Sinne eines Zusatznutzens notwendig, z.B. höhere Sicherheit und Komfort.

Eine verfassungsverträgliche Technikgestaltung erfordert schließlich eine enge Kooperation von Technik- und Rechtsexperten, um die Potenziale der Technik zu

---

[63] Ausführlicher dazu Albrecht, 2000b, S.361

[64] Horster, et al., 1999, S.1 ff.

[65] Darstellungen erster Nutzerbefragungen bei Behrens / Roth, 2000, S. 327-331, und Büllingen / Hillebrand, 2000, S. 339-343

nutzen, ohne den rechtlichen Bezug einer Schlüsseltechnologie wie Biometrie außer Acht zu lassen. Durch die aktive Beteiligung im Projekt BioTrusT nutzen sowohl die AgV als auch das ULD (Unabhängiges Landeszentrum für Datenschutz) die Möglichkeit, bereits im Vorfeld auf technische Entwicklungen Einfluss zu nehmen. Dadurch kann vermieden werden, dass erst nach Abschluss von Produktentwicklungen Mängel aufgedeckt werden, die dann nicht mehr oder nur noch mit hohem Aufwand behoben werden können.

3.9 Zusammenfassung

Eine Gesellschaft, die zunehmend im virtuellen (Rechts-)Raum agiert, bedarf eindeutiger Authentifizierungsmethoden. Die beteiligten Parteien müssen hinreichend sicher sein können, mit wem sie es bei elektronischen Transaktionen zu tun haben. Durch den Einsatz biometrischer Verfahren und der Verwendung eindeutiger, personengebundener Merkmale kann die Unsicherheit der Identität des Kommunikationspartners im E-Commerce potenziell beseitigt werden. Biometrische Verfahren bieten auf den ersten Blick deutliche Vorteile gegenüber den herkömmlichen Methoden. In diesem Beitrag werden aus dem Gesichtswinkel des Daten- und des Verbraucherschutzes daraus entstehende Vorteile, aber auch die biometriespezifischen Probleme dieser Technologie beleuchtet. Während datenschutzrechtliche Betrachtungen in alle Anwendungsbereiche biometrischer Verfahren einfließen, sind unter allgemeinen rechtlichen Erwägungen vor allem die Bereiche des elektronischen Zahlungsverkehrs und die elektronische Signatur von Bedeutung. Datensicherheit ist bei Biometrie in besonderem Maße zu berücksichtigen, denn hier geht es nicht mehr nur um den Schutz der durch das biometrische System geschützten Bereiche (z.B. Räume, finanzielle Werte, Daten), sondern auch um den Schutz der für die Autorisierung verwendeten biometrischen Daten selbst. In verbraucherpolitischer Hinsicht sind zudem Akzeptanzfaktoren und Kriterien der Bedienerfreundlichkeit der einzelnen biometrischen Systeme wichtig.

LITERATUR

Arbeitsgemeinschaft der Verbraucherverbände: "Offene Fragen bei Sicherheit und Nutzerfreundlichkeit - Projektgruppe "BioTrusT" legt Zwischenergebnisse vor", Verbraucherpolitische Korrespondenz Nr. 10 vom 9. Mai 2000, S. 2-3;

Arbeitsgemeinschaft der Verbraucherverbände: "BioTrusT: Es gibt noch viel zu tun", Verbraucherpolitische Korrespondenz Nr. 26 vom 19. Dezember 2000, S. 11-12

Arbeitsgemeinschaft der Verbraucherverbände: AgV-Stellungnahme vom 5.5.2000 zum "Gesetz über Rahmenbedingungen für elektronische Signaturen" – Diskussionsentwurf 07 vom 13.4.2000

Albrecht, A. (1999): Biometrie, digitale Signatur und elektronische Bankgeschäfte zum Nutzen für Verbraucher, AgV e.V. (Hg.), Bonn, S. 73 - 83

Albrecht, A. (2000a): Biometrie zum Nutzen für Verbraucher?, in: Datenschutz und Datensicherheit (DuD), Nr. 6, S. 332-338

Albrecht, A. (2000b):Mitbestimmungsrecht des Betriebsrates, in: Datenschutz und Datensicherheit (DuD), Nr. 6, S. 361

Behrens, M., Roth, R., (2000): Sind wir zu vermessen, die PIN zu vergessen? Erfahrungen aus einem Feldversuch, in: Datenschutz und Datensicherheit (DuD), Nr. 6, S. 327-331

Brönneke, T., Bobrowski, M. (2000): Datenschutz als Kernanliegen des Verbraucherschutzes im E-Commerce, in: Bäumler, H. (Hg.): E-Privacy, Braunschweig/Wiesbaden , S. 141-152

Büllingen, F., Hillebrand, A. (2000): Biometrie als Teil der Sicherungsinfrastruktur?, in: Datenschutz und Datensicherheit (DuD), Nr. 6, S. 339-343

Bunney, C. (2000): Biometrics - Global Potential, Global Business, in: o. V. (Hg): Standortbestimmung Biometrie. Tagungsband zum SECURITY-Kongress 2000 in Essen, S. 103-124

Donnerhacke, L. (1999): Anonyme Biometrie, in: Datenschutz und Datensicherheit (DuD), Nr. 3, S. 151-154

Hein, H.W. (1999): Big Brother is scanning you, in: Spektrum der Wissenschaft Nr. 3, S. 106-109

Horster, P. et al. (1999), (Hg.): Sicherheitsinfrastrukturen, Braunschweig

Jain, A. et al. (ed): Biometrics. Personal Identification in Networked Society, Boston, Dordrecht, London, 1999

Köhntopp, M.: Technische Randbedingungen für einen datenschutzgerechten Einsatz biometrischer Verfahren, in: Horster, P. et al. (Hg.): Sicherheitsinfrastrukturen, Braunschweig 1999, S. 177-188

Landesbeauftragter für den Datenschutz bei dem Präsidenten des Schleswig-Holsteinischen Landtags, 22. Tätigkeitsbericht des Landesdatenschutzbeauftragten Schleswig-Holstein, 8.3.: Datenschutzgerechte Biometrie – wie geht das?, S. 117-118

Lockie, M. (2000): Biometric Technology Today, Market Developments and application examples of biometric systems, in: Vortrag auf dem BioIS-Symposium am 9.2.2000 in Darmstadt, S. 1-10

Mytec Inc.: Biometric Encryption. in: Nichols, R.K. (ed). ICSA Guide to Cryptography. McGraw-Hill 1999 (Chap. 22), siehe, www.mytec.com/papers/be.pdf

Nichols, R.K. (Hg.): ICSA Guide to Cryptography, Biometric Encryption, McGraw-Hill 1999

Pampus, J. (2000): BioTrusT aus Herstellersicht, in: Datenschutz und Datensicherheit (DuD), Nr. 6, S. 349-350

Pampus, J. : BioTrusT aus Herstellersicht, Motivation-Nutzen-Erwartungen, in: Vortrag auf dem BioTrusT-Workshop am 3.5.2000 in Münster

Petri, T. B. (1997): Anscheinsbeweis, in: Datenschutz und Datensicherheit (DuD), Nr. 11, S. 662

Probst, T. (2000): Biometrie und SmartCards, in: Datenschutz und Datensicherheit (DuD), Nr. 6, S. 322-326

Roßnagel, A. (2000): Auf dem Weg zu neuen Signaturregelungen – Die Novellierungsentwürfe für SigG, BGB und ZPO, in: MMR 8, S. 451-461

Scheuermann, D., Schwiderski-Grosche, S., Struif, B. (2000): Usability of Biometrics in Relation to Electronic Signatures, EU Study 502533/8, Version 1., 12.9.2000, GMD Darmstadt, siehe: www./sit.gmd.de/SICA/papers/EU-BioSig.pdf

Schneier, B. (1996): Angewandte Kryptographie, Bonn

Wayman, J.(1999): Technical Testing and Evaluation of Biometric Identification Devices. in: Jain et. al. (ed.), Biometrics: Personal Identification in Networked Society, Boston, Dordrecht London, 1999, 345-368;

Wayman, J.: Biometrics Working Group, Best practices in testing performance of biometrics, siehe: www.afb.org.uk/bwg/bestprac10.pdf (Stand 21.12.2000)

Woodward, J. D. (1999): Biometrics: Identifying Law & Policy Concerns, in: Jain, A. et al.(ed.): Biometrics. Personal Identification in Networked Society, Boston, Dordrecht, London, S. 385-405

Zöller : Kommentar zur Zivilprozessordnung, 21. Aufl. Köln 1999,

4   Humangenetische Aspekte: Zusammenhang zwischen Biometrik, Körpermerkmalen und Genen

Gloria Behrens

4.1   Einführung

Biometrische Identifikationssysteme werden eingesetzt, um die Identität einer Person anhand von Körpermerkmalen oder Verhaltensmerkmalen zu beweisen. Die Genetiker haben ca. 6ooo verschiedene Körpermerkmale identifiziert, z.b. Farbe und Form der Augen, Form des Haaransatzes oder der Nase, aber auch von außen nicht sichtbare Merkmale wie die Blutgruppe oder das HLA-System ("human leucocyte antigen system"), das für die Abstoßungsreaktionen bei Transplantationen verantwortlich ist. Für die biometrische Identifikation werden vor allem gut zugängliche Körpermerkmale wie Fingerbildmuster, Iris- oder Retinamuster genutzt. Auch Verhaltensmerkmale wie Sprechmuster oder Schreibverhalten beruhen auf Körpermerkmalen. So ist das Sprechmuster abhängig von der Größe des Kehlkopfs, von der Länge der Stimmbänder, von Form und Stellung der Lippen und dem Bau der luftgefüllten Organe Brustkorb und Nasennebenhöhlen, die als Resonanzkörper dienen.

Die biometrischen Identifikationsverfahren beruhen darauf, dass die untersuchten Merkmale individuelle Merkmale sind. Durch empirische Untersuchungen weiß man, dass diese Merkmale sogar bei eineiigen Zwillingen verschieden und deshalb zum Nachweis der Identität einer Person geeignet sind. Dennoch bleibt sicher bei vielen Menschen, besonders bei den Anwendern biometrischer Identifikations-verfahren, ein leichtes Unbehagen darüber, ob die untersuchten Merkmale tat-sächlich einzigartig sind oder ob nicht doch zwei Menschen identische Merkmale besitzen und deshalb verwechselt werden können. Eine Antwort auf diese Fragen geben Erkenntnisse aus der Humangenetik.

4.2   Gene und Proteine

Warum sehen nicht alle Menschen gleich aus? Warum hat der eine blaue und der andere braune Augen? Warum unterscheiden sich die Fingerbildmuster der einzelnen Finger *eines* Menschen sowie von Mensch zu Mensch? Diese und viele weitere Fragen betreffen signifikante Eigenschaften des menschlichen Körpers, die wir deutlich wahrnehmen. Diese wahrnehmbaren Eigenschaften werden als *Körpermerkmale* bezeichnet.

Ein Körper kann nur die Merkmale bilden, für die er die entsprechende biologische Information in sich trägt. Die notwendigen Informationen sind bei allen tierischen und pflanzlichen Lebewesen in den Erbanlagen, den *Genen*, enthalten. Ein Gen enthält die Bauanleitung für ein *Protein*, ein Eiweiß. Proteine sind die Grund-bausteine aller Lebewesen. Auch der menschliche Organismus mit seinen Körpermerkmalen ist aus Proteinen aufgebaut.

4.3   Zellen

Die Gesamtheit aller Gene eines Individuums bezeichnet man als *Genotyp* oder *Genom*. Die Gene befinden sich auf den *Chromosomen* im Zellkern jeder Zelle. *Zellen* sind die kleinsten Einheiten eines Organismus, die in geeigneter Umgebung zum selbstständigen Überleben und Fortpflanzen fähig sind. Beim Menschen unterscheidet man ca. 300 verschiedene Zellarten, die als Nerven-, Muskel-, Bindegewebs-, Haut- oder Schleimhautzellen unterschiedliche Aufgaben erfüllen. Trotz mancher Unterschiede besitzen alle Zellen eine gemeinsame Grundstruktur: Neben dem Zellkern mit den Chromosomen bestehen sie aus einer *Zellmembran*, die die Zelle von ihrer Umgebung abgrenzt, und dem *Zytoplasma*, einer gelartigen Flüssigkeit, in der sich die Zellorganellen befinden. Die *Zellorganellen* sind die Stoffwechselorgane der Zelle und auch für die Proteinsynthese zuständig.

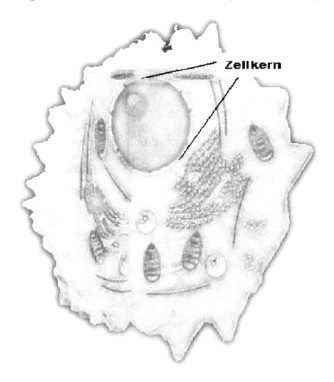

Abb. 4.1 Zelle mit Zellkern und Zellorganellen

4.4   Chromosomen

Der Mensch besitzt in jeder Körperzelle 46 Chromosomen. Bei der Zeugung eines Menschen vereinigen sich eine weibliche Eizelle und eine männliche Samenzelle mit je 23 Chromosomen zu einer *Zygote* (befruchtete Eizelle) mit 46 Chromosomen. Jeder Mensch erbt also die Hälfte seiner Chromosomen von seinem Vater, die andere Hälfte von seiner Mutter. Während die *Körperzellen* jedes Menschen 46 Chromosomen enthalten (diploider Chromosomensatz), wird in der Eizelle und in der Samenzelle, den menschlichen *Keimzellen*, die Chromosomenzahl auf 23 reduziert (haploider Chromosomensatz). So entsteht bei der Befruchtung der Eizelle durch die Samenzelle wieder ein Individuum mit 46 Chromosomen. Der Vorgang der Reduktion auf 23 Chromosomen wird in Ei- und Samenzelle auch dazu genutzt, die Gene auf den Chromosomen neu zu kombinieren, wobei auch Mutationen auftreten können. Dadurch ist einerseits gewährleistet, dass jedes Individuum sein eigenes, unverwechselbares Genom besitzt, andererseits dient dieser Mechanismus auch dem evolutionären Fortschritt über die Generationen hinweg. Da sich das Genom jeder einzelnen Eizelle einer Frau durch diese Neukombination vom Genom aller anderen Eizellen derselben Frau unterscheidet ebenso wie das Genom jeder einzelnen Samenzelle eines Mannes vom Genom aller anderen Samenzellen, besitzen auch mehrere Kinder desselben Elternpaares ihr eigenes, einzigartiges Genom. Eine Ausnahme bilden eineiige Zwillinge oder Mehrlinge, die sich aus derselben befruchteten Eizelle entwickeln. Sie besitzen ein identisches Genom. Warum sie sich trotzdem in bestimmten Körpermerkmalen voneinander unterscheiden, wird im Abschnitt „Genexpression" erklärt.

Im sogenannten *Karyogramm* werden die Chromosomen des Menschen nach ihrer Größe und Form in Gruppen zusammengefasst und durchnummeriert. Dabei bilden immer zwei gleiche Chromosomen - nämlich eines vom Vater und ein gleichartiges, von der Mutter ererbtes Chromosom - ein Paar. So entstehen 22 Paare aus zwei homologen (gleichartigen) Chromosomen, den sogenannten *Autosomen*, und ein Paar aus heterologen (verschiedenen) Chromosomen, den sogenannten *Heterosomen* oder Geschlechtschromosomen X und Y. Die Kombination der Heterosomen bestimmt das Geschlecht des Kindes: XX bedeutet weiblich, XY männlich. Homologe Chromosomen tragen in der Regel an der gleichen Stelle, dem sogenannten *Genort* (Genlokus), gleiche Gene, z.B. das Gen für die Augenfarbe. Die Information, die das väterliche und das mütterliche Gen enthalten, kann gleich oder verschieden sein. Für die Augenfarbe bedeutet das z.B. Information für die Farbe Blau oder Braun. Die verschiedenen Gene für dasselbe Merkmal bezeichnet man als *Allele*.

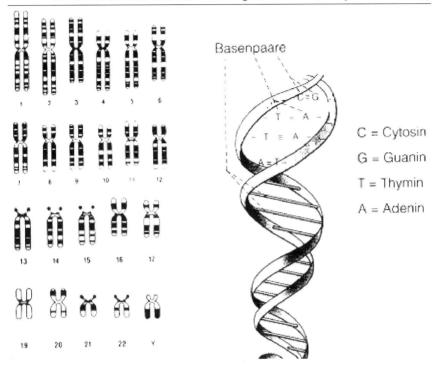

Basenpaare

C = Cytosin
G = Guanin
T = Thymin
A = Adenin

Abb. 4.2 Karyogramm der Chromosomen des Menschen und Ausschnitt aus der DNA-Doppelhelix

4.5   DNA

Chromosomen bestehen neben Strukturproteinen vor allem aus Desoxyribo-
nucleinsäure (DNA). Die Struktur der DNA wurde 1953 von James Watson und
Francis Crick entschlüsselt. Es handelt sich dabei um ein komplexes Molekül in
Form einer Doppelhelix, die aus zwei ineinander verdrehten Strängen aus
Nukleotiden aufgebaut ist. Ein Nukleotid besteht aus dem Zucker 2´-Desoxyribose,
einem Phosphat und einer der vier stickstoffhaltigen Basen Adenin, Cytosin, Guanin
und Thymin. Chemische Bindungen zwischen den Basen halten die beiden Stränge
der DNA zusammen. Dabei paart sich Adenin stets mit Thymin und Cytosin immer
mit Guanin. Durch diese Art der Paarung besteht die DNA aus zwei
komplementären Strängen. Werden die beiden Stränge der Doppelhelix, wie dies bei
der Zellteilung geschieht, auseinander gerissen, so kann an jedem Strang eine exakte
Kopie des komplementären Stranges erzeugt werden. Auf diese Weise ist

sichergestellt, dass die beiden Tochterzellen, die bei der Zellteilung entstehen, wieder alle genetischen Informationen der Mutterzelle besitzen. Wie wir später noch sehen werden, ist der Aufbau der DNA aus zwei komplementären Doppelsträngen auch für die Synthese eines Proteins nach den Anweisungen eines Gens von großem Nutzen.

4.6   Genotyp und Phänotyp

Der Mensch besitzt, wie man durch die Erkenntnisse des Human Genome Projects weiß, zwischen 25 000 und 40 000 Gene. Alle Gene des Genoms sind in jeder einzelnen Zelle des gesamten Körpers enthalten, jedoch wird nur ein Teil von der Zelle genutzt. Nicht jede im Genom vorhandene Bauanweisung für ein Protein wird auch umgesetzt (exprimiert). Nur wenn tatsächlich nach der Vorschrift des Gens ein Protein synthetisiert wird, wird dieses Gen in einem Körpermerkmal sichtbar. Diesen Vorgang bezeichnet man als *Genexpression*. Die Genetiker bezeichnen ein Körpermerkmal als *phänotypisches Merkmal*, die Summe aller phänotypischen Merkmale eines Individuums bezeichnet man als *Phänotyp* des Individuums. Der Phänotyp eines Individuums entsteht auf der Grundlage des Genotyps, jedoch werden nicht alle Gene, die ein Individuum besitzt, im Phänotyp sichtbar.

4.7   Genexpression: vom Gen zum Protein

Proteine werden aus einzelnen Bausteinen, den Aminosäuren, aufgebaut. Sie werden nach der Vorschrift des Gens in einer bestimmten Reihenfolge zu einer Kette verknüpft. Durch Faltung der Aminosäurekette und chemische Reaktionen entsteht das fertige Protein, ein dreidimensionaler Körper. Die Bauanleitung zum Protein befindet sich als genetischer Code in der DNA der Gene. Er wird durch die Anordnung der Basen Adenin, Cytosin, Guanin und Thymin bestimmt. Drei dieser Basen in Folge bilden den Code für jeweils eine Aminosäure. Die Sequenz der Basen bestimmt somit, in welcher Reihenfolge die Aminosäuren zu einem Protein zusammengesetzt werden. Die Umsetzung der Bauanweisung des Gens in das Genprodukt Protein, die *Genexpression*, erfolgt in mehreren Schritten. Dabei wird die zweisträngige Doppelhelix zunächst an der Stelle des betreffenden Gens geöffnet (siehe Abb. 4.3) und dann der gentragende Strang durch eine einsträngige Nukleinsäure, die RNA (ribosomale Nukleinsäure), kopiert (siehe Abb. 4.4).

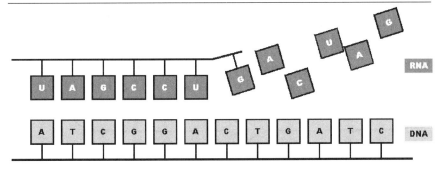

Abb. 4.3 Genexpression - Öffnen der DNA-Doppelhelix

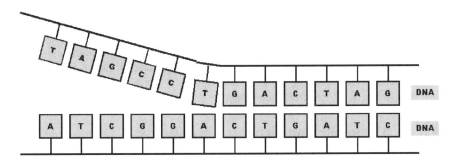

Abb. 4.4 Genexpression – Transskription. In der RNA ersetzt Uracil (U) das Thymin (T) der DNA

Diesen Vorgang bezeichnet man als *Transskription* (siehe Abb. 4.5). In einem weiteren Schritt, der sogenannten *Translation*, werden an dem RNA-Strang durch Anlagerung der entsprechenden Aminosäuren die Proteine gebildet (Abb. 4.6).

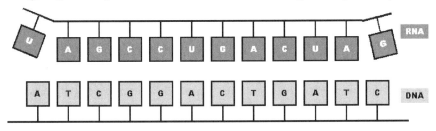

Abb. 4.5 Trennung des RNA-Strangs vom DNA-Strang

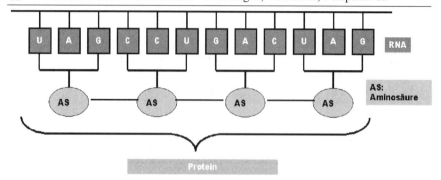

Abb. 4.6 Genexpression Translation – Verknüpfung der Aminosäuren zum Protein an Hand des genetischen Codes

Das menschliche Genom enthält 3 Milliarden Kilobasen im haploiden Chromosomensatz (23 Chromosomen). Dabei sind nur circa 30% des Genoms Gene, die Anweisungen zur Proteinsynthese enthalten. Die Bedeutung der restlichen 70% des Genoms ist noch weitgehend unbekannt und wird von einigen Wissenschaftlern als "junk-DNA" (DNA-Schrott) bezeichnet.

4.8   Merkmale und Genpolymorphismus

Das Genom des Menschen ist die Grundlage für ein breites Spektrum variierender Körpermerkmale. Das Genom wird durch die Generationen hindurch durch Mischen von väterlichen und mütterlichen Genen und durch Veränderungen an den Genen selbst, den *Genmutationen*, ständig variiert. Dadurch gibt es so viele individuelle Genkombinationen, wie jemals Menschen existierten. Nur eineiige Mehrlinge besitzen ein identisches Genom. Bei ihnen kommt es aber durch die ebenfalls hohe Variabilität bei der Genexpression zu unterschiedlichen phänotypischen Merkmalen. Die Unterschiede in der Genexpression sind unter anderem dadurch zu erklären, dass viele Gene *polymorph*, d.h. in mehreren Varianten, den *Allelen*, auftreten. Der Mensch besitzt von jedem Gen zwei Allele, je eins auf einem der beiden Partner eines homologen Chromosomenpaares. In der Bevölkerung können mehr als zwei Allele eines Gens existieren. Welches der beiden Allele des Gens, die ein Mensch besitzt, exprimiert wird, richtet sich nach den Gesetzen der Genregulation. So kann ein Allel dominant sein, d.h. es setzt sich gegenüber dem rezessiven (schwächeren) Gen durch und wird exprimiert. Ein Beispiel dafür ist die Augenfarbe: Das Gen für die Augenfarbe Braun ist dominant, es wird immer exprimiert, wenn es im Genom vorhanden ist, auch wenn das zweite Allel die Augenfarbe Blau kodiert. Das Allel für die Augenfarbe Blau ist rezessiv. Es wird nur exprimiert, wenn es zweimal im

Genom vorhanden ist, also sowohl vom Vater als auch von der Mutter vererbt wurde. Neben den Gesetzen der Genregulation können aber auch Umweltfaktoren für die Genexpression verantwortlich sein. So kann z. B. ein Mangel eines für die Proteinsynthese wichtigen Stoffes dazu führen, dass dieses Protein nicht aufgebaut werden kann. Die Umweltfaktoren können auch bei eineiigen Zwillingen oder Mehrlingen schon im Mutterleib unterschiedlich sein. Der eine Zwilling kann z. B. schlechter mit Blut und dadurch mit Nährstoffen versorgt sein als der andere, weil durch ungünstige Lage seine Nabelschnur abgeklemmt ist. Die Zellen reagieren auch auf Fieber und Stress.

4.8.1   Monogene Körpermerkmale

Es gibt Körpermerkmale, die durch ein einziges Gen bestimmt sind. Wenn man Träger dieses Gens ist, hat man auch das Merkmal. Diese Merkmale bezeichnet man als monogene Merkmale. Ein Beispiel für ein monogenes Merkmal sind die Blutgruppeneigenschaften A, B und 0. Die Blutgruppeneigenschaft wird durch ein Zuckermolekül bestimmt, das mit Hilfe des Enzyms Glykosyltransferase auf ein Protein oder ein Lipid in der Zellmembran übertragen wird. Es existieren zwei verschiedene Glykosyltransferasen. Der Typ A überträgt den Zucker Acetyl-Galactosamin. Der Träger dieses Enzyms, das durch ein Gen kodiert wird, hat die Blutgruppeneigenschaft A. Die Glykosyltransferase Typ B, ebenfalls von einem einzigen Gen kodiert, überträgt den Zucker Galactose. Sein Träger hat die Blutgruppeneigenschaft B. Wer weder ein Gen für die Transferase vom Typ A noch vom Typ B besitzt, kann auf die Proteine bzw. Lipide der Zelloberfläche keinen Zucker übertragen und hat daher die Blutgruppeneigenschaft 0. Wer die Gene für beide Transferasen besitzt, hat die Blutgruppeneigenschaft AB, weil beide Gene kodominant sind, d.h., wenn sie vorhanden sind, wird das auch in jedem Fall in einem Merkmal (Protein) sichtbar. Eineiige Zwillinge bzw. Mehrlinge haben ein identisches Genom und folglich auch identische monogene Merkmale, so dass sich diese Merkmale für die Unterscheidung eineiiger Personen nicht eignen.

4.8.2   Polygene Merkmale

Anders verhält es sich bei polygenen Merkmalen. An der Ausprägung eines polygenen Merkmals sind mehrere Gene und die von ihnen kodierten Proteine beteiligt. Man spricht auch von multifaktorieller Vererbung. Ein Beispiel für diese Art der Vererbung ist das Merkmal Fingerbild, das sich aus vielen einzelnen Komponenten zusammensetzt. Die Hautleisten entstehen aufgrund von kollagenen Bindegewebsfasern, die sich im Unterhautgewebe zusammenlegen. Gleichzeitig bilden sich in den Leisten auch kleine Blutgefäße, sogenannte Kapillarschlingen, sowie Schweißdrüsen mit ihren Ausführungsgängen. Auch die Tastkörperchen

(Rezeptoren von sensiblen Nervenzellen) werden im Bereich der Papillarleisten gebildet. Das Ganze wird dann noch von der Deckschicht der Hautzellen überzogen. Das gesamte Merkmal Fingerbild ist aus vielen einzelnen Komponenten zusammengesetzt. Jeder einzelnen dieser Komponenten liegt die Synthese vieler Eiweiße zugrunde, d.h. die Information vieler verschiedener Gene.

Die Variabilität des Merkmals Fingerbild wird auch noch durch weitere Faktoren erhöht: So sind die meisten der für die verschiedenen Komponenten des Merkmals notwendigen Gene mehrfach auf den Chromosomen vorhanden (*repetitive Gene*). Der Grund dafür ist, dass z.B. Bindegewebsfasern im Organismus in großer Zahl gebraucht werden. Wenn mehr Gene die Information für die Synthese von Bindegewebe tragen, können sie parallel abgelesen und somit die Fasern schneller hergestellt werden. Dasselbe gilt auch für die anderen genannten Komponenten des Merkmals Fingerbild. Um eine schnelle und hohe Syntheserate eines bestimmten Proteins zu erreichen, sind also viele repetitive Gene an verschiedenen Genorten auf den Chromosomen vorhanden. Diese Gene sind nicht immer identisch, sondern können voneinander abweichen. Welches dieser Gene für dasselbe Merkmal im aktuellen Fall als Informant dient, ist zufällig. Möglicherweise hängt es von der Menge zu synthetisierenden Materials ab. Auch dies ist wieder eine mögliche Ursache für unterschiedliche Merkmale trotz identischen Genoms.

Wenn verschiedene repetitive Gene gleichzeitig in einer Zelle oder in mehreren Zellen mit der Synthese eines Proteins, z. B. mit den kollagenen Bindegewebsfasern für die Papillarleisten, beginnen, so werden die Proteine sich ausbreiten und Platz beanspruchen. Dabei werden sie aufeinander stoßen und sich dabei gegenseitig beeinflussen. So kann einer neu gebildeten Faser durch eine zuvor synthetisierte Faser der Weg versperrt sein, und die neue Faser muss sich anders orientieren. Dabei ist es wieder zufällig, an welchem Ort und in welcher Reihenfolge die Fasern gebildet werden. Es hängt neben den Mechanismen der Genregulation auch von der Versorgung der Zellen mit Nährstoffen und Sauerstoff ab. Die Gene tragen nur die Information („Bilde kollagene Bindegewebsfasern!") in sich, jedoch kein Programm für die Musterbildung. Das Muster bildet sich zufällig nach dem Chaosprinzip und ist von äußeren Faktoren beeinflusst. Das Zusammenspiel von konstanten genetischen Informationen und zufälligen Umweltbedingungen bei der Entstehung eines Körpermerkmals ist neben dem Genpolymorphismus verantwortlich für die Variabilität eines Merkmals auch bei identischem Genom. Während eineiige Mehrlinge bei monogenen Merkmalen dasselbe Merkmal besitzen, unterscheiden sie sich in den polygenen Merkmalen. Diese Unterschiede gäbe es auch, wenn man von einem Menschen einen Klon erzeugen würde: Wie bei eineiigen Mehrlingen, die gleichzeitig im Mutterleib heranwachsen, hat auch der Klon eines Menschen, während er heranwächst, andere Umweltbedingungen als sein Spender, so dass die polygenen Körpermerkmale sich wieder unterscheiden.

4.9   Genregulation

Gene enthalten die Bauanweisung für ein Protein. Nur wenn diese Anweisung abgelesen werden kann, wird das Gen exprimiert, und es entsteht ein Genprodukt. Obwohl alle Zellen eines Organismus das komplette Genom enthalten, exprimiert die einzelne Zelle nur einen Bruchteil der Gene. So wird z.B. das Insulin nur von bestimmten Zellen der Bauchspeicheldrüse gebildet. Muskelzellen, die ebenfalls das Gen für die Insulinsynthese besitzen, produzieren kein Insulin. Welches Gen in welcher Zelle exprimiert wird, wird durch verschiedene Mechanismen gesteuert.

Regulatorgene bestimmen, ob ein Gen zur Transskription freigegeben wird oder nicht. Regulatorgene, die den Beginn einer Transskription initiieren, nennt man *Promotoren*. Promotoren sind chemische Bindungsstellen für Enzyme, die die Doppelhelix durch Trennung der Basenpaare öffnen. Jetzt kann am Einzelstrang der DNA die Transskription stattfinden. Neben den Promotorgenen spielen auch andere Regulatorgene eine Rolle, indem sie z.B. die Transskriptionsgeschwindigkeit beeinflussen. *Enhancer* beschleunigen, *Silencer* verlangsamen die Transskriptionsgeschwindigkeit. Die Beendigung der Transskription wird durch *Terminatoren* gesteuert.

Auch auf der Ebene der Translation sind Regulationsmechanismen eingebaut. So kann z.B. die Synthesegeschwindigkeit durch die Anzahl der vorhandenen *Ribosomen* (Zellorganellen, an denen die Proteinsynthese vollzogen wird) beschleunigt oder verlangsamt werden.

Die Verfügbarkeit der Gene zur Transskription wird nicht nur durch die Regulatorgene gesteuert, sondern auch durch Strukturproteine, die neben der DNA Bestandteil der Chromosomen sind. Ein Teil der Strukturproteine, die sogenannten *Histone*, bilden kugelige Strukturen, die wie Perlen einer Kette mit der DNA verbunden sind und dabei Teile der DNA verhüllen. Die verhüllten Teile und die auf ihnen liegenden Gene sind für die Enzyme, die die Basenpaare spalten, unerreichbar, und die Gene können nicht transskribiert werden. Von Zeit zu Zeit - unter Umständen, die noch nicht geklärt sind - lockern sich die Histone und geben die verhüllten Gene zur Transskription frei. Möglicherweise werden die Histone von Hormonen oder anderen Botenstoffen, sogenannten *Transmittern*, oder auch von anderen, in der Zelle selbst synthetisierten Proteinen beeinflusst.

4.9.1   Embryogenese

Die mit Hilfe der biometrischen Identifikationssysteme untersuchten Merkmale bilden sich bereits beim Embryo in der Schwangerschaft. Der Embryo entwickelt sich aus der befruchteten Eizelle, die man auch Zygote nennt, durch Zellteilung. Aus einer Zelle bilden sich so zunächst 2, dann 4 und schließlich 8 identische Zellen, die alle dasselbe Genom enthalten. Bis zu diesem 8-Zell-Stadium sind die Zellen *omnipotente embryonale Stammzellen*, d.h. aus jeder dieser Zellen kann sich jede beliebige Zellart des Körpers entwickeln, z.b. eine Nervenzelle, eine Muskelzelle oder eine Bindegewebszelle. In der Phase der Omnipotenz kann durch Ablösen einer einzelnen Zelle der Teilungsvorgang neu beginnen und ein weiterer Mensch entstehen. Wenn sich nach der ersten Teilung die beiden Zellen trennen und sich jede für sich alleine weiter teilt, entstehen z.b. eineiige Zwillinge, die, weil sie aus derselben befruchteten Eizelle stammen, selbstverständlich dasselbe Genom besitzen. (Zweieiige Zwillinge entstehen durch gleichzeitige Befruchtung von zwei Eizellen durch zwei verschiedene Spermien. Da jede Eizelle und jedes Spermium ein individuelles Genom besitzen, haben zweieiige Zwillinge verschiedene Gene. Sie sind Geschwister, die nur zufällig zur selben Zeit gezeugt wurden und zur selben Zeit im selben Mutterleib heranwachsen.) Ab dem 16-Zell-Stadium beginnen die Zellen damit, sich zu differenzieren, d.h. sie werden auf eine bestimmte Zellgruppe (Gewebe) festgelegt. Innerhalb dieser Zellgruppe sind noch weitere Differenzierungen möglich. Hat sich eine Zelle z. B. zur Nervenzelle entwickelt, so kann sie durch Differenzierung zu einer motorischen Nervenzelle werden, die Befehle vom Gehirn an die Muskeln weiterleitet, oder zu einer sensiblen Nervenzelle, die Empfindungen von der Haut dem Gehirn meldet, oder zu einer der vielen anderen Nervenzellarten. Eine Umwandlung in eine andere Gewebeart, z. B. in eine Muskelzelle, ist in diesem Stadium aber nicht mehr möglich. Die Zelle ist nicht mehr omnipotent, sondern nur noch pluripotent.

4.9.2   Genregulation in der Embryogenese

Im Zusammenhang mit der Entstehung phänotypischer Merkmale ist die Phase der Embryogenese von besonderer Bedeutung. Sie umfasst die ersten zwölf Wochen nach der Befruchtung. So beginnt etwa in der 3. Schwangerschaftswoche die Entwicklung des Nervensystems. Ende der 4. Schwangerschaftswoche wird bereits die Anlage der Augen gebildet, und die Differenzierung von Knorpel und Knochen beginnt. In der 5. Woche wird mit der Bildung der Haut einschließlich der Hautleisten begonnen. Die Bildung sämtlicher Organe und Körperteile und damit die Spezialisierung aller Zellen erfolgt in den ersten 12 Wochen der Schwangerschaft. Die restlichen 28 Schwangerschaftswochen bis zur Geburt dienen nur noch dem Wachsen und Reifen der zuvor angelegten Organe. Am Ende der 12. Schwangerschaftswoche haben alle Zellen des Körpers bereits die phänotypischen Eigenschaften, die sie normalerweise lebenslang behalten. Durch ihre Spezialisierung haben sie zunächst ihre Omnipotenz und dann auch ihre Pluripotenz verloren. Zellen, die sich einmal spezialisiert haben, können sich normalerweise nicht mehr bis zur Pluri- bzw. Omnipotenz zurück entwickeln. Wenn die spezialisierten Zellen sich teilen, damit der Organismus wachsen kann oder damit abgestorbene Zellen ersetzt werden können, entstehen aus der Teilung wieder zwei gleich spezialisierte Zellen.

Woher wissen die embryonalen Stammzellen, wann, wo und wie sie sich spezialisieren müssen? Wie kommt es, dass in den ersten zwölf Schwangerschafts-wochen in den richtigen Zellen zum richtigen Zeitpunkt ganz bestimmte Gene an- oder abgeschaltet werden?

Mitte der 80er Jahre entdeckten Molekularbiologen bei der Fruchtfliege Drosophila eine Klasse von Regulatorgenen, die die Fähigkeit besitzen, die Entwicklung und Differenzierung der Zellen eines Individuums zu steuern. Man nennt diese Gene *homöotische Gene* oder Entwicklungskontrollgene. Alle homöotischen Gene, die ein Individuum besitzt, fasst man unter dem Begriff *Homöobox* zusammen. Alle Gene der Homöobox sind aus sehr ähnlichen Nukleotidsequenzen aufgebaut. Nachdem die Homöobox bei der Fruchtfliege entdeckt wurde, konnte man sie auch bei anderen Spezies einschließlich des Menschen nachweisen.

Das erste, was eine noch omnipotente Zelle von den homöotischen Genen erfährt, ist, wohin sie in dem entstehenden Organismus gehört, d.h. ob zum Kopf, zum Rumpf oder zum Fußende des Körpers. Bei der Fruchtfliege stellte man fest, dass eines der homöotischen Gene für die Synthese eines Proteins kodiert, das sich über alle Zellen des sich entwickelnden Embryos verteilt. Die Konzentration dieses Proteins nimmt mit steigender Entfernung vom Syntheseort ab, d.h. je weiter entfernt eine Zelle vom Syntheseort liegt, umso geringer ist die Konzentration des Proteins. Die embryonalen Zellen, die der höchsten Proteinkonzentration ausgesetzt sind, formieren sich zu Zellen des Kopfes, Zellen mit der geringsten Protein-konzentration bilden den Fußbereich. Man hat zunächst geglaubt, dass die Erkenntnisse über die Wirkweise der homöotischen Gene, die man bei Drosophila gewonnen hatte, sich nicht so ohne weiteres auf ein höher entwickeltes Lebewesen wie den Menschen übertragen lassen. Umso erstaunter war man, als man feststellte, dass sich homöotische Gene verschiedener Lebewesen austauschen lassen und in einer anderen Spezies genauso wirken wie in der eigenen.

Die homöotischen Gene sind jedoch nicht alleine für die Differenzierung der Zellen verantwortlich. Kurierproteine, deren Synthese indirekt durch die homöotischen Gene veranlasst wird, transportieren biochemische Signale zwischen den Zellkernen sich entwickelnder Zellen hin und her. Dadurch entsteht ein Informationsaustausch zwischen den Zellen, der besonders bei polygenen Merkmalen für die korrekte Entstehung des Merkmals von Bedeutung ist. Die embryonalen Zellen sind so dem Einfluss einer Vielzahl von Kurierproteinen ausgesetzt, die auf selektive Weise wieder deren Gene steuern. Auch andere Kuriere, wie z.B. Hormone, die an anderer Stelle im Körper gebildet werden und die die Zellen auf dem Blutweg erreichen, besitzen die Fähigkeit, Gene an- oder abzuschalten (z.B. das Wachstumshormon). Die Hormone können von der Zelle aufgenommen werden, binden sich dann im

Zytoplasma an ein Rezeptorprotein, mit dessen Hilfe sie in den Zellkern eindringen und an die DNA anheften können, um so Gene zu aktivieren bzw. zu inaktivieren.

Die Genregulation kann prinzipiell sowohl auf der Ebene der Gentransskription - also im Zellkern – als auch auf der Ebene der Gentranslation - im Zytoplasma - wirksam sein. Man nimmt an, dass bei höher entwickelten Lebewesen die Regulation auf der Ebene der Translation bevorzugt wird. Hierbei können verschiedene Hormone und Proteine, die in der Zelle selbst gebildet oder auf dem Blutweg aus anderen Zellen herantransportiert werden, regulierend eingreifen.

Bei eineiigen Zwillingen kann, obwohl sie zur selben Zeit im selben Mutterleib heranwachsen, die Versorgung mit Blut und damit mit Sauerstoff und Nährstoffen unterschiedlich sein. Das wiederum ist die Grundlage für unterschiedliche Genexpression und damit für Unterschiede im Phänotyp.

4.10   Zusammenfassung

Die mit den biometrischen Identifikationssystemen untersuchten Körper- und Verhaltensmerkmale sind phänotypische Merkmale. Solche Merkmale entstehen nur dann in den Zellen eines Individuums, wenn es die biologische Information für die Bildung dieses Merkmals besitzt. Die notwendigen biologischen Informationen sind in den Genen im Zellkern jeder Zelle enthalten. Jedes Gen enthält die Bauanleitung zur Synthese eines Proteins. Jede Zelle im Körper des Menschen besitzt das komplette Genom mit allen Genen. Die einzelne Zelle nutzt jedoch nur einen Bruchteil der Gene. Der größere Teil der Gene ist in den meisten Zellen inaktiv. Welche Gene jeweils aktiv sind, d.h. welche Baupläne tatsächlich in Proteine umgesetzt werden, wird durch die verschiedenen Regulationsmechanismen gesteuert, die bisher nur zum Teil verstanden sind. Regulatorgene kontrollieren die Expression einzelner Gene. Homöotische Gene sorgen als Entwicklungskontrollgene für die Differenzierung und Spezialisierung der sich entwickelnden Zellen im Embryo. Die verschiedenen Mechanismen der Genregulation sind neben der hohen Varianz der Gene, dem Genpolymorphismus, dafür verantwortlich, dass die Körpermerkmale nicht nur bei verschiedenen Individuen, sondern sogar bei eineiigen Mehrlingen mit identischem Genom variant sind. Die phänotypischen Merkmale entstehen bereits beim Embryo in den ersten zwölf Wochen der Schwangerschaft. Nur in dieser Phase könnte man die Ausbildung der Merkmale durch gentechnische Methoden manipulieren. Am ausgereiften Individuum ist eine solche Manipulation nicht mehr möglich, weil die einmal ausgereiften Zellen sich nicht mehr "rückdifferenzieren" können. Man kann sich deshalb die Körpermerkmale eines anderen Menschen nicht heranzüchten und auf diese Weise aneignen. Auch beim Klonen muss sich das geklonte Individuum zum fertigen Menschen entwickeln und unterliegt dabei den beschriebenen Mechanismen der Genexpression. Ein geklonter Mensch wird sich von seinem Spender genau so in den phänotypischen Merkmalen unterscheiden wie ein eineiiger Zwilling von seinem Zwillingsbruder oder seiner Zwillingsschwester.

Literatur

Brown, T. A., Moderne Genetik, Heidelberg 1999

Brown, K., Das Wettrennen um die Gene, in: Spektrum der Wissenschaft 9/2000

de Duve, Ch., Die Zelle, Heidelberg 1992

de Duve, Ch., Ursprung des Lebens, Heidelberg 1994

de Robertis, E. M. et al., Homöobox-Gene und der Wirbeltier-Bauplan, in: Spektrum der Wissenschaft 9/1990

Hollricher, K., Mit Gen-Tuning in die Sackgasse?, in: Bild der Wissenschaft 10/2000

Müller, T. H. et al., Molekulargenetische Blutgruppendiagnostik, in: Dt. Ärzteblatt 98:A 317-322 (Heft 6), 2001

Murken, J., Cleve, H., Humangenetik, Stuttgart 1984

O. V., Der Genetische Code, Reihe: Faszination menschlicher Körper, Köln 1988

Ptashne, M., Wie Genaktivatoren funktionieren, in: Spektrum der Wissenschaft 3/1989

Schellekens, H. Ingenieure des Lebens, Heidelberg 1994

Strachnan, T., Das menschliche Genom, Heidelberg, 1994

Wolpert, L., Musterbildung, in: Spektrum der Wissenschaft, September 1979

Wolpert, L., Regisseure des Lebens, Heidelberg 1993

5   BIOMETRIK HUMAN?   Zu ethischen Fragen im Zusammenhang mit biometrischen Identifikationsverfahren

Jörg Splett

Es gibt eine Sehnsucht nach und eine Furcht vor dem Erkannt sein. Jede Person hat ein Recht auf Wahrung ihres Geheimnisses und auf Wahrung der Differenz von Messbarkeit und Unmessbarkeit ihrer selbst. Auch im Umgang mit der Maschine gehen Menschen letztlich mit Menschen um. Grundmaxime solchen Umgangs: Diskretion.

5.1   Erkannt – nicht erkannt?

Hinsichtlich seiner Identifizierbarkeit bedrängen den Menschen offenbar zwei einander widersprechende Ängste: einmal die Angst, nicht erkannt zu werden, sodann die, erkannt zu werden.

Nicht erkannt kann wiederum zweierlei bedeuten; zum einen: übersehen zu werden, für niemanden da zu sein. Ist aber etwas/jemand überhaupt da, wenn es/er/sie nicht für jemanden da ist? Von Kinderzeiten an scheint so ein Hauptmotiv für "auffälliges" Verhalten das Nichtbeachtet- und –bemerkt werden zu sein, bis hin zu spektakulären Verbrechen. Wie in der Antike der Tempel der Artemis, eines der sieben Weltwunder, in Flammen aufging, weil der Brandstifter seinem Namen immerwährendes Gedächtnis sichern wollte[1], so soll es heutzutage Einbrecher geben, denen Zeitungsberichte über ihren Coup nicht weniger bedeuten als Schauspielern die Theaterkritik.

Sodann kann nicht erkannt verkannt und missverstanden sein bedeuten. Müßig, hier zu diskutieren, was Menschen mehr verletzt und quält. Zu Beginn seines vielleicht exhibitionistischsten Werks, des Ecce Homo, beschwört Friedrich Nietzsche den Leser: "Hört mich! denn ich bin der und der. Verwechselt mich vor Allem nicht!"[2] Müßig, hier zu diskutieren, was Menschen mehr verletzt und quält.

Der Mensch will erkannt sein, und es ist nicht prüde, euphemistisch gemeint, wenn wir im 1. Buch Mose lesen, dass Adam seine Frau Eva erkannte (Gen. 4, 1). Und doch macht zugleich die Möglichkeit, erkannt zu werden, Angst.[3] Auch hier lassen sich wieder zwei Gründe dafür aufführen?

Der eine ist das Risiko, so ins Visier genommen zum Objekt strategischen Handelns zu werden, sei es als Ziel, sei es als Mittel (offen nochmals, was man mehr zu fürchten hätte). "Mächtig ist das, welches die Seele, die Idee des Anderen hat, das der Andere in seiner Unmittelbarkeit nur ist; wer das *denkt*, was die anderen nur

---

[1] Valerius Maximus, Facta et dicta memorabilia, VIII, S. 15 (ext. 5)

[2] Nietzsche, 1980, S. 257

[3] Sauvageot, 1939, S.52f.: „Oh Mann, Du willst immer, daß man Dich bewundert...Aber wenn Du bemerkst, daß zwei Augen Dich ansehen und dann lächeln, dann lehnst Du Dich auf. Du hast den Eindruck, daß man Dich gesehen hat, und du willst nicht gesehen werden...;"

sind, ist ihre Macht", heißt es dazu bei G. W. F. Hegel.[4] Und bekannt ist Jean-Paul Sartres Analyse des Blicks, wonach es in jeder Begegnung zum Kampf um die "Definitions-Hoheit" kommt.[5]

Doch noch vor derartiger "Objektivierung" und möglichem Missbrauch mag schon das Ins-Licht-treten als solches schrecken, jedenfalls dann wenn jemand sich seiner Mängel und Unansehnlichkeiten bewusst ist - ganz zu schweigen von Taten und Tätern, die das Licht scheuen müssen (vgl. Gen. 3, 8; Joh. 3, 20).

Ist schließlich nicht - und darin treffen sich auf paradoxe Weise die beiden gegensätzlichen Ängste - jedwedes Kennen ein Verkennen, einfach weil es statt "from nowhere" stets von einem ganz bestimmten Ort und Standpunkt her, in zufällig gerade dieser und nicht einer anderen Perspektive erfolgt, und jedenfalls nie vom Standort des Er- und Gekannten aus?[6]

Womit andererseits keineswegs dessen Selbstsicht und -perspektive zum Maßstab erklärt werden soll. Denn wer wäre Richter in eigener Sache?

5.2   Identifikation und Geheimnis?

Mancher Leser wird sich fragen, was derart schweres Philosophengeschütz soll, wo es doch nur um ein schlicht technisches Problem zu tun sei, nämlich die möglichst einfache und sichere Identifizierung von Individuen.

Doch hängen hier Dass- und Was-Erkenntnis bezüglich eines Wer enger zusammen, als mancher vermutet. Als beliebiges Beispiel diene ein Beitrag in der NZZ vom 21. Nov. 2000[7] mit der Überschrift: "Der Kunde - Mensch ohne Geheimnisse." Dann heißt es: "Auch scheinbar harmlose Kundendaten wie jene über den Kauf eines Cervelats können - ausgewertet und kombiniert mit weiteren Informationen - ein sehr differenziertes Persönlichkeitsprofil eines Kunden ergeben, wie eine neue Studie zeigt. Aus der Sicht der Daten- und Konsumentenschützer ist die Entwicklung hin zum gläsernen Kunden sehr problematisch. Sie fordern Transparenz, Sicherheit und Dialog."

Die Betroffenen selber nehmen vor allem die Vorteile von Kundenbindungsprogrammen wahr; wo sie von den Unternehmen zugunsten rentablerer Kunden benachteiligt werden, bleiben ihnen die Zusammenhänge allermeist verborgen.

---

[4] Hegel, 1969, XVII, S. 17.

[5] Sartre, 1962, S. 338-397; vgl. S. de Beauvoir, La deuzième sexe

[6] J. W. v. Goethe notiert: "Der Alte verliert eins der größten Menschenrechte: er wird nicht mehr von seinesgleichen beurteilt," Maximen und Reflektionen, 1981 , S. 542. Doch trifft dies 1. vor dem Alten nicht schon das Kind - und was ist 2. von den Urteilen der Peergroup zu halten?

[7] O.V., 2000, S. 25

Das betrifft nicht nur die Wirtschaft, z. B. Fluglinienkunden. Der Einsatz von Mikrochipkarten in öffentlichen Verkehrsmitteln etwa erlaubt die Erstellung von Bewegungsprofilen, die bei Scheidungsprozessen eingesetzt werden könnten.

Mitunter hört man, das sei kein Problem für jemanden, der sich nichts vorzuwerfen habe. Aber Menschen haben - wiederum: allem möglichen Missbrauch voraus - bereits darum ein Recht auf Wahrung und Schutz ihrer Privatsphäre, weil es ihnen freigestellt bleiben muss, wen sie daran und in welchem Grade teilhaben lassen wollen. (So wie der Einzelne nicht bloß Besitz, sondern Privateigentum haben muss - statt dass die Volksgemeinschaft ihn rundum versorgte - , um persönliche Geschenke machen zu können.)[8]

Hat der Mensch Recht auf Gedankenfreiheit, dann gehört dazu auch das Recht auf einen gewissen, nicht mehr nur gedanklichen Raum dieser Freiheit. Über dessen Radius wäre grundsätzlich wie konkret zu verhandeln; aber unser Grundrecht darauf hat sein Fundament in der wesentlichen Leiblichkeit des Menschen (er ist weder einfach "die Seele" noch ein "Gespenst in der Maschine"[9]).

Ebenso muss auch - schon vor der Frage möglichen Unrechts - das Thema "Diskriminierung" angesprochen werden. Im üblichen Sprachgebrauch meint zwar das Wort als solches bereits eine unrechtmäßige Benachteiligung; doch sollte man hier philosophisch noch differenzieren. Diskriminieren besagt zunächst: unterscheiden, und Unterschiedenes theoretisch wie praktisch unterschiedlich zu behandeln stellt kein Unrecht dar, sondern wird im Gegenteil von der Gerechtigkeit geboten. Auch wenn ideologische Gleichmacherei das nicht wahrhaben will.

Zu diesen Unterschieden gehören durchaus auch solche von Mehr und Weniger, Rang und Niveau. Es geht nicht an, derlei grundsätzlich als "Gewalt" zu verstehen, um so gewaltsamen Ausgleich als "Gegengewalt" zu legitimieren.[10]

Dennoch gilt schon hier, dass eine Bedingung von Menschlichkeit Unwissen ist. Einzig Gott schenkt Sonne und Regen unterschiedslos den Guten wie Bösen – Mt. 5, 45; Menschen sind dazu nicht bloß nicht fähig, einer Regierung wäre es sogar verboten. Und gälte das nur für gut und böse, nicht entsprechend auch für förderlich und schädlich, hilfreich und belastend? Es gibt Alternativen, wo die Dinge gleichwohl - und nicht bloß für Christen - klar sind. Ein ungeborenes Kind beispielsweise darf auch unter Berufung auf seine Behinderung nicht umgebracht

---

[8] Siehe Seif, 1986

[9] „Die Seele: das ist der Mensch", Platon, Alkibiades I, S. 129 - 130; „Gespenst...", Ryle, 1969, S. 13

[10] Bzgl. natürlicher Unterschiede sei an die Aufregung (hier zudem feministisch verschärft) um Guggenbergers Thesen zur Schönheit erinnert: erst in der *Zeit*, dann: Einfach schön. Schönheit als soziale Macht, Hamburg 1995

werden. Doch im Blick auf vieles andere, weniger Fundamentale scheint nur unter dem "Schleier des Nichtwissens" über der Zukunft menschliche Fairness möglich zu sein (J. Rawls).

Damit jedoch werden tatsächlich die Grenzen fließend zur Diskriminierung im heutigen Wortsinn. Darum sind hier Abwägungen zwischen dem Gemeinwohl und der Würde wie dem Recht der Einzelpersonen geboten.

5.3   Der Mensch messbar?

Gleichwohl kann die Frage hier nicht mehr als sonst - obwohl sie immer wieder auftaucht - lauten: Dürfen wir, was wir können? Denn dann verlöre das Wort "dürfen" jede Bedeutung. Es bezeichnet ja stets eine Teilmenge des Gekonnten und nicht, dass wir nur das nicht dürften, was wir ohnehin nicht können.

Allerdings gibt dieser Sprachgebrauch zu denken. Offenbar entspringt er der unbedacht fraglosen Voraussetzung, innerhalb von Wissenschaft und Technik[a] als solchen stünden keine Moralfragen an. Sie träten erst bei der Anwendung auf. Das ist natürlich ein Irrtum. Nicht bloß ist die Scientific-community auf die Ehrlichkeit und Verlässlichkeit ihrer Mitglieder bei der Dokumentation von Versuchen und in der Vorlage ihrer Ergebnisse angewiesen. Es sind auch nicht alle Versuche erlaubt. (So ruft m. E. das Milgram-Experiment [nicht zu reden von seiner Wiederholung an Kindern][11] nach Ächtung durch eine Wissenschaftskammer, ebenso wie die medizinischen Versuche in den KZ. Durch eben diese hat es sich obendrein auch innerwissenschaftlich erübrigt.)

Faktisch messbar ist der Mensch, weil leiblich-körperlich. Darf man ihn nun auch messen? - Die Frage stellt sich überhaupt nur deshalb, weil der Mensch nicht gänzlich, nicht in jeder Hinsicht messbar ist. Und dies ihr Woher bestimmt auch die Antwort auf die formulierte Frage: Nicht Messung ist unsittlich; unmenschlich würde die Reduktion des Menschen auf das an ihm Messbare, konkret (noch enger): das an ihm Gemessene.

So läßt einerseits "Person" sich nicht zählen: Kein Hohepriester hat das Recht, irgend jemand für das Volk zu opfern (Joh. 11, 50), und zugleich riskieren Mannschaften ihr Leben für die Rettung eines einzigen Verschütteten. Anderseits verlangt auch sittliche Güterabwägung den Blick auf die Zahl möglicher Opfer oder Nutznießer angesichts von Handlungsalternativen. Oder: Schul- und Hochschulabschlüsse bestimmen selbstverständlich nicht die Menschenwürde, sehr wohl aber der Wert eines Bewerbers für ein Unternehmen. Oder privater: Nicht die personale

---

[11] Milgram, 1974. Dazu Schwarzwäller, 1976, S. 113f.

Würde, sondern - neben Unwägbarem - durchaus angebbare Qualitäten begründen bei Freundes- und Partnerwahl die Entscheidung.

Überhaupt stehen Person(alität) und Sachlichkeit - einem verbreiteten (auch antiwissenschaftlichen) Verständnis entgegen - in engstem Bezug. Nicht allein ist nur Person zu Sachlichkeit befähigt (und somit auch nur sie zu Unsachlichkeit); auch ihr gegenüber ist Sachlichkeit angesagt. Und oft genug sind es - anstatt privat-persönlicher "Beziehungen" (im Doppelsinn des Wortes) - sachlich-allgemeine Regelungen, die ihre Rechte wahren und ihrer Würde entsprechen.

Die Normierung von Prüfungsaufgaben und -leistungen ist schon üblich. Noch im Entwicklungsprozess stehen wir bei einer Evaluation - etwa im Bildungsbereich, wo bei knappen Ressourcen der Grundsatz Sparsamkeit durch Qualitätskontrolle und -sicherung ergänzt werden soll, auf wissenschaftlich abgesicherter Basis. Und auch nicht immer weiter auf die lange Bank schieben lassen sich allgemeine Regelungen zur Rationierung ärztlicher Dienste, wie sie bereits in Großbritannien bestehen, oder europäisch bezüglich der Verteilung von Spendernieren.

5.4   Mensch und Maschine

Ein Ziel länger zurückliegender Sprach- als Zivilisationskritik war die sprachliche Wendung vom "Bedienen" einer Maschine. Statt dass sie dem Menschen diene, müsse jetzt der Mensch sich ihr und ihrem Rhythmus unterwerfen. Im Lauf der Zeit ist offensichtlich mit der wachsenden Gewöhnung die Kritik immer schwächer geworden, obwohl bis heute großen wie kleineren Geräten "Bedienungsanleitungen" beigegeben werden. Man könnte dazu erklären, dass wir hiermit angeleitet würden, nicht die Instrumente, sondern uns - ihrer - zu bedienen. (Was dann Stoff zum Nachdenken über "Selbstbedienung" ergäbe: der König Kunde als sein eigener Skla-ve?[12]) Erneut begegnete der Topos in den Anfängen der Computerära, als die Benutzer zu einer speziellen Programmiersprache gezwungen wurden. Aber auch hier hat der Fortgang der Entwicklung dazu geführt, dass die Maschinen zunehmend bequemer im Gebrauch geworden sind, statt dass der Mensch sich ihnen anbequemen müsste.

So steht es auch mit der gelegentlich geäußerten Kritik an den Identifikationsauto-maten. Einleuchtend darum die Rangfolge ermittelter Beurteilungskriterien nach dem Bericht von Michael Behrens und Richard Roth über Erfahrungen aus einem Feldversuch über biometrische Identifikationsverfahren:[13] Sicherheit, Einfachheit,

---

[12] Siehe Hepp, 1971

[13] Behrens / Roth, 2000, S. 331.

technische Zuverlässigkeit, Schnelligkeit, Bequemlichkeit, Hygiene, Transparenz, Ästhetik / Design.

Sicherheit in doppelter Hinsicht; einerseits Treffsicherheit: sowohl punktgenau (ohne Streuung) als auch fraglos ("ja/nein") - was vielleicht an R. Descartes' berühmtes Wortpaar "clare et distincte"[14] denken lässt: Klarheit und Deutlichkeit der Ideen als Bedingungen sicheren Urteils; andererseits Personenschutz: sowohl durch Abwehr unbefugter Benutzer als auch durch Minimierung der über den Kunden erhebbaren Information[15]. Unter Sicherheit würde der Autor auch die technische Zuverlässigkeit sowie den Themenkreis Hygiene subsumieren.

Im Verein mit Einfachheit, Bequemlichkeit (samt Schnelligkeit) und Ästhetik / Design wäre wohl auch der spielerische Aspekt nicht ganz zu vergessen. Ethik hat es ja nicht bloß mit Ge- und Verboten zu tun, so sehr auch, wie zum Stichwort Diskriminierung erinnert, Würde und Recht der Person, deren Verantwortlichkeit und die Verantwortung ihr gegenüber im Zentrum der Aufmerksamkeit stehen.

Alle diese Momente kämen auch bei einer Ethik des Spiels zum Tragen. Zumal angesichts der besonderen Arglosigkeit und "Zugänglichkeit" des Menschen im Spiel (bis hin zum Thema Spielsucht). Aber statt das jetzt zu entfalten oder zu vertiefen, möchte der Autor nur - ohne hier bestehende Gefahren sowie das Gebot der Achtsamkeit darauf zu leugnen - schlicht auf den positiven Aspekt solcher Oasen in der durchrationalisierten Arbeitswelt hinweisen.[16]

5.5   Mensch und Mensch

Auch im Umgang mit Maschinen hat es der Mensch mit dem Menschen zu tun. Er mag das vergessen und dafür die Maschine, den Apparat, individualisieren, so wie manchem sein Gefährt zum Gefährten wird und besonders, am Arbeitsplatz wie daheim, der Computer. Doch um das Zwischenmenschliche ist es in diesen ethischen Erwägungen gegangen. Es waren neben dem Vergessen die Gefahren von Verlust und Diebstahl mit daraus folgendem möglichen Missbrauch, die dazu veranlassten, Alternativen zur PIN zu suchen. Und die Frage nach möglichem Missbrauch der neuen Techniken bildete den Anstoß zu den angestellten Überlegungen.[17]

---

[14] Descartes, Meditationes III (AT VII 35); Principia I 45 (AT VIII 22 [IX 44])

[15] Was beispielsweise gegen Retinaerkennung (Anm. 13) spricht

[16] Fink, 1957; Splett , 1998, III, S. 417-418

[17] Wobei hier tatsächlich eine Quantität-Qualität-Dialektik zu beobachten ist. Es liegen nicht bloß schlicht in größeren Möglichkeiten größere Gefahren, vielmehr wächst auch die Versuchung zum Missbrauch. So sehr man darum gegen unklare Ängste *die* Technik an sich - als Mittel - neutral nennen darf, so bestimmt doch beispielsweise das „Herrschaftswissen" (M. Scheler) der EDV die Mentalität seiner Besitzer anders als etwa ein Küchenmesser.

Damit kommen wir zum Anfang unseres Denkwegs zurück. In der Tat möchte der Mensch ohne zu großen Aufwand erkannt und als er selbst anerkannt werden. In R. M. Rilkes "Duineser Elegien" (der neunten) ist von der Sehnsucht des Schwindenden die Rede, das "uns angeht", die Dinge zu "sagen". Ein durchgehendes Motiv in Doris Lessings "Golden Notebook" ist die Erwartung, auf entsprechendem Niveau "benannt" zu werden. Und in Michael Endes "Unendlicher Geschichte" rettet Bastian eine bedrohte Welt durch Namengebung.

Nun meint dies gerade anderes als bloße Identifikation. Deren Paradigma ist wirklich "der Mensch als Nummer". Und wäre hier nicht rechtens zu fordern, wo es um ihn nur als solche zu tun sei, solle man das auch nicht trickreich verschleiern? Robert Spaemann prangert als peinlich und auch entpersonalisierend "das penetrante personalistische Vokabular" an, "das uns von allen Seiten überflutet. Überall wird uns auf Plakaten und von Computern alles Gute gewünscht, überall werden uns aus Lautsprechern Vorschriften dadurch bekannt gemacht, dass uns im Voraus für ihre Einhaltung gedankt wird. Jedes Kind sieht, dass Freundlichkeit, Güte, Rücksichtnahme, Interesse am Wohlergehen anderer, Dankbarkeit und ähnliche Haltungen vor allem Schmieröl sind für das Funktionieren von Abläufen, die mit der Beziehung zwischen Personen fast nichts zu tun haben."[18]

Es stimmt: "Die Rückkehr zu einem sachlich korrekten, unpersönlichen Vokabular wäre der Respekt, den Personen von Systemprogrammierern verlangen können. Erst so gewinnt das freundliche Lächeln der Kassiererin gegenüber einem Menschen, der ihr wirklich gegenübersteht, wieder seinen Wert, und zwar auch dann, wenn die Firma von der Freundlichkeit ihres Personals profitiert" (ebd.).

Diese Unterschiede sollten also nicht verwischt werden. Die zu entwickelnden Geräte sind und bleiben Identifikations*automaten* = Maschinen.

Gerade in der klaren Wahrung der Differenz von Identifizierung und Personerkenntnis wird die Anerkennung von Person gewahrt. Wobei diese Anerkennung nochmals ihre Differenzen kennt, von persönlicher Intimität bis zur sich aufs Sachliche beschränkenden "Korrektheit". Gemeinsam dürfte allen Formen Diskretion sein. Daraufhin lässt sich vielleicht auch das bei unserer Thematik gebotene sittliche = menschliche Verhalten zusammenfassen.

"Behilflich-sein, ohne sich aufzudrängen" lautet eine alte Formel für das Verhalten eines Gentleman. Warum sollten sich nicht auch in einem "kundenfreundlichen" Gerät Zuvorkommenheit zwischen Menschen und Menschenfreundlichkeit realisieren?

---

[18] Spaemann, 1996, S. 207

LITERATUR

Behrens M., Roth, R. (2000): Sind wir zu vermessen, die PIN zu vergessen? Erfahrungen aus einem Feldversuch, in : Datenschutz und Datensicherheit (DuD), 24. Jg., Heft 6, S. 327 - 231

Descartes, R., (o. J.): Meditationes III (AT VII 35); Principia I 45 (AT VIII 22 [IX 44])

Fink, E. (1957): Oase des Glücks. Gedanken zu einer Ontologie des Spiels, Freiburg und München

Goethe, J. W. v. (1981): Maximen und Reflexionen, Hamburger Ausgabe, 12. Aufl. München

Guggenberger, B. (1995): Einfache Schönheit als soziale Macht, Hamburg

Hegel, G. W. F. (1996): Vorlesungen über die Philosophie der Religion II: Werke in Zwanzig Bänden, Hrsg. von Moldenhauer, E. / Michel, K. M., Bd. XVII, Frankfurt.

Hepp, R. (1971): Selbstherrlichkeit und Selbstbedienung. Für Dialektik der Emanzipation, München

Milgram, St. (1974): Das Milgram-Experiment. Zur Gehorsamsbereitschaft gegenüber Autorität, Reinbek b. Hamburg

Nietzsche, F. (1980): Sämtliche Werke, hrsg. von Colli, G. / Montinari, M., Bd. VI

O. V. (2000): Der Kunde – Mensch ohne Geheimnisse, in: Neue Züricher Zeitung, Nr. 272, 2000, S. 25

Platon, (o. J.): Alkibiades I

Ryle, G. (1969): Der Begriff des Geistes, Stuttgart 1969

Sartre, J. P. (1962): Das Sein und das Nichts, Hamburg

Sauvageot, M. (1939): Kommentar, Berlin

Schwarzwäller, K. (1976): Die Wissenschaft von der Torheit, Stuttgart

Seif, K. Ph. (1986): Daten vor dem Gewissen. Die Brisanz der personenbezogenen Datenerfassung, Freiburg

Spaemann, R. (1996): Personen. Versuche über den Unterschied zwischen etwas und jemand, Stuttgart

Splett, J. (1998): Spiel 1 Philosophisch, in: Lexikon der Bioethik, Gütersloh, Bd. III, S. 417 – 418

Valerius Maximus (o. J.): Facta et dicta memorabilia, VIII

6   Fingerbilderkennung

Michael Behrens und Björn Heumann

6.1   Historische Entwicklung

Die Verwendung von Fingerabdrücken als persönlicher Code hat eine lange Tradition. Bei den Babyloniern, Assyrern, Chinesen und Japanern war das Fingerbild als individuelles Merkmal bekannt, und schon im alten Indien haben Kaufleute Verträge per Fingerabdruck unterzeichnet. Die Fingerabdrücke eines jeden Menschen sind völlig einzigartig. Selbst eineiige Zwillinge können anhand ihrer Fingerabdrücke einwandfrei unterschieden werden. Dabei bleiben die papillaren Linien auf der Fingeroberfläche während des ganzen Lebens gleich und können (mit Ausnahme durch Verletzungen mit Vernarbung) nicht verändert werden. 1877 benutzte der Engländer William Herschel als erster Europäer die Fingerabdrücke zur Feststellung der Identität von Personen bei der Auszahlung von Gehältern. Um 1180 machte ein weiterer Engländer namens Henry Fauds den Vorschlag, Fingerabdrücke zu daktyloskopieren[1] und Spuren am Tatort zur Überprüfung der Identität der Verbrecher zu nutzen, jedoch ohne größeren Erfolg. Erst Francis Galton, ebenfalls Engländer, gelang es, die Daktyloskopie unter Zuhilfenahme der Ergebnisse von Herschel und Fraulds wissenschaftlich zu begründen. Dadurch konnte das Fingerabdruckverfahren im Jahre 1897 zunächst in Indien und 1901 auch in England, wo Henry mittlerweile Polizeipräsident von London war, eingeführt werden. In Deutschland wurde dieses Verfahren erst 1903 in Dresden auf Vorschlag des damaligen Leiters der Kriminalpolizei Robert Heindl etabliert. Seit den 60 Jahren wurden sogenannte AFIS-Systeme (Automated Fingerprint Identification Systems) entwickelt, mit denen es erstmals möglich war, Fingerbilder per Computer auszuwerten und zu vergleichen. Mitte des neunzehnten Jahrhunderts wurde mit wissenschaftlichen Studien begonnen, die zwei Aussagen festigten, welche bis heute als sicher angesehen werden:

1. Es gibt keine zwei gleichen Fingerabdrücke, welche die gleichen Minutien (Minutien oder Minuzien [lat.]: Kleinigkeit, s.u.) aufweisen und
2. Fingerabdrücke verändern sich im Laufe des Lebens nicht.

In den 80ern wurden die Technologie der optischen Fingerabdruck-Scanner und die Algorithmen verbessert, so dass Fingerbildsensoren nicht nur für kriminalistische Zwecke eingesetzt werden konnten, sondern auch für Personalausweisprogramme und ähnliche Projekte. Die Daktyloskopie dient damit nicht nur der Spurenauswertung am Tatort, sondern auch zur Personenerkennung. Mittlerweile wurden mehrere hundert Millionen Fingerabdrücke registriert und miteinander verglichen. Dadurch kann heutzutage mit großer Sicherheit davon ausgegangen werden, dass jeder Fingerabdruck einzigartig ist.

---

[1] Daktyloskopie [gr] ursprünglich Fingerschau
www.polizei.thueringen.de/lka/wissenschaft/daktyloskopie_d.html

6.2   Anatomische Charakteristika von Fingern

Als *Fingerbeere* (Syn.: terminaler Tastballen, Torulus tactilis) bezeichnet man die mit Fettpolstern und besonders zahlreichen Meissner- Tastkörperchen ausgestattete, kapillarenreiche beugeseitige Vorwölbung des Fingerendglieds. Das *Tastleistenbild* ist geprägt durch - für die Daktyloskopie wichtige - individuell festgelegte Schlaufen, Wirbel und Wellen. Die Schlaufen und Linien werden durch die Hautleisten oder Papillarlinien gebildet.[2]

In der Daktyloskopie unterscheidet man die in Abb. 6.1 dargestellten Grundmusterarten[3].

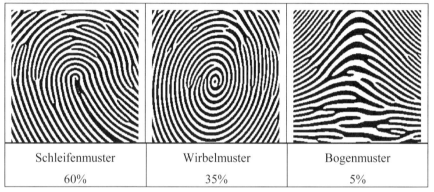

Schleifenmuster	Wirbelmuster	Bogenmuster
60%	35%	5%

Abb. 6.1 Vergleich der Grundmusterarten und ihrer Häufigkeit

Die einzelnen elementaren Merkmale eines Fingerbildes (Gabelungen, Knoten, Schlaufen ...) nennt man *Minutien*. Dabei sind folgende Merkmale zur Unterscheidung wichtig:

- Verlauf der papillaren Linien (in Schleifen, Spiralen, Ellipsen ...)

- Breite der Linien,

- Tiefe der Linien,

- Knotenpunkte, Gabelungen, Linienenden oder Punkte.

Beim Verlauf der papillaren Linien werden folgende Typen und Formen unterschieden:

---

[2] Papillarlinien, siehe Beitrag von Behrens, G. in diesem Band,

[3] Die Bilder wurden mit einem Programm von Optel erzeugt

Tabelle 6.1 Minutientypen

 Stange (englisch: "rod"): gerade Linie ohne Umkehrkurven; vorwiegend in der Mitte des Bitmusters eines Fingerbildes auftretend

 Ellipse: kreisförmige bzw. ovale Linie, vorwiegend in der Mitte von Fingerbildern vom Typ „Spirale"

 Spirale (englisch: "whorl"): von innen nach außen gewunden. Wenn diese Art dominiert, werden die Fingerbilder im Henry-System als Typ "whorl" bezeichnet, das ist bei ca. 1/3 der Fingerbilder der Fall. Spiralenförmige Muster befinden sich häufig im Zentrum eines Fingerbildes.

 Gabelung (englisch: "bifurcation"): Eine Verzweigung, die durch mehr als eine Leiste gebildet wird. Eine Gabelung liegt vor, wenn mehrere Papillarlinien in einem Punkt zusammenlaufen oder sich von einem Punkt aus aufteilen.

 Tented Arch: Zeltdach-ähnliche Linienart steigt und fällt mit steilem Winkel; Fingerbilder, die diese Linienart enthalten, werden als Typ "tented arch" klassifiziert.

 Schleife (englisch: "loop"): Umkehrkurve. Dies ist mit ca. 2/3 der Fingerbilder die weitaus häufigste Variante. Gelegentlich wird im Henry-System noch der Richtungssinn ergänzt: "right loop" oder "left loop". Schleifen kommen aus einer Richtung und laufen dann auch wieder in diese Richtung zurück. Dabei entsteht kein geschlossener Kreis, sondern nur ein länglicher Bogen.

 Insel (englisch: "island"): isolierte doppel-endige Linie, ohne Berührungen mit anderen Linien

 Bogen (englisch: "arch"): Linie in Form eines einfachen Bogens kommt in fast allen Fingerbildern vor. Wenn diese Art dominiert, werden die Fingerbilder im Henry-System als Typ "arch" bezeichnet. Das ist, zusammengerechnet mit Fingerbildern vom Typ „tented arch", bei 5-10% der Fingerbilder der Fall.

 Schweißdrüsen: Die elektronische Aufnahme von Fingerbildern erfordert oft Fette oder Feuchtigkeit, die von den Schweißdrüsen abgegeben werden.

6.3   Abgrenzung von Fingerabdruck ("print"; offline) und Fingerbild (online)

Herkömmliches Fingerabdruckverfahren

Bei dem klassischen Prozess, Fingerbilder aufzunehmen, wird der Finger auf ein Stempelkissen aufgelegt und dann nach beiden Seiten über ein Blatt abgerollt. Dabei kommt es jedoch, bedingt durch den Druckvorgang, zu Ausblutungen und Verzerrungen des Bildes.

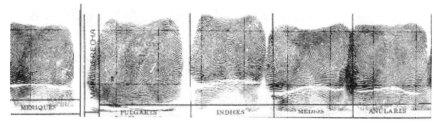

Abb. 6.2 Herkömmlich aufgenommenes Fingerbild[4]

AFIS (Automated Fingerprint Identification Systems)

Bei der forensischen Verwendung der Fingerabdrücke geht es im Unterschied zu den Fingerbilderkennungen (Live Finger-Scan) darum, das gesamte Bild zu erfassen und zu speichern, um es beispielsweise mit am Tatort gefundenen Fingerabdrücken vergleichen zu können. Das bedeutet, dass die von den Scannern erfassten Bilder hochwertige Schwarz-Weiß-Bilder sind, die mit z.B. 250 KByte (pro Finger!) gespeichert werden, während für die biometrische Identifikation Datensätze verwendet werden, die um den Faktor 250 bis 1000 kleiner sind und sich völlig auf die zur Unterscheidung benötigten Merkmale reduzieren. Folgerichtig kann bei der biometrischen Identifikation der Fingerabdruck selbst aus den gespeicherten Daten nicht eindeutig rekonstruiert werden, was seine Benutzung vor Gericht erschweren würde.

Der Vergleich selbst erfolgt bei beiden Anwendungen möglicherweise nach den selben Prinzipien, allerdings steht für das AFIS bei der Durchsuchung einer Datenbank mit 100000 und mehr Datensätzen erheblich mehr Zeit als die zwei bis

---

[4] Bild mit freundlicher Genehmigung der TST-AG

drei Sekunden tolerierbarer Wartezeit eines Zugangssicherungssystems zur Verfügung – zumeist entscheidet zum Schluss ein Mensch über die tatsächliche Identifikation.

6.4   Biometrisches Fingerbild-Identifikationssystem

6.4.1   Grundaufbau

Die oben beschriebenen Merkmale und ihre Position zueinander werden von den verschiedenen Fingerbildsensoren ausgewertet. Dabei finden unteschiedliche physikalische Verfahren Verwendung. Es ist gar nicht so leicht, gute Bilder von den Unterscheidungsmerkmalen wie Rillen oder Minutien zu erhalten. Das zu untersuchende Gebiet selbst ist nicht sehr groß und es zeigt oft nur allzu deutliche Spuren des Alltags. Derzeit sind vier Technologien im Gebrauch, die zusammen mit zumeist proprietären Bildverarbeitungsalgorithmen dafür Sorge tragen sollen, dass ein ausreichend detail- und kontrastreiches Fingerbild zur Verfügung steht: optische Sensoren, Halbleiterlösungen – kapazitiv oder thermisch arbeitend - und Ultraschallsensoren.

6.4.2   Sensoren

Optische Sensoren

Bei optischen Sensoren wird das Fingerbild mit einer herkömmlichen CCD-Kamera aufgenommen. Die Kamera wird dabei durch ein Prisma auf eine durchsichtige Fläche umgelenkt (Abb. 6.3), auf welche der Finger aufgelegt wird.

Abb. 6.3 Optischer Sensor der Fa. SecuGen

Die Oberfläche wird hierbei zumeist noch durch ein spezielles gummiartiges Coating vergütet, welches die Feuchtigkeit des Fingers ableitet. Dadurch wird gewährleistet, dass ein möglichst klares Fingerbild aufgenommen werden kann. Auch eine Beleuchtung des Fingers ist fast immer integriert. Die Helligkeitsregelung geschieht entweder automatisch oder, weniger empfehlenswert, manuell durch den Benutzer. Das von der Kamera aufgezeichnete Bild wird über eine Frame-Grabber-Karte digitalisiert und in den PC übertragen. Dort wird es von einer Bildbearbeitungssoftware ausgewertet. Teilweise werden heute auch Glasfaser-bündel eingesetzt, um das Licht auf die Sensorfläche zu lenken. Gleichzeitig wird durch andere parallelliegende Faserbündel das vom Finger reflektierte Licht zurückgeleitet und aus der gewonnenen Lichtverteilung das Bild des Fingers erzeugt.

Es gibt unter den optischen Sensoren durchaus preiswerte Lösungen auf dem Markt. Die Auflösung ist mit bis zu 500 dpi [5] und relativ großer nutzbarer Auflagefläche oft deutlich besser als bei den Halbleiterlösungen, und sie sind in weitem Rahmen unempfindlich gegen Temperaturschwankungen und elektrostatische Aufladung. Schwierigkeiten gibt es allerdings oft durch latente Fingerabdrücke: Reste der Benutzung durch die Vornutzer, die zu deutlich verschlechterten Ergebnissen führen oder auch als Sicherheitsrisiko betrachtet werden können. Bei verschiedenen Modellen besteht auch die Gefahr einer Verschlechterung infolge Alterung des CCD-Chips, Ausfall der Beleuchtung oder durch Beschädigung der Oberfläche der Aufnahmefläche.

Optische Sensoren werden neuerdings auch in einer Touchless-Version hergestellt, bei der der Finger keine Oberfläche berühren muss (Abb. 6.4). Diese Sensoren sind wesentlich unempfindlicher gegenüber verschmutzten, zu feuchten oder zu trockenen Fingern.

---

[5] dpi =[„dots per inch" = Punkte pro Inch, 1 Inch= 2,54 cm]

Abb. 6.4 Berührungsloser Fingerbildsensor[6]

Kapazitive Sensoren

Der derzeitige Trend geht zur Halbleiterlösung. Seit ungefähr zehn Jahren sind Chips verfügbar, die mittels Gleichstromkapazität zwischen der Chipoberfläche und der Fingeroberfläche digitale Graustufenbilder mit 200 bis 300 Linien erzeugen; die nutzbare Fläche beträgt dabei ca. 10 x 15 mm bis max. 13 x 18 mm mit 8 Bit Auflösung (Infineon, Sony, Veridicom, ST-Microelectronics).

Abb. 6.5 FingerTIP-Sensor

---

[6] Bild mit freundlicher Genehmigung der TST-AG

Ein Beispiel für einen kapazitiven Sensor ist der FingerTIP-Sensor (Abb. 6.5) von Infineon. Er besteht aus einem Sensor-Array von 224x288 Zellen bei einer Auflösung von 513 dpi. Diese Zellen werden mit einer Punktladung vorgeladen. Wird ein Finger auf den Sensor aufgelegt, bildet die Haut die Gegenplatten zu einem System aus 64512 kleinen Kondensatoren. Die Fingeroberfläche weist Höhen und Tiefen auf, die sogenannten Papillarlinien. Hierdurch ergeben sich unterschiedliche Abstände zu den einzelnen Sensorelementen des Fingertip (Abb. 6.6). Aus diesen verschiedenen Abständen lassen sich unterschiedliche Kapazitäten für die einzelnen Messpunkte ablesen. Diese Kapazitäten werden gemessen, digitalisiert und gespeichert. Aus der Höhe der einzelnen Kapazitäten werden die Graustufen für das Bild des Fingerabdrucks berechnet. Das so gewonnene Bild wird auf dem Monitor dargestellt.

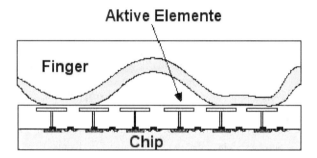

Abb. 6.6 Kapazitäten beim FingerTIP-Sensor[7]

Durch latente Fingerabdrücke, sogenannte Ghost-Images oder Geisterbilder, werden bei den meisten Halbleiterlösungen falsche Erkennungen ohne Existenz eines Fingers produziert. Die Frage nach Haltbarkeit und Zuverlässigkeit kann noch nicht beantwortet werden. Die Werte der Datenblätter sind durchaus positiv, die Hersteller behaupten hier eine hundertfach bessere Haltbarkeit als bei den optischen Systemen. Aus den bisherigen Ergebnissen bei BioTrusT kann dies nicht bestätigt werden. Hier erwiesen sich die optischen Systeme und insbesondere deren Kontaktflächen deutlich haltbarer als zunächst erwartet.

---

[7] Nach Unterlagen von Infineon

Thermische Sensoren

Thermoelektronische Sensoren arbeiten zumeist als Zeilensensor. Die Chipzeile wird dabei auf eine festgelegte Temperatur erwärmt. Wird der Finger über den Sensor gezogen, dann transportiert er etwas von dieser Wärme ab. Dort, wo die Erhebungen sind, wird mehr Wärme abgeleitet als dort, wo der Finger Rillen aufweißt. Anhand dieser Temperaturdifferenzen wird ein Wärmeabbild und daraus dann ein Graustufenbild erzeugt.

Prinzipbedingt kann hier nicht das Problem des latenten Fingerabdruckes (Spuren des Fingerbildes bleiben auf dem Sensor zurück) auftreten. Die etwas schwierige Handhabung erfordert jedoch einen kooperativen Benutzer.

Ultraschallsensoren

Ultraschallsensoren[8] nutzen die Kontaktstreuung aus, um daraus das Bild der Struktur, welche auf der Sensorfläche aufliegt, zu errechnen. Kontaktstreuungen entstehen immer dann, wenn eine Schallwelle auf eine Oberfläche eines Festkörpers auftrifft, welche in Kontakt mit einem anderen Festkörper steht. Hierbei entstehen neben den Reflexionen und Diffraktionen auch zusätzlich Streuung andere Wellenarten.

Der Aufbau des Sensors sieht dabei wie folgt aus: Die Kontaktfläche des Sensors wird von einer Seite mit einer Ultraschallwelle beaufschlagt. Die Wellen, welche durch das auf den Sensor gelegte Objekt kontaktgestreut werden, werden von einem Schallwandler empfangen. Dieser führt eine Ringbewegung senkrecht zur Kontaktoberfläche aus. Damit eine Auflösung von ca. 0,1 mm erreicht werden kann, ist es notwendig, die Informationen aus etwa 256 Richtungen (Positionen auf der Kreisbahn des Wandlers) aufzunehmen. Alternativ können auch mehrere unbewegliche Schallwandler eingesetzt werden. Auf jede Position des Schall-wandlers wird ein kurzer Ultraschallimpuls gesendet und die entstehende Impulsantwort empfangen. Aus den 256 verschiedenen Impulsantworten wird dann das Fingerbild rekonstruiert.

Mit der Ultraschallmethode kann auch festgestellt werden, ob es sich um einen „echten" Finger handelt. Objekte mit gleicher Struktur, welche jedoch aus unterschiedlichen Materialien bestehen, erzeugen andere Signaleigenschaften und Amplituden. Vorteilhaft ist, dass bei Ultraschall Schmutz oder Rückstände (latente Fingerabdrücke) keine Rolle spielen, ganz im Unterschied zu optischen Fingerbildsensoren, während eine große Aufnahmefläche genauso wie bei optischen

---

[8] Weblink, www.optel.com.pl

Systemen möglich ist. Grundsätzlich ist eine extrem hohe Genauigkeit erzielbar, und die Überlistung derartiger Sensoren ist sicherlich sehr schwierig. Über die Langzeitleistungsfähigkeit ist bisher wenig bekannt.

Weitere Sensortechniken

Einer der Hersteller, Authentec, kann durch eine modifizierte Feldmessung (AC) auch die lebende Schicht des Fingers unter der Oberfläche erfassen, was zumindest in der Theorie von Vorteil ist, da zum Beispiel der Einfluss von Verletzungen der Oberfläche sich geringer als bei den zweidimensionalen Verfahren auswirken dürfte. Der FingerLoc-Fingerabdrucksensor ist in CMOS-Technologie realisiert. Die eigentliche Sensormatrix umgibt ein sogenannter "drive ring", der ein elektromagnetisches Signal sendet, dessen Echo nach der Reflexion an der Fingeroberfläche vom Antennen-Array empfangen wird.

6.4.3   Bildverarbeitung

Nachdem ein Bild (Beispiel: Abb. 6.7) aufgenommen worden ist, muss es noch weiterverarbeitet werden. Das letztendliche Ziel der Bildverarbeitung ist dabei, ein Bild zu erzeugen, mit dem korrekte Matching-Ergebnisse erzielt werden können. Dabei werden die folgenden Bildverarbeitungsschritte durchgeführt:

- Verminderung des Bildrauschens,

- Verbesserung des Bildes,

- Detektion der Merkmale,

- Matching.

In diesem Abschnitt werden die Prozessschritte der Bildverarbeitung und Verifikation anhand des sehr verbreiteten, auf Minutien basierenden Ansatzes beschrieben. Dabei werden zum besseren Verständnis Varianten und optionale Methoden weggelassen.

Abb. 6.7 Originalbild (Live Scan)[9]

Bildspezifikationen

Abhängig von der verwendeten Technik zur Aufnahme des Fingerbildes variieren Größe und Auflösung des erfassten Bildes. Mit wenigen Ausnahmen werden digitale Schwarz-Weiß-Bilder verwendet, üblicherweise mit 8 Bit pro Pixel, was 256 verschiedene Graustufen ermöglicht.

Die Bildauflösung wird üblicherweise in Pixel pro Länge angegeben, die Spannbreite geht dabei von 250 bis 625 dpi mit 500 dpi als typischem Wert. Die nutzbare Bildfläche variiert zwischen 1,6 cm² und 10 cm²; typischer Wert ist 6,5 cm² (1 inches square).

Bildaufbereitung

Ein aufgenommenes Fingerbild ist meistens mit einem starken Rauschanteil behaftet. Insbesondere bei den kontaktbehafteten Sensoren wirkt sich die - nahezu unvermeidbare - Verschmutzung des Fingers negativ aus (Abb. 6.8).

---

[9] Bild mit freundlicher Genehmigung der TST-AG

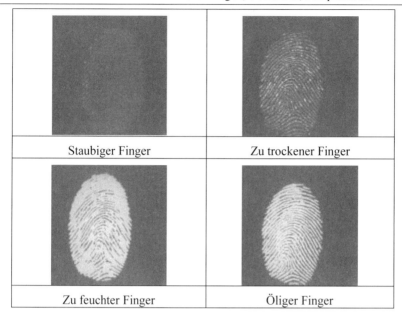

Staubiger Finger	Zu trockener Finger
Zu feuchter Finger	Öliger Finger

Abb. 6.8 Bildqualität bei problematischen Fällen[10]

Ziel der Bildaufbereitung ist es, den Einfluss des Rauschens zu reduzieren und den Kontrast von Rillen und Leisten der Papillarlinien zu maximieren, um diese herausarbeiten zu können (Abb. 6.9). Das geschieht unter Verwendung von adaptiven Matched-Filtern und adaptiver Schwellwertanpassung ("adaptive thresholding").

[10] www.tst-ag.de

Abb. 6.9 Aufbereitetes Bild[11]

Kontrovers diskutiert wird der Nutzen von Orientierungsgraphen[12], bei denen die lokalen Richtungsvektoren der Leisten zur Erkennung von Narben oder Störungen genutzt werden.

Der nächste Schritt dient dazu, die Leisten zu extrahieren. Dazu wird das Graubild in ein Binärbild, das die Leisten in möglichst starkem Kontrast zum Hintergrund zeigt, umgewandelt. Die Schwelle muss dabei abhängig vom Gesamtbild adaptiv gewählt werden. Wie Abb. 6.10 zeigt, können zum Beispiel zwei nacheinander auf-genommene Bilder, bei denen der Auflagedruck sehr unter-schiedlich ist, jeweils individuelle Schwellen erfordern.

Finger mit zu wenig Druck aufgelegt   Zu hoher Kontaktdruck

Abb. 6.10 Resultierende Fingerbilder bei unterschiedlichem Kontaktdruck[13]

---

[11] Bild mit freundlicher Genehmigung der TST-AG

[12] O'Gorman, 1999, S. 49

[13] Weblink: http://www.tst-ag.de

Umwandlung in Linienbild (Ausdünnung)

Im nächsten Schritt der Bildbearbeitung werden die Leisten auf die Breite von einem Pixel ausgedünnt (Abb. 6.11). Durch diesen Vorgang werden störende Artefakte im Bild entfernt, ohne die Verbindungen der Leisten zu unterbrechen. Derartige Artefakte könnten ansonsten leicht als kurze Äste - mit Gabelungen und damit Minutien - fehlinterpretiert werden.

Abb. 6.11 Linienbild („Skelettierung")[14]

Extraktion der Minuzien

In dem ausgedünnten Bild werden die einzelnen Minutien gesucht. Endungen werden zum Beispiel durch Unterbrechungspunkte der dünnen Linien erkannt. Gabelungen ergeben sich aus Verzweigungsstellen von drei Linien (Abb. 6.12).

---

[14] Bild mit freundlicher Genehmigung der TST-AG

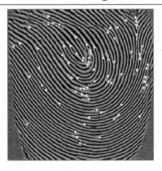

Abb. 6.12 Extraktion der Minutien[15]

6.4.4   Matching

Grundlegender Ablauf

Während des Verifikationsvorganges werden die abgespeicherten Referenzdaten mit den aktuellen Sensordaten verglichen. Jede Minutie lässt sich eindeutig durch ihren Abstand und ihre Ausrichtung gegenüber den benachbarten Minutien identifizieren. Des weiteren werden der Minutientyp und die Ausrichtung der Minutie abgeglichen. Nach dieser Methode wird jede einzelne Minutie in Bezug zu ihren Nachbarn gebracht.

Das Fingerbild kann sich aber verändern, bedingt durch Schmutz, Veränderung von Luftfeuchtigkeit und Temperatur, Dehnung der elastischen Hautoberfläche und somit einer Veränderung des Abstandes der einzelnen Minutien zueinander sowie durch weitere Faktoren. Damit solche Veränderungen aber nicht zur Abweisung führen, wird ein Abgleich auf Ähnlichkeit, nicht auf Übereinstimmung, durchgeführt. Dies bedeutet, dass auch bei geringfügigen Unterschieden des Fingerbildes gegenüber dem Referenzdatensatz die Erkennung noch als positiv gewertet wird. Aus diesen Gründen kann bei jedem System die Abgleichschwelle eingestellt werden. Alle Ergebnisse über dieser Schwelle werden vom System dann als Übereinstimmung gewertet. Hier gilt es, einen Kompromiss aus Komfort und Sicherheit zu finden. Wenn der Schwellwert sehr hoch eingestellt wird, kann es zu Falschabweisungen kommen. Ist der Schwellwert jedoch zu niedrig gewählt, dann werden möglicherweise unberechtigte Personen zugelassen.

---

[15] Bild mit freundlicher Genehmigung der TST-AG

Bei der Identifikation wird das Fingerbild zunächst klassifiziert, um später nicht alle Referenzdatensätze (Siehe Abb. 6.1) für einen Vergleich heranziehen zu müssen. Nur die Fingerbilder mit der selben Grundmusterstruktur müssen dann, Minutie für Minutie, ausgewertet werden. Auf diese Weise kann die Rechenzeit deutlich verkürzt werden.

Andere Matching-Methoden

Weil es sehr zeitaufwändig ist, alle Minutien jeweils gegeneinander abzugleichen, haben sich Methoden[16] entwickelt, die Fingerbilder klassifizieren. Eine Methode ist, einen Kern und ein Dreieck zu lokalisieren und die Fingerbilder hinsichtlich der Flussrichtung der Papillarlinien in eine Orientierungsklasse einzuordnen. Eine elegante Variante, einzelne Punkte in einem Flussfeld zu lokalisieren, ist der Poincaré index[17]. Für jeden dieser Punkte werden die Orientierungswinkel in einer engen Kurve um diesen Punkt herum im Uhrzeigersinn summiert. Für einen Kern bzw. Mittelpunkt ergibt sich hierdurch eine Summe von 180°, während die Summe für ein Delta (siehe Abb. 6.1) -180° beträgt. Für jeden nichteinzelnen Punkt ergibt sich eine Summe, die ungleich von Null ist. Die erwähnten Winkel ergeben sich aus den Formen von Core und Delta (Abb. 6.13).

Als *Core* wird die Papillarlinie bezeichnet, die in einem Wirbel oder einer Schleife keine weiteren Papillarlinien in sich einschließt. Folgt man nun von links kommend Punkt für Punkt der Papillarlinie des Core (Abb. 6.14), so beschreibt diese eine 180°-Drehung.

Als *Delta* wird der Ausschnitt der gekennzeichneten Linie bezeichnet, welche die erste Papillarlinie ist, die sich nicht mehr vollständig um den Kern schlingt. Dabei folgt man ebenfalls von links kommend (Abb. 6.15) Punkt für Punkt der Papillare. Somit ergibt sich für diese Papillare ein negativer Summenwinkel: - 180°.

---

[16] O'Gorman, 1999, S. 51 -53

[17] Ebenda, S. 52

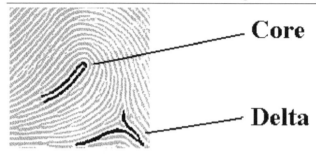

Abb. 6.13 Core und Delta in einem Fingerbild

Abb. 6.14 Core mit Laufrichtung (180°)

Abb. 6.15 Delta mit Laufrichtung (-180°)

Template

Bei den meisten Fingerbildverfahren wird nur die Lage der Minutien zueinander abgespeichert, nicht jedoch das komplette Bild des Fingers.

6.4.5   Lebenderkennung

Der durchaus wichtige Life-Test wird bisher nur von wenigen Herstellern angeboten. Damit soll verhindert werden, dass mit einer Kopie (Foto, Silikon o.ä.) oder
mit einem toten Finger anstelle einer Person eine positive Identifikation oder
Verifikation erzielt werden kann. Bekannt geworden sind die Erfassung der Farbe
der Haut, ihrer elektrischen Eigenschaften und ihrer Reflexionseigenschaften. Viele
andere Merkmale können derzeit nicht praktikabel eingesetzt werden, da sie zu
unsicher in der Erfassung sind, zu teuer, der technische Aufwand zu hoch, der
benötigte Zeitaufwand zu groß oder aber die Aussagekraft zu gering sind.

Eine mögliche Lebenderkennungsmethode basiert auf der Pulsoxymetrie, wie sie
zum Beispiel im Rettungswagen eingesetzt wird. Dabei wird die arterielle
Sauerstoffsättigung (der Anteil des oxigenierten[18] Hämoglobins am Gesamthämo-
globin) im Blut gemessen. Dies geschieht mit Hilfe einer kleinen Sonde, die mit
einem Clip am Finger befestigt wird und diesen mit Licht einer bestimmten
Wellenlänge durchleuchtet. Das mit Sauerstoff gesättigte Hämoglobin absorbiert das
Licht, während sauerstoffarmes Hämoglobin das Licht passieren lässt. Je höher die
Sauerstoffsättigung ist, desto weniger Licht erreicht den Sensor. Der Sauerstoff-
gehalt im Blut liegt bei einem lebenden und gesunden Finger zwischen 96 und 98%.

Einen Hinweis auf einen lebenden Finger kann auch eine Temperaturmessung
geben, bei sehr genauen Sensoren und Differenzmessungen kann sogar der
Pulsschlag erfasst werden.

Alternativ kann der Pulsschlag auch aus der vektoriellen Bewegung von Teilen des
Fingerbildes bei sequentiell aufgenommenen Bildern rekonstruiert werden. Dazu
muss die Sampling-Rate mindestens 4 Bilder pro Sekunde betragen. Der Herzschlag
selbst lässt sich auch über das Audiosignal aufgenehmen.

6.5   Enrollment bei Fingerbild-Identifikationssystemen

6.5.1   Anforderungen

Beim Enrollment sollte man sehr sorgfältig vorgehen und ein möglichst klares Bild
des Fingers aufnehmen, damit die Person später möglichst sicher erkannt werden
kann. Die Auflagefläche sollte dabei maximiert werden. Am Besten eignet sich der
Daumen, da er eine besonders große Fläche und meistens auch ein minutienreiches
Fingerbild bietet. Auffällig – und im Feldversuch deutlich hervorgetreten – ist eine, -
durch die besonders bei Halbleitersensoren relativ kleine Aufnahmefläche bedingt -
sehr große Abhängigkeit der Gesamtqualität der Erkennung von der Qualität des

---

[18] oxygeniert: Mit Sauerstoff angereichert

Enrollments. Der Benutzer muss später die gleiche Teilfläche des Fingers auflegen, die auch beim Enrollment verwendet wurde, was eine unerwartet hohe Disziplin des Nutzers erfordert, der oft schon Schwierigkeiten hat, sich daran zu erinnern, welchen Finger er beim Enrollment vorgesehen hatte.

6.5.2   Vorgehensweise

Es bietet sich an, für das Enrollment immer den rechten Daumen zu benutzen. Es werden sonst oftmals falsche Finger aufgelegt und Erkennungsfehler dem System angelastet; darüber hinaus bietet der Daumen, wie oben schon angesprochen, eine besonders große Fläche. Der Benutzer sollte die Möglichkeit haben, den Auflegevorgang des Fingers mehrmals hintereinander zu trainieren um dabei die Bildergebnissse direkt zu beurteilen und somit verbessern zu können.

6.5.3   Qualitätsbewertung

Eine Qualitätsbewertung kann anhand des Bildkontrastes sowie anhand der Größe der aufgenommenen Fingeroberfläche   durchgeführt werden. Manche Enrollment-Programme zeigen die Qualität und die Flächengröße sogar linear anhand eines Balkens oder als Prozentzahl an und ermöglichen dadurch eine einfachere Bewertung.

6.6   Systembedingte Probleme bei Fingerbild-Identifikationssystemen

6.6.1   Öffentliche Erkennbarkeit biometrischer Merkmale

Während der Wert einer PIN mit der Geheimhaltung der Zahl steht und fällt, gilt für eine Vielzahl biometrischer Merkmale, dass sie öffentlich erkennbar sind[19] und deshalb eine Geheimhaltung zum Zwecke der sicheren Funktion eines biometrischen Verfahrens kaum gewährleistet werden kann.

Wie bei vielen anderen Verfahren zur biometrischen Identifikation gilt auch für die Fingerbilderkennung, dass Fingerbilder öffentliche Merkmale sind, zumindest in dem Sinn, dass Abdrücke der Fingerbeeren als Spuren zahlreich - meist unbewusst - hinterlassen werden. Es ist nicht schwierig, sich qualitativ gute Abdrücke der Finger zu beschaffen: Auf Gläsern oder glatten Flächen bleiben sichtbare Spuren nach der

---

[19] Zu diesem Thema finden sich weitere Hinweise bei: Von zur Mühlen, 2000, S. 9-22 und bei Behrens, 2000, S. 129-42

Benutzung. Zunächst unsichtbare Spuren können mit Mitteln der Kriminalistik erfasst werden.

Ausdrücklich sei hier darauf hingewiesen, dass eine Erfassung und/oder Speicherung biometrischer Merkmale eines Menschen, auch öffentlich erkennbarer, gesetzwidrig sein kann. Keinesfalls soll hier einer hemmungslosen Erfassung, Sammlung oder Veröffentlichung von persönlichen Daten das Wort geredet werden. Vielmehr geht es darum, dass die Sicherheit eines realisierten Verfahrens nicht von der Geheimhaltung des Merkmales abhängig sein darf, da dies zumeist nur mit unverhältnismäßig großem Aufwand möglich ist[20]. Wichtig ist die Kontrolle einer Zuordnung zwischen Person und biometrischem Merkmal.

6.6.2   Bewertung von Fingerbildsensortypen

Probleme bei berührungsbehafteten Fingerabdrucksensoren

Wie oben bereits angesprochen (Siehe. 6.4.3) angesprochen, spielt die Qualität des erzeugten Fingerbildes eine entscheidende Rolle bei dessen Auswertung. Bei kontaktbehafteten Fingerbildsensoren können verschiedene Faktoren diese Qualität beeinflussen und dadurch die mathematischen Algorithmen behindern.

- Die Fingerbeschaffenheit wirkt sich auf die Bildqualität aus – zu trockene Finger erzeugen ein helles und bruchstückhaftes Bild. Zu feuchte Finger können ein stark „übersprudelndes" Bild erzeugen.

- Durch den häufigen Anpressdruck und die Reibung altert die Sensoroberfläche oder sie wird beschädigt.

- Finger sind oftmals schmutzig. Dadurch ist es erforderlich, den Sensor häufig zu reinigen, ansonsten wird er als unhygienisch empfunden. Durch die Rückstände auf der Sensoroberfläche kann die Bildqualität erheblich reduziert werden. Durch falsche Reinigungsmittel kann die Oberflächenvergütung angegriffen werden.

Die Qualität des erzeugten Grauwertbildes ist abhängig vom benutzten Aufnahmeverfahren (thermoelektrisch, kapazitiv) und von der Auflösung des verwendeten Sensors.

Die folgende Abbildung 6.16 zeigt Aufnahmen eines Fingers, welche mit verschiedenen Sensortypen erzeugt wurden.

---

[20] siehe auch Beitrag Albrecht / Probst in diesem Band

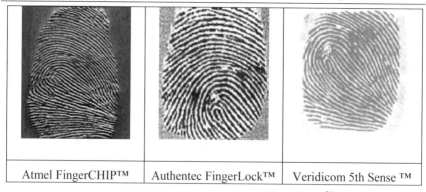

| Atmel FingerCHIP™ | Authentec FingerLock™ | Veridicom 5th Sense ™ |

Abb. 6.16 Vergleich der Aufnahmequalität unterschiedlicher Fingerbildsensoren[21]

6.6.3   Probleme bei berührungslosen Fingerabdrucksensoren

Dadurch, dass der Finger nicht auf einer Oberfläche aufgelegt werden kann, sondern freischwebend gehalten werden muss, besteht die Gefahr, dass die aufgenommenen Bilder verwackelt werden. Berührungslose Systeme erfordern einen erhöhten technischen Aufwand, da das System automatisch auf den Finger focussieren muss. Es gibt noch keine fundierten wissenschaftlichen Erkenntnisse bezüglich der Einzigartigkeit des Ultraschall-Beugungsbildes.

6.6.4   Qualitative Bewertung von Fingerbildsystemen

Die qualitative Bewertung von Fingerbildsystemen ist in Tabelle 6.1 wiedergegeben. Dabei ist die Witterungsbeständigkeit nicht berücksichtigt; sie ist derzeit Thema der Forschung.

---

[21] Quelle: Bergdata AG. Alle Bilder entstanden unter Verwendung der identischen Software.

Tabelle 6.2 Qualitative Bewertung von Fingerbildsystemen

Sensortyp	Optisch, Kontakt	Optisch, kontaktlos[22]	Kapazitiv	Thermo-elektrisch	Ultraschall[23]
Preis	+	--	++	+	o. A.
Einbauvolumen	- [24]	-	++	+	--
Genutzte Fingerbildfläche	+	++	-	+	
Auflösung	++	++	-	+	o. A.
Schmutzanfälligkeit	-	+	--	0	++
Lebensdauer	0 [25]	0 [26]	- bis +	-	o. A.
Bedienungs-freundlichkeit	++	-	-	--	+

Witterungsbeständigkeit   derzeit   Forschungsthema
Legende: Bewertungsschema: ++, +, 0, -, --.
o. A.: ohne Angabe

6.7   Ausblick

In der Zukunft werden die Sensoren zunehmend miniaturisiert werden. Darüber hinaus zeigt sich ein Trend hin zu kompakteren Template-Datensätzen. Dies erleichtert die Realisierung von Systemen, die den Matching-Algorithmus direkt auf der Smart-Card installieren („matching on card"). Schon in naher Zukunft wird auch möglich sein, den Fingerbildsensor direkt auf die Chipkarte aufzubringen.[27] Diese Maßnahmen können die Akzeptanz für Fingerbildsysteme weiter erhöhen. Durch die verschiedenen Techniken der Lebenderkennung wird auch die Über-windungssicherheit der Sensoren weiter verbessert werden können.

---

[22] Bisher nur Prototypen bekannt

[23] Bisher nur Prototypen bekannt

[24] Bei Lösung ohne Prisma (+)

[25] Lebensdauer von Lampe oder LED, Videokamerachip

[26] Lebensdauer von Lampe oder LED, Videokamerachip

[27] Weitere Hinweise dazu finden sich z. B. bei Behrens, 2000

Literatur

Behrens, M. (2000): Ersetzen biometrische Identifikationsverfahren die Chipkarte?, in: Von zur Mühlen, R. (Hg.): Standortbestimmung Biometrie, Tagungsband zum SECURITY-Kongress in Essen 2000, Bonn, S. 129 - 142

O'Gorman, L. (1999): Fingerprint Verification, in: Jain, A. K. et al. (ed.): Biometrics. Personal Identification in Networked Society, Boston, Dordrecht, London, S. 43-64

Von zur Mühlen, R. (2000): Einführender Vortrag in die Thematik: Was ist Biometrie?, in: ders. (Hg.): Standortbestimmung Biometrie, Tagungsband zum SECURITY-Kongress in Essen 2000, Bonn, S. 9-22

Internetadressen

www.bergdata.de

www.biometrie-online.de

www.infineon.com

www.optel.com.pl

www.polizei.thueringen.de/lka/wissenschaft/daktyloskopie_d.html

www.tst-ag.de

7   Gesichtserkennung

Frank Weber

Die maschinelle Gesichtserkennung hat in den letzten zehn Jahren große Fortschritte gemacht und ist inzwischen reif für den Einsatz in verschiedenen Bereichen unseres täglichen Lebens. Dieser Beitrag zeigt die Vor- und Nachteile der Gesichtserkennung gegenüber anderen biometrischen Methoden auf und nennt die typischen Leistungsmerkmale heutiger kommerzieller Gesichtserkennungssysteme. Ferner werden der typische Aufbau eines Gesichtserkennungssystems sowie Verfahren zur Gesichtslokalisierung und zur Extraktion von Merkmalen aus dem digitalen Bild eines Gesichts erläutert. Anschließend werden die FERET-Tests vorgestellt, die bislang bekanntesten unabhängigen Vergleichstests für Gesichtserkennungsverfahren. Schließlich werden einige zukünftige technische Entwicklungen skizziert, die für die Gesichtserkennung relevant sind, und es wird für verschiedene Anwendungsbereiche eine Einschätzung gegeben, ob die Gesichtserkennung dort heute oder künftig sinnvoll eingesetzt werden kann.

7.1   Einführung

Die maschinelle Gesichtserkennung hat sich in den vergangenen zehn Jahren stürmisch entwickelt. Anfangs waren es nur wenige Forschergruppen, die sich mit dieser Aufgabe beschäftigten, die noch vor 20 Jahren als eine der schwierigsten auf dem Gebiet des künstlichen Sehens galt. Heute arbeiten weltweit Dutzende Teams an geeigneten Verfahren, nicht zuletzt weil die Leistung der Computerhardware beträchtlich gestiegen ist und es dadurch einfacher oder überhaupt erst möglich wurde, komplexe Bildverarbeitungs- und Mustererkennungsverfahren zum einen mit Hilfe umfangreicher Bildsammlungen zu entwickeln und zu testen und zum anderen in Echtzeit einzusetzen. Ein Anzeichen für das gewachsene Forschungsinteresse ist die Entstehung der „International Conference on Automatic Face and Gesture Recognition", die 1995 ins Leben gerufen wurde (damals noch als „Workshop") und seit 1996 alle zwei Jahre stattfindet.

Auch das kommerzielle Interesse ist inzwischen erwacht: Ca. 15 Firmen bieten heute Gesichtserkennungssysteme (GES) für Aufgaben wie Computerzugang, Zutrittskontrolle oder Durchforstung von Täterlichtbild-Datenbanken an. Dabei kann das GES eine reine Softwarelösung sein, z.B. für den Computerzugang, oder zusätzlich spezielle Hardware umfassen, z.B. eine Personenschleuse mit integrierter Kamera und aktiver Beleuchtung für die Zutrittskontrolle. Manche Anbieter kombinieren die Gesichtserkennung mit anderen Biometriken, um die Zuverlässigkeit der Erkennung zu erhöhen. Dank der Leistungsfähigkeit der Computerhardware können die meisten kommerziellen Systeme auf heutigen Standard-PCs betrieben werden.

Weitere Steigerungen der Zuverlässigkeit und Robustheit der Verfahren und in der Miniaturisierung und Qualität der Kameras sowie die Portierung auf Embedded Hardware werden neue Anwendungen erlauben. Die folgende Zukunftsvision soll anhand eines fiktiven Tagesablaufs einige Möglichkeiten aufzeigen, von denen allerdings manche schon heute realisierbar sind.

Wir schreiben das Jahr 2010; es ist Montagmorgen. Herr Kluge ist gerade aufgestanden und geht ins Bad, um zu duschen. Bevor er die Duschkabine betritt, erfasst eine kleine Videokamera sein Bild und übermittelt es an den Wohnungs-Zentralcomputer, der Herrn Kluge mit einem GES identifiziert und daraufhin die Wassertemperatur der Dusche auf den von Herrn Kluge bevorzugten Wert einstellt.

Eine Stunde später verlässt Herr Kluge seine Wohnung und geht zu seinem am Straßenrand geparkten Auto. Etwa 10 Meter vor dem Wagen holt er seinen Autoschlüssel heraus und schaut in die integrierte Minikamera. Ein Bild seines Gesichts wird aufgenommen, verschlüsselt und als Infrarotsignal an den Bordcomputer seines Wagens gesendet. Dort untersucht ein GES das Bild und identifiziert Herrn Kluge. Daraufhin entriegelt der Bordcomputer die Türen und bringt unter anderem Rückspiegel und Fahrersitz in die passende Position.

Auf der Fahrt zur Arbeit muss Herr Kluge gegen die tiefstehende Sonne schauen und kneift die Augen zusammen. Prompt meldet sich mit einem lauten Piepton das Einschlafwarnsystem: Eine im Armaturenbrett eingebaute Kamera beobachtet ständig den Fahrer und leitet die Bilder an einen Augendetektor, der Alarm auslöst, wenn eine halbe Sekunde lang kein offenes Auge gefunden wird. In diesem Fall ist es aber ein Fehlalarm, weil Herrn Kluges Augen noch halb geöffnet sind. „Noch nicht perfekt, dieses System", denkt Herr Kluge bei sich, „aber besser so, als wenn es im Ernstfall keinen Alarm gibt."

Nachdem Herr Kluge seinen Wagen vor dem Firmengebäude abgestellt hat, geht er zum Eingang. Dort befindet sich eine Zutrittskontrollanlage, die ein Signal an den Transponder sendet, den Herr Kluge bei sich trägt. Der Transponder liefert die firmeninterne ID von Herrn Kluge zurück, daraufhin nimmt eine Kamera ein Bild von ihm auf, und ein GES verifiziert, dass es sich tatsächlich um Herrn Kluge handelt. Eine Tür öffnet sich, und Herr Kluge betritt das Gebäude.

In seinem Büro schaltet Herr Kluge seinen PC ein und schaut in die kleine Kamera, die in den Rahmen des Flachbildschirms integriert ist. Das auf dem PC laufende GES identifiziert Herrn Kluge und loggt ihn unter seinem Benutzernamen ein, ohne dass er ein Passwort eingeben muss. Als Herr Kluge wenig später kurz seinen Platz am PC verlässt, registriert das GES auch dies und veranlasst die Sperrung des Bildschirms. Als er zurückkehrt, wird die Sperrung sofort wieder aufgehoben.

Am Nachmittag fährt Herr Kluge zum Flughafen, um zu einem Treffen mit Geschäftspartnern in einer anderen Stadt zu fliegen. Dort stellt er fest, dass er noch etwas Bargeld gebrauchen könnte. Er geht daher zu einem Geldautomaten, steckt seine Chipkarte in den Schlitz und blickt in die Kamera. Das im Geldautomaten laufende GES liest Herrn Kluges Referenzdatensatz von der Chipkarte und vergleicht ihn mit dem Merkmalssatz, der aus dem aktuellen Bild von Herrn Kluge gewonnen wird. Die Übereinstimmung ist hinreichend gut, und Herr Kluge erhält kurz darauf den gewünschten Geldbetrag.

Beim Check-in-Schalter muss sich Herr Kluge von einem GES registrieren lassen (Enrollment) und erhält seine Platzkarte. Als später sein Flug aufgerufen wird und er das Gate verlässt, muss er niemandem eine Bordkarte aushändigen, sondern er wird von einer Kamera aufgenommen, das GES identifiziert ihn anhand des beim Check-in erzeugten Referenzdatensatzes, und er kann in das Flugzeug steigen. So ist sichergestellt, dass in die Maschine nur die Passagiere einsteigen können, die sich für den entsprechenden Flug auch eingecheckt haben.

Am Zielort angekommen, fährt Herr Kluge zu dem geplanten Treffen. Er kennt die Namen der Geschäftsleute, mit denen er zusammenkommt, noch nicht auswendig und setzt daher seine Spezialbrille auf, in die eine Miniaturkamera und ein winziger Computer eingebaut ist, auf dem ein GES läuft. Sobald Herr Kluge jemanden anblickt, wird diese Person auch von der Kamera erfasst und vom GES zu identifizieren versucht. Ist das GES erfolgreich, so blendet es dessen Namen in die Brillengläser ein.

Nach dem Treffen fährt Herr Kluge zu dem Hotel, in dem er übernachten wird. Zum Einchecken muss er lediglich seine Kreditkarte, auf die das Zimmer gebucht ist, in den Schlitz eines Service-Terminals in der Empfangshalle stecken und in eine Kamera schauen. Ein GES führt ein Enrollment durch und meldet Herrn Kluge eine Sekunde später den erfolgreichen Abschluss dieses Vorgangs, indem es ihm die Zimmernummer nennt. Herr Kluge geht nun zu seinem Zimmer, an dessen Tür er wiederum in eine Kamera schaut. Das GES verifiziert seine Identität und veranlasst das Öffnen der Tür. Herr Kluge tritt ein und kann sich von seinem anstrengenden Tag erholen. Am nächsten Morgen wird er zum Auschecken wieder zu einem Terminal in der Empfangshalle gehen und seinen Abreisewunsch äußern. Das GES wird ihn dann identifizieren und seine Rechnung ausdrucken lassen.

Soweit diese kleine Zukunftsvision. Nicht bei allen diesen Anwendungen mag die Gesichtserkennung die geeignetste Biometrik sein, und vielleicht ist ein biometrisches System bei einigen überhaupt nicht wünschenswert sein. Am Ende dieses Beitrags wird der Autor darauf zurückkommen und versuchen einzuschätzen, ob für die genannten Anwendungen die Gesichtserkennung sinnvoll und - heute oder in zehn Jahren – auch reif ist.

7.2   Anwendungsaspekte

Für den potenziellen Käufer eines GES, aber auch für dessen Benutzer, sind mehrere Eigenschaften eines solchen Systems von Bedeutung. Hierzu gehören insbesondere die Vor- und Nachteile des biometrischen Identifikationsverfahrens Gesichtserkennung, die möglichen Nutzungsmodi eines GES und die Leistungsmerkmale heutiger Systeme hinsichtlich Hardware-Anforderungen, Geschwindigkeit und Zuverlässigkeit.

7.2.1   Vor- und Nachteile der Gesichtserkennung

Die Vor- und Nachteile der Gesichtserkennung gegenüber nichtbiometrischen Identifikationsmethoden (z.B. Passwort oder PIN) sind zum großen Teil auch die der anderen biometrischen Methoden und sollen an dieser Stelle nicht diskutiert werden. Vielmehr soll hier auf den Vergleich mit anderen biometrischen Identifikationssystemen eingegangen werden.

Einer der größten Vorteile der Gesichtserkennung ist ihre Natürlichkeit: Menschen sind daran gewöhnt, am Gesicht einen anderen Menschen zu erkennen und von ihm erkannt zu werden.

Das maschinelle Erkennen eines Gesichts geschieht berührungslos, denn ein Blick in die Kamera genügt, während etwa die Fingerbild- und die Handgeometrieerkennng den direkten Kontakt mit dem Sensor erfordern. Darüber hinaus ist die Gesichtserkennung unaufdringlich (engl. „non-intrusive"), d.h. sie verlangt vom Benutzer eine allenfalls geringe Anpassung an das System. Eine solche Anpassung wird in der Literatur anschaulich als „pause-and-declare"-Verhalten bezeichnet[1]: Der Benutzer muss Halt machen und eine bestimmte Position am Sensor einnehmen. Dieses Verhalten ist bei der Gesichtserkennung im Prinzip unnötig, allerdings zeigen die heutigen Verfahren noch keine akzeptable Erkennungsleistung, wenn etwa der Benutzer im Vorbeigehen nur einen flüchtigen Blick in die Kamera wirft; dies wird sich jedoch mit der zunehmenden Leistungsfähigkeit der GES ändern. Mitunter kann ein kurzes Verweilen am Sensor aber auch erwünscht sein, etwa damit das Sicherheitsbewusstsein der Benutzer gestärkt wird.

Die Berührungslosigkeit und die Entbehrlichkeit des „pause-and-declare"-Verhaltens hat die Gesichtserkennung mit der Sprechererkennung gemeinsam, fast allen anderen Biometriken aber fehlt zumindest die zweite Eigenschaft. Dies gilt auch für die Iriserkennung, die zwar berührungslos arbeitet, aber wohl auch in Zukunft nicht auf eine Positionierung des Benutzers wird verzichten können, weil ein hoch aufgelöstes Bild der Iris gewonnen werden muss.

Ein weiterer Vorteil der Gesichtserkennung ist, dass häufig bereits vorhandene Infrastruktur genutzt werden kann, z.B. eine Anlage zur Videoüberwachung. Auch steigt die Verbreitung der Webcams, und es gibt schon Notebooks mit eingebauter Kamera, z.B. das Vaio C1 Picturebook von Sony und IBM's ThinkPad mit der

---

[1] Pentland / Choudhury, 2000

UltraPort Camera. Damit sinkt die Hürde zum Einsatz von Gesichtserkennung für den Rechnerzugang.

Weitere Vorteile ergeben sich aus der Tatsache, dass die gewonnenen Bilder auch von Menschen interpretiert werden können. So können Überwindungsversuche mit Bild protokolliert werden; dies erhöht die Abschreckung vor solchen Aktionen. Ferner kann ein Mensch die Arbeit des GES übernehmen, etwa wenn es eine behauptete Identität nicht sicher verifizieren kann oder wenn es ausfällt – vorausgesetzt, dem Menschen stehen die relevanten Bilder (Enrollment- und Verifikationsbilder) weiterhin zur Verfügung.

Die maschinelle Gesichtserkennung hat auch Nachteile. So sind ihre Fehlerraten nicht so gering wie bei der Iriserkennung, ein Beispiel ist die Falschakzeptanzrate bei eineiigen Zwillingen, wenn man nicht eine hohe Falschrückweisungsrate in Kauf nehmen will. Außerdem müssen die anfallenden Bilder von Gesichtern vor unbefugtem Zugriff besonders geschützt werden – dies ist die Kehrseite der einfachen Interpretierbarkeit durch Menschen. Andererseits muss diese Anforderung auch bei der konventionellen Videoüberwachung erfüllt werden.

7.2.2   Nutzungsmodi

Wie bei allen anderen biometrischen Identifikationssystemen auch kann die Gesichtserkennung prinzipiell in zwei Modi betrieben werden, im Verifikations- oder im Identifikationsmodus. Einem im Verifikationsmodus laufenden GES muss ein Benutzer zunächst seine Identität mitteilen, etwa durch eine Magnetkarte, einen Transponder oder durch Eintippen einer eindeutigen Nummer; das GES verifiziert dann die behauptete Identität. Ein im Identifikationsmodus laufendes GES verzichtet auf diese Information und versucht, den Benutzer unter allen registrierten Personen zu finden. Für den Benutzer ist dieser Modus meist bequemer, führt aber im Vergleich zum Verifikationsmodus zu höheren Falschakzeptanzraten, und zwar um so mehr, je mehr Personen im System registriert sind. Denn wenn eine nichtregistrierte Person einen einzelnen Versuch unternimmt, sich von einem GES identifizieren zu lassen, so entspricht dieser Versuch so vielen Überwindungs- versuchen im Verifikationsmodus, wie es im GES registrierte Personen gibt. Natürlich trifft diese Feststellung auch auf alle anderen biometrischen Identi- fikationssysteme zu.

Ein weiterer Nutzungsmodus ist das bloße Feststellen, ob ein Bild ein Gesicht enthält. Zwar ist dies keine Gesichtserkennung im engeren Sinne, weil zwischen den Benutzern nicht unterschieden werden muss. Aber das Finden eines Gesichts ist typischerweise der erste Verarbeitungsschritt eines GES, so dass dieser Modus als Spezialfall des Identifikationsmodus betrachtet werden kann (hier: jede Person wird erfolgreich „identifiziert"). Die Prüfung auf Vorhandensein eines Gesichts ist z.B.

interessant für Banken, die nur unmaskierte Personen in ihre Filialen einlassen wollen.

7.2.3   Leistungsmerkmale heutiger Systeme

Im Folgenden sind einige wichtige Leistungsmerkmale zusammengestellt, die die meisten heutigen kommerziellen GES aufweisen:

Als Hardware genügt in der Regel ein handelsüblicher PC mit einem Prozessor vom Typ Pentium II oder besser, und auch an die Kamera werden keine besonderen Anforderungen gestellt, häufig reicht bereits eine kleine Webcam.

Die Zeit für eine Verifikation beträgt ca. 1-5 Sekunden auf einem Pentium-III-PC, während die Enrollment-Zeit stärker variiert, aber normalerweise mindestens 5 Sekunden lang ist.

Der beim Enrollment erzeugte Referenzdatensatz ist meist maximal einige Kilobyte groß, so dass er auf einer Chipkarte gespeichert werden kann – eine Voraussetzung für viele interessante Anwendungsszenarien.

Über die Zuverlässigkeit im Sinne geringer Fehlerraten lassen sich leider keine allgemeingültigen Aussagen treffen. Es ist derzeit praktisch unmöglich, hier verlässliche Werte zu finden, da die Raten stark von den Umgebungsbedingungen am Einsatzort des GES abhängen und es bisher keine standardisierten und unabhängigen Vergleichstests gibt, die mit mehr als nur ein paar Dutzend Probanden arbeiten und verschiedene realistische Einsatzbedingungen simulieren. Im nächsten Abschnitt wird auf dieses Problem nochmals eingegangen.

7.3   Technische Verfahren zur Gesichtserkennung

Uns Menschen gelingt es meist mühelos, einen anderen Menschen an dessen Gesicht wiederzuerkennen. Diese Fähigkeit aber einem Computer zu verleihen, ist für die Entwickler eines maschinellen Gesichtserkennungssystems eine große Herausforderung. Inzwischen wurden aber brauchbare Verfahren entwickelt und so weit verbessert, dass sie kommerziell einsetzbar sind.

Die folgenden Unterkapitel beschreiben den typischen Aufbau eines GES und erläutern die Hauptschwierigkeiten bei der Einwicklung geeigneter Verfahren, aber auch einige Prinzipien, mit denen diese Schwierigkeiten überwunden oder zumindest stark reduziert werden können. Ferner werden einige typische Verfahren skizziert, und schließlich werden die FERET-Tests vorgestellt, die bisher bekanntesten unabhängigen Vergleichstests für Gesichtserkennungverfahren.

7.3.1   Typischer Systemaufbau

Ein typisches GES verarbeitet ein digitales Bild in folgenden Schritten (Abb. 7.1 und Abb. 7.2):

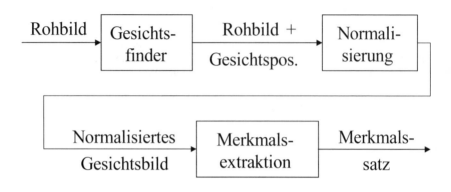

Abb. 7.1 Struktur eines GES: Vom Rohbild zum Merkmalssatz

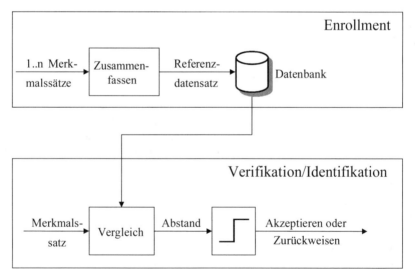

Abb. 7.2 Struktur eines GES: Enrollment und Erkennung

- **Gesichtslokalisierung:** Position, Größe und evtl. Orientierung eines oder mehrerer Gesichter im Bild werden bestimmt (für die nächsten Schritte sei angenommen, dass nur ein einziges Gesicht gefunden wird).

- **Normalisierung:** Das Gesicht wird aus dem Bild ausgeschnitten und dieser Ausschnitt derart skaliert und gedreht, dass ein Bild vorgegebener Größe mit ebenfalls vorgegebener Position, Größe und Orientierung des Gesichts in diesem Bild entsteht.

- **Merkmalsextraktion:** Im normalisierten Gesichtsbild werden Merkmale ermittelt, die für die Unterscheidung voneinander verschiedener Personen relevant sind.

- **Erzeugung des Referenzdatensatzes:** Bei der Registrierung werden die aus möglicherweise mehreren Bildern gewonnenen Gesichtsmerkmale einer Person in einem Referenzdatensatz, dem biometrischen Template, zusammengefasst.

- **Vergleich:** Bei einer Verifikation wird der Merkmalssatz mit dem Referenzdatensatz derjenigen Person verglichen, deren Anwesenheit behauptet wird; bei einer Identifikation wird mit allen gespeicherten Referenzdatensätzen verglichen und die ähnlichste Person gewählt; in beiden Fällen gilt die Erkennung als erfolgreich, wenn die Abweichungen unter einer vorgegebenen Schwelle liegen[2].

Zusätzlich bieten viele kommerzielle GES eine sogenannte Lebenderkennung (engl. „live check" oder „liveness test") an. Dieser Schritt soll sicherstellen, dass das Bild von einer realen, im Moment der Aufnahme vor der Kamera stehenden lebenden Person stammt und nicht von einem Abbild ihres Gesichts, etwa einem Foto oder einer Maske. Eine gängige Technik hierbei ist, eine ganze Sequenz von Bildern aufzunehmen und darin nach Bewegungen innerhalb des Gesichts zu suchen, z.B. nach Bewegungen der Augenlider, die durch unwillkürliches Zwinkern sehr oft auftreten.

7.3.2   Hauptschwierigkeiten und Lösungsprinzipien

Die technisch anspruchsvollsten Verarbeitungsschritte in einem GES sind die Gesichtsfindung einerseits sowie Merkmalsextraktion und -vergleich andererseits. Merkmalsextraktion und -vergleich sind hier in einem Atemzug genannt, weil diese Schritte gemeinsam die eigentliche Erkennung leisten. Der erforderliche technische und auch der Rechenaufwand muss auf sie verteilt werden: Je einfacher der eine realisiert wird, desto aufwendiger und rechenintensiver wird der andere. In der Praxis wird meist eine einfache Vergleichsfunktion gewählt, damit der Vergleich

---

[2] siehe auch den Beitrag von Daugman in diesem Band

vieler Paare von Merkmalssätzen, wie es die Identifikation erfordert, effizient ablaufen kann; in diesem Fall steckt der ganze Aufwand in der Merkmalsextraktion.

Der Gesichtsfinder soll feststellen, ob sich in einem Bild ein Gesicht (oder auch mehrere Gesichter) befindet, und wenn ja, wo und wie groß es im Bild ist[3]. Die wesentliche Aufgabe besteht hier darin, einen gegebenen Bildausschnitt als Gesicht oder Nicht-Gesicht zu klassifizieren. Auch bei Merkmalsextraktion und Vergleich handelt es sich um eine Klassifikation, und zwar um eine binäre Klassifikation im Falle der Verifikation (die beiden Klassen sind hier die möglichen Bilder der vorgegebenen Person einerseits und sowie die aller anderen Personen andererseits) und um eine 1-aus-N-Klassifikation im Falle der Identifikation (die Klassen werden hier von allen registrierten Personen sowie, - als eine weitere Klasse, - von der Menge aller nichtregistrierten Personen gebildet).

Die Hauptschwierigkeiten bei der Entwicklung geeigneter Klassifikatoren sind die hohe Variabilität innerhalb der Klassen sowie die Tatsache, dass sich diese Variabilität im mathematischen Raum der digitalen Bilder nicht durch einfache Funktionen beschreiben lässt. Zudem scheinen die durch Änderungen im Erscheinungsbild (Kopfhaltung, Beleuchtung, Mimik, usw.) möglichen Variationen eines einzelnen Gesichts größer zu sein als die Unterschiede zwischen Bildern verschiedener Gesichter, wenn deren Erscheinungsbildparameter gleich sind.

Eine der Ursachen für die hohe Variabilität ist sozusagen ein externes Problem: die Kamera. Zunächst ist bei schwacher Beleuchtung der Rauschanteil im Bild hoch. Ferner verfügen Kameras üblicherweise über eine automatische Verstärkungs-regelung, um unterschiedliche Helligkeiten auszugleichen. Bei sehr hellem Hintergrund, etwa wenn eine Lichtquelle direkt in die Kamera strahlt, führt dies dazu, dass das Bild eines Gesichts sehr dunkel und – schlimmer noch – auch kontrastarm wird. Inzwischen gibt es aber schon Webcams, die mit einem hellen Hintergrund recht gut zurecht kommen, z.B. weil sie einen Sensor mit höherer Dynamik nutzen und daher einen größeren Helligkeitsbereich abdecken können. Trotzdem gilt derzeit noch, dass die Bildqualität und damit die Leistungsfähigkeit eines GES nicht unerheblich von der Beleuchtung abhängt.

Bei nahezu allen bekannten Verfahren zur Gesichtserkennung werden drei Prinzipien angewandt, um diese Schwierigkeiten zu beheben, zumindest für die Schritte Merkmalsextraktion/Vergleich:

- Das erste Prinzip besteht in der Anwendung einer oder auch mehrerer Transformationen, die die Variabilität innerhalb der Klassen verringern und zwischen den Klassen vergrößern. Im Idealfall könnte eine solche

---

[3] Der Gesichtsfinder kann auch zusätzliche Informationen liefern, die für die nachfolgende Verarbeitung des Bildes nützlich sind, etwa den Winkel, um den das Gesicht in der Bildebene gegen die aufrechte Position rotiert ist.

Transformation alle Elemente einer Klasse auf einen einzigen, für die Klasse eindeutigen Wert abbilden; der Vergleich bestünde dann lediglich aus einem Test auf Gleichheit.

- Ein weiteres Prinzip ist die Verwendung von recht allgemeingültigen parametrisierten Funktionen (z.B. von aus der Bildverarbeitung oder Mustererkennung bekannten Transformationen), deren Parameter mit Hilfe großer Bilddatenbanken ermittelt werden. Insbesondere die im vorigen Absatz genannten Transformationen können auf diese Weise gewonnen werden.

- Schließlich werden fast immer auch solche Transformationen benutzt, die die Dimensionalität der Eingaben reduzieren, d.h. die Eingaben in einen Raum niedrigerer Dimensionalität projizieren. Eine solche Dimensionsreduktion ist meist aus zwei Gründen sinnvoll: Zum einen werden nachfolgende Verarbeitungsschritte vereinfacht oder überhaupt erst ermöglicht, - etwa wenn sonst der Rechen- oder Speicheraufwand zu groß wäre -, zum anderen können im mathematischen Raum der Eingaben solche Richtungen verworfen werden, die zur Unterscheidung der Klassen nichts beitragen, sondern sogar stören würden, wenn die einzelnen Eingaben entlang dieser Richtungen variieren, etwa bedingt durch Rauschen.

In den folgenden beiden Abschnitten werden gängige Verarbeitungstechniken für die Lokalisierung eines Gesichts sowie für Merkmalsextraktion und Vergleich vorgestellt.

7.3.3   Gesichtslokalisierung

Der Kern dieser Aufgabe besteht darin, für eine gegebene Position p in einem Digitalbild festzustellen, ob sich dort ein Gesicht befindet oder, präziser formuliert, ob ein vereinbarter Referenzpunkt eines Gesichts (z.B. sein Zentrum) auf p liegt. Um in einem Bild alle Gesichter zu finden, muss dies für viele Positionen, etwa für jede Pixelposition, geprüft werden. Zur Überprüfung einer Position p werden auf p zentrierte, verschieden große Bildausschnitte auf das Vorhandensein eines Gesichtes getestet. Die Größe der Ausschnitte muss variiert werden, damit Gesichter unterschiedlicher Größe, die insbesondere von der Entfernung zur Kamera abhängt, gefunden werden können. In der Praxis wird allerdings eine effizientere Technik benutzt, die den gleichen Effekt hat: Die Größe der Ausschnitte bleibt konstant, aber das ganze Bild wird mit mehreren Faktoren skaliert, so dass Kopien des Originalbildes in verschiedenen Größen und damit Auflösungen entstehen; eine solche Bildkollektion heißt Bildpyramide (Abb. 7.3). In jedem dieser Bilder muss dann eine Maske fester Größe über alle Pixelpositionen geschoben und der unter der Maske liegende Bildausschnitt ausgewertet werden. Um ein Gesicht mit hoher Zuverlässigkeit zu finden, genügt eine recht kleine Maskengröße: 10 x 10 Pixel reichen aus. Schließlich müssen hier ja nur Gesichter von Nicht-Gesichtern unterschieden werden. Für eine Differenzierung zwischen Personen allerdings ist eine solche Auflösung zu grob.

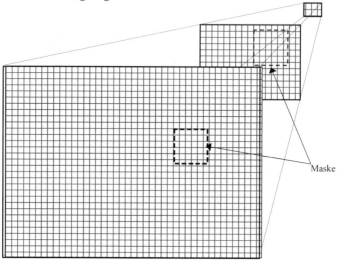

Abb. 7.3 Bildpyramide und Anwendung der Maske

An dieser Stelle ist es häufig sinnvoll, den Ausschnitt einer Vorverarbeitung zu unterziehen, um bestimmte Invarianten auszunutzen, d.h. Merkmale, von deren Ausprägung die Zugehörigkeit zu einer der beiden Klassen (Gesicht oder Nicht-Gesicht) unabhängig oder nur wenig abhängig ist. Solche Merkmale sind z.B. die mittlere Helligkeit und die mittleren Helligkeitsgradienten; deren Einfluss lässt sich durch eine lineare Projektion des als Vektor interpretierten Ausschnitts eliminieren. Ein weiteres Merkmal ist der Kontrast: Er ändert sich, wenn alle Pixelwerte im Ausschnitt mit einem konstanten Faktor multipliziert werden, aber ein Gesicht bleibt dabei ein Gesicht[4]. Der Kontrast kann auf einen konstanten Wert gebracht werden, indem nach der linearen Projektion der Vektor auf die Länge 1 normiert wird. Durch diese Vorverarbeitung wird die Dimensionalität des zu untersuchenden Bildraums um 4 reduziert.

---

[4] Es sei denn, der Kontrast wird zu gering oder gar 0; daher sollte ein Ausschnitt zuerst daraufhin untersucht werden, ob der Kontrast eine Mindeststärke besitzt; ist dieser zu niedrig, kann der Ausschnitt verworfen werden.

Die Aufgabe ist nun auf ein binäres Klassifikationsproblem zurückgeführt: Gesucht wird eine Funktion, die für jedes 10x10-Pixel-Bild entscheidet, ob es ein Gesicht darstellt. Hier gibt es viele Möglichkeiten. Eine sehr einfache und schnelle ist das *Template matching*: Der betrachtete Ausschnitt wird pixelweise mit einem 10x10-Mustergesicht, dem *Template*, multipliziert und die Produkte aufaddiert[5]. Ein Vergleich des Ergebnisses mit einem Schwellwert führt dann zur Akzeptanz oder zum Verwerfen des Ausschnitts. Bei einem positiven Ergebnis gibt die Maskenposition die Lage des Gesichts an, und aus dem Skalierungsfaktor, der zur aktuellen Ebene der Bildpyramide gehört, kann dessen Größe ermittelt werden.

Das Template-matching ist zwar nicht besonders zuverlässig, wegen seiner Schnelligkeit eignet es sich jedoch gut als erste Stufe in einem hierarchischen Klassifikator, der als nächste Stufe ein langsameres, aber genaueres Verfahren benutzt. Dies lohnt sich, weil durch das Template-matching – nach der oben beschriebenen Vorverarbeitung – typischerweise 90-95% der Ausschnitte aussortiert werden können, so dass das langsamere Verfahren nur noch einen Bruchteil der Abschnitte überprüfen muss.

Zu den genaueren Verfahren gehören quadratische Klassifikatoren[6] (im Gegensatz zum Template-matching, das eine lineare Funktion darstellt), Verfahren, die die Ähnlichkeit mehrerer Teile des Ausschnitts mit Mustern für diese Teile bestimmen[7], sowie Verfahren, die den Abstand zum Raum der Eigenfaces – auf diese wird der nächste Abschnitt noch eingehen – als Maß für das Nicht-Gesicht-Sein nutzen[8]. Allen genannten Verfahren ist gemeinsam, dass ihre Parameter anhand einer Menge von Beispielgesichtern und eventuell auch -Nicht-Gesichtern gelernt werden.

7.3.4   Extraktion und Vergleich von Merkmalen

Ist ein Gesicht gefunden und normalisiert, können Merkmale extrahiert werden. Zwei Methoden, die bei diesem Schritt Anwendung finden, sollen hier kurz vorgestellt werden:

- **die Projektion auf Eigenfaces und**

- **das Elastic-graph-Matching.**

---

[5] Dies entspricht dem Skalarprodukt der als 100-dimensionale Vektoren interpretierten Bilder und ist in der digitalen Bildverarbeitung auch als Kreuzkorrelation bekannt.

[6] Weber / Herrera Hernández, 1999

[7] Wiskott et al., 1997

[8] Moghaddam / Pentland, 1997

Diese beiden Methoden dürften nicht nur die bekanntesten sein, Verfahren, die auf ihnen basieren, schnitten bei den FERET-Tests (siehe Kap. 6.3.5) auch am besten ab.

Der Eigenface-Ansatz geht auf Sirovich und Kirby[9] zurück und wurde in den 90er Jahren von Pentland und seinen Mitarbeitern am MIT[10] Media Lab wesentlich erweitert[11]. Die Grundidee besteht darin, ein Gesichtsbild durch eine lineare Kombination von Basisgesichtern, den sogenannten *Eigenfaces*, zu approximieren. Die Koeffizienten dieser Linearkombination kodieren das Gesicht. Da meist nur etwa 100 Eigenfaces benutzt werden, ergibt sich ein recht kompakter Merkmalssatz. Der Vergleich zwischen zwei Gesichtern besteht in der einfachsten Version in der Berechnung des euklidischen Abstandes zwischen dem Referenzdatensatz und dem aktuellen Merkmalssatz. Die Eigenfaces selbst werden aus einer Menge (normalisierter) Beispielbilder durch Hauptkomponentenanalyse gewonnen. Dieses Verfahren ermittelt die Richtungen – vom Mittelwert aus gesehen -, entlang derer die Beispielbilder, als Vektoren interpretiert, am stärksten variieren. Die gefundenen Richtungen sind zueinander orthogonal, und jeder Richtung ist ein *Eigenwert* zugeordnet, der ein Maß für die Stärke der Variation darstellt, und ein *Eigenvektor*, der in diese Richtung zeigt und die Länge *1* besitzt (Abb. 7.4). Diese Eigenvektoren sind die Eigenfaces, und die zu den n größten Eigenwerten (z.B. n=100) gehörenden werden für die Merkmalsextraktion verwendet (Abb. 7.4 bis Abb. 7.6).

---

[9] Sirovich / Kirby, 1987

[10] Massachussets Institute of Technology

[11] Moghaddam / Pentland, 1997

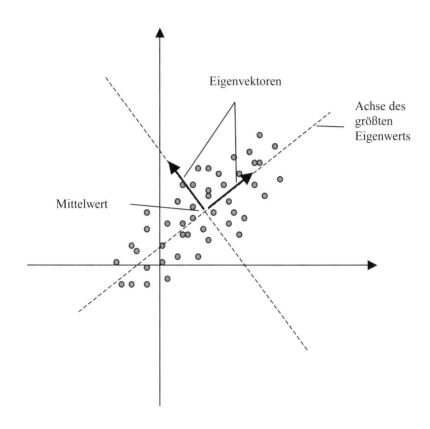

Abb. 7.4 Hauptkomponentenanalyse auf einer Menge von Datenpunkten.

Abb. 7.5 Gemitteltes Gesicht und die ersten 5 Eigenfaces, gewonnen aus über 5500 Bildern von 154 Personen

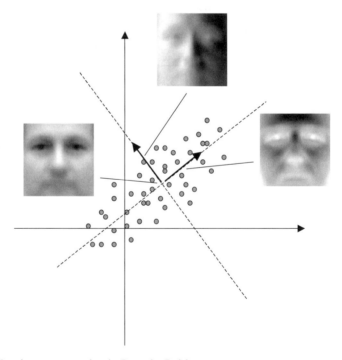

Abb. 7.6 Hauptkomponentenanalyse im Raum der Gesichter

Um mit diesem Ansatz gute Ergebnisse zu erzielen, muss die Normalisierung recht präzise sein. In der Literatur[11] wird daher vorgeschlagen, nach der Gesichtslokalisierung auch die Position der Augen, der Nasenspitze und der Mitte des Mundes zu ermitteln, damit eine genauere und einheitlichere Normalisierung möglich ist.

Das Elastic-graph-matching wurde erstmals von Christoph von der Malsburg und seinen Mitarbeitern an der Universität Bochum und der University of Southern California auf die Gesichtserkennung angewendet[12]. Die Idee dieses Ansatzes ist, über das Gesichtsbild ein flexibles Gitter zu legen, dessen Knotenpunkten Merkmalsdetektoren zugeordnet sind, die lokal die Amplituden verschiedener räumlicher Frequenzen berechnen. Bei einem Vergleich zweier Gesichter können die Knoten in gewissen Grenzen verschoben werden, damit eine bessere Übereinstimmung der an den korrespondierenden Knoten ermittelten Merkmale erreicht wird (Abb. 7.7). Die Vergleichsfunktion ist eine gewichtete Summe aus dem Unterschied der Merkmale an den Knoten und einem topographischen Term, der die Verzerrung des Gitters quantifiziert.

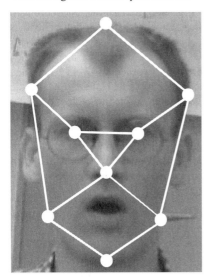 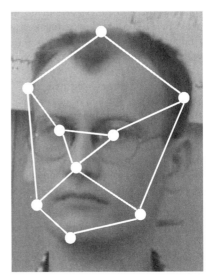

Abb. 7.7 Elastic Graph Matching: Durch Verschieben der Knoten wird der auf dem linken Gesicht gewonnene Graph an das rechte Gesicht angepasst.

---

[12] Wiskott et al., 1997

7.4   Die FERET-Tests

Im Jahre 1993 begann am U.S. Army Research Laboratory das FERET-Programm (FERET = FacE REcognition Technology). Es hatte zum Ziel, den Stand der Technik in der Gesichtserkennung zu erfassen und voranzutreiben[13]. Zu diesem Zweck wurde eine große Bilddatenbank angelegt, die bei Ende des Programms 14126 Bilder von 1199 Personen umfasste. Ein Teil davon war von Anfang an als frei zugänglich für Entwickler von Verfahren zur Gesichtserkennung vorgesehen, während der Rest für unabhängige Tests zurückgehalten wurde. Der öffentliche Teil entwickelte sich in den letzten Jahren zu einem De-facto-Standard für die Präsentation von Ergebnissen auf dem Gebiet der Gesichtserkennung: Zahlreiche Forscherteams veröffentlichten die Ergebnisse, die ihre Verfahren mit den Bildern des öffentlichen Teils erzielten. Da das FERET-Programm inzwischen ausgelaufen ist, werden demnächst alle FERET-Bilder freigegeben.

Im Rahmen des FERET-Programms wurden zwischen 1994 und 1997 mehrere Verfahren auf der FERET-Datenbank getestet. Dabei wurden keine Produkte, sondern die reinen Algorithmen oder, besser gesagt, deren Implementierungen getestet. Die Algorithmen mussten so gestaltet sein, dass sie für ein beliebiges Bildpaar einen Vergleichswert liefern konnten. Nachdem diese Vergleichswerte für viele verschiedene Bildpaare berechnet waren, konnten die Fehlerraten für den jeweiligen Algorithmus ermittelt werden. Tests wurden sowohl für den Verifikations- als auch für den Identifikationsmodus durchgeführt. Ferner wurde die Sensibilität der Verfahren gegenüber Änderungen in den Aufnahmebedingungen der Bilder untersucht, indem die Fehlerraten auf verschiedenen Teilmengen der Bildpaare ausgewertet wurden, bei denen es einen systematischen Unterschied zwischen den beiden jeweiligen Bildern gab, etwa einen bestimmten Unterschied in der Kopfhaltung, einen bestimmten zeitlichen Abstand zwischen den Aufnahmen oder die Verwendung verschiedener Kameras. Eine Darstellung des Testdesigns und eine Zusammenfassung der Ergebnisse finden sich in der Literatur[14].

Um einen kleinen Eindruck von den FERET-Tests zu vermitteln, sollen einige Ergebnisse eines Verifikationstests vom März 1997 vorgestellt werden. Für diesen Test wurde von jeder Person in der Datenbank ein bestimmter Satz von Bildern gewählt; Abb. 7.8 zeigt einen solchen Bildsatz. Die Bilder in diesen Sätzen sind mit „fa", „fb", „fc", „Duplikat 1" und „Duplikat 2" bezeichnet und unterscheiden sich hinsichtlich Aufnahmebedingungen und -zeitpunkt. Die Bilder „fa" und „fb" zeigen eine Frontalansicht und wurden unmittelbar hintereinander aufgenommen, wobei nur ein Unterschied in der Mimik gefordert war. Das Bild „fc" zeigt ebenfalls eine

---

[13] Phillips et al., 1998

[14] Phillips et al., 1999, Rizvi et al. 1998

Frontalansicht, wurde aber mit einer anderen Kamera und mit einer anderen Beleuchtung als die Bilder „fa" und „fb" aufgenommen. Die Bilder „Duplikat 1" und „Duplikat 2" entstanden innerhalb eines Jahres bzw. mehr als ein Jahr nach den Bildern „fa" und „fb". Bei den Duplikaten waren Unterschiede in Größe des Gesichts, Kopfhaltung, Mimik und Beleuchtung möglich. In dem Test wurden die Bilder von insgesamt 1196 Personen verwendet, und es wurde jeweils ein „fa"-Bild mit Nicht-„fa"-Bildern verglichen, d.h. die „fa"-Bilder fungierten als Enrollmentbilder, die übrigen als Verifikationsbilder.

Abbildung 7.9 zeigt die Gleichfehlerraten der beiden Verfahren, die bei diesem Test am besten abgeschnitten haben. Das eine stammt von der University of Maryland (UMD) und verwendet unter anderem eine Eigenface-Projektion, das andere kommt von der University of Southern California (USC) und benutzt das Elastic-graph-matching. Die Fehlerraten mögen, insbesondere bei den Duplikatbildern, recht hoch erscheinen. Allerdings ist zu bedenken, dass der Test bereits vier Jahre zurückliegt, in denen die Technik weitere erhebliche Fortschritte gemacht hat. Außerdem besteht hier das Enrollment aus nur einem Frontalbild, eben dem „fa"-Bild, und dadurch wird es für ein Gesichtserkennungsverfahren schwierig, die gleiche Person bei einer anderen Kopfhaltung, wie sie bei den Duplikatbildern auftreten kann, hinreichend sicher zu wiedererkennen. Es gibt viele Verfahren, die gegenüber Änderungen in der Kopfhaltung wesentlich robuster werden, wenn ihnen beim Enrollment mehrere Bilder mit unterschiedlichen Kopfhaltungen übergeben werden.

fb

Abb. 7.8 Einige Bilder aus der FERET-Datenbank[15]

---

[15] Siehe Phillips et al., 1999

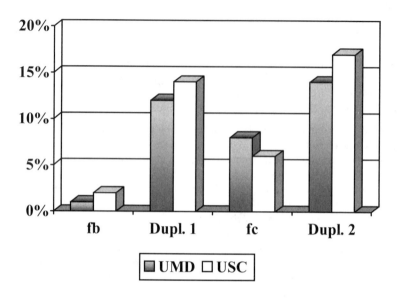

Abb. 7.9 Gleichfehlerraten (in Prozent) der zwei besten Verfahren im FERET-Verifikationstest, aufgeschlüsselt nach Typ des Verifikationsbildes

In Mai und Juni 2000 fand, unabhängig vom FERET-Programm, ein neuer Vergleichstest statt, der „Facial Recognition Vendor Test"[16]. Im Gegensatz zu den FERET-Tests wurden bei diesem Test komplette Produkte untersucht, und es wurde nicht nur die Leistungsfähigkeit der implementierten Verfahren bewertet, sondern auch die Benutzerfreundlichkeit der Produkte.

7.5   Ausblick

Zukünftige technische Entwicklungen werden die Leistung der GES erhöhen und deren Einsatzmöglichkeiten erweitern. Hierbei können zwei Gruppen von Entwicklungen unterschieden werden: zum einen weitere Leistungssteigerungen bei der Hardware, zum anderen weitere Verbesserungen der Algorithmen. Bei der Hardware sind unter anderem die folgenden Entwicklungen und ihre Auswirkungen auf die Gesichtserkennung denkbar:

---

[16] siehe Weblink Literaturverzeichnis

- Kleinere Kameraoptiken werden bessere Integrationsmöglichkeiten der Bildaufnahmeeinheit in Geräte wie Mobiltelefone oder elektronische Schlüssel bieten.

- Eine höhere Auflösung der lichtempfindlichen Sensoren wird eine Erkennung bei größeren Entfernungen zwischen Kamera und Gesicht ermöglichen und die Zuverlässigkeit bei unveränderter Entfernung erhöhen.

- Eine höhere Dynamik der Sensoren und eine intelligentere Kameraelektronik werden auch bei Gegenlicht für gute Bildqualität sorgen und damit zur Verbesserung der Robustheit der GES gegenüber ungünstiger Beleuchtung beitragen.

- Schnellere Computerhardware wird aufwändigere Algorithmen und den kombinierten Einsatz zweier oder mehr Biometriken ohne Einbußen bei den Antwortzeiten erlauben.

Die Verbesserung der Algorithmen wird zu größerer Robustheit gegenüber Variationen im Erscheinungsbild der Gesichter führen. Eine weitere Möglichkeit zur Verringerung der Fehlerraten ist die Nutzung von Stereobildern, aus denen Informationen über die räumliche Tiefe und dadurch zusätzliche Gesichtsmerkmale gewonnen werden können. Auch die Kombination mit anderen Biometriken, wobei vom Komfortaspekt her die ebenfalls berührungslose Sprechererkennung am attraktivsten ist, wird die Zuverlässigkeit der Erkennung steigern.

7.6 Fazit

Ausgehend von den in den vorigen Abschnitten aufgezeigten Möglichkeiten und Grenzen der Technologie der Gesichtserkennung sollen nun die in der Zukunftsvision beschriebenen Anwendungen auf ihre Realisierbarkeit und ihren Nutzen hin eingeschätzt werden.

Die Einstellung der Wassertemperatur im Bad ist ein Beispiel für eine Personalisierung, hier im Kontext des intelligenten Hauses oder - allgemeiner - der intelligenten Räume („smart environments"), wie Pentland sie vorschlägt[17], d.h. Räume mit Sensoren und Aktoren, durch die die Menschen in ihren Handlungen verstanden und unterstützt werden. Ein Fehler des GES ist bei dieser Anwendung unkritisch, und ein solches GES kann schon mit den heutigen Mitteln realisiert werden. Allerdings scheint dem Verfasser - zumindest momentan - der Aufwand für den doch recht geringen Nutzen zu hoch zu sein.

---

[17] Pentland, 1996; Pentland / Choudhury, 2000

Kameraoptik und -elektronik sind noch nicht klein genug, um in einen Autoschlüssel zu passen. Aber auch wenn man den Schlüssel entsprechend größer gestaltet, bleibt noch – wie bei den meisten Anwendungen im Außenbereich – das Problem des Gegenlichts, etwa wenn der Benutzer in die Kamera blickt, während die Sonne hinter ihm steht. Wie im vorigen Abschnitt aufgezeigt, könnten diese Schwierigkeiten durch kleinere und bessere Hardware überwunden werden, so dass diese Anwendung im Jahr 2010 vielleicht Realität ist.

Auch ein Einschlafwarnsystem im Auto hätte vermutlich bei tiefstehender Sonne oder nachts durch die Scheinwerfer nachfolgender Fahrzeuge mit Gegenlicht zu kämpfen. Allerdings könnte es dann melden, dass die Augen nicht lokalisierbar seien oder die Bildqualität zu schlecht; dadurch kann sich der Fahrer darauf einstellen, dass das System im Augenblick nicht arbeitet. Ein solches System könnte bereits jetzt hergestellt werden und sicher viele Unfälle vermeiden helfen.

Schon heute gibt es verschiedene kommerzielle GES zur Zutrittskontrolle, die auch zufriedenstellend arbeiten, zumindest wenn sie – wie auch in der Zukunftsvision beschrieben – im Verifikationsmodus betrieben werden. Diese Anwendung wird sich in den nächsten Jahren noch weiter verbreiten.

Auch die Sicherung und Erleichterung des Computerzugangs ist eine sinnvolle Aufgabe für die maschinelle Gesichtserkennung, und es existieren bereits einige Produkte, sowohl für die Aufhebung der Bildschirmsperre (Stichwort „biometric screensaver") als auch für das Log-On. Wenn beim Log-On nur durch das Präsentieren des Gesichts der Zugang ermöglicht werden soll, muss man das GES im Identifikationsmodus betreiben. Auch wenn dies von manchen Herstellern heute angeboten wird, sollte der Identifikationsmodus nur bei geschlossenen Benutzer-gruppen bis zu etwa 100 Personen verwendet werden, da sonst die Falschakzeptanz-rate zu hoch werden dürfte. Mit wachsender Zuverlässigkeit der Algorithmen wird dieser Richtwert für die Personenzahl natürlich steigen.

Die Gesichtserkennung am Geldautomaten zeichnet sich durch eine Besonderheit aus: Mit einem einzigen Referenzdatensatz muss die Benutzung vieler, an unterschiedlichen Orten stehenden Automaten möglich sein, denn ein Enrollment an jedem einzelnen Automaten, den man später vielleicht einmal benutzen würde, ist natürlich unakzeptabel. Das GES muss dann insbesondere mit solchen Unterschieden zwischen den Enrollment-Bildern und dem Verifikationsbild zurechtkommen, die die Beleuchtung betreffen, und derartige Unterschiede können beträchtlich sein. Es ist schwer abzuschätzen, ob ein heutiges GES unter diesen Bedingungen zuverlässig arbeiten kann; aber im Jahr 2010 wird dies wahrscheinlich möglich sein.

Die Gesichtserkennung beim Verlassen des Gate lässt sich als Zutrittskontrolle im Identifikationsmodus auffassen. Da viele Flugzeuge weit mehr als 100 Passagiere befördern und im Prinzip jedermann Zugang zum Gate hat, scheint dem Verfasser die dabei zu erwartende Falschakzeptanzrate als zu hoch. Alternativ könnte man das GES im Verifikationsmodus betreiben, wenn jeder Passagier seine Identität mit Hilfe der Bordkarte, etwa mittels eines darin integrierten Transponders, an das GES übermittelt. Ein solches System ist bereits heute realisierbar und würde wahrscheinlich auch zuverlässig funktionieren.

Die Spezialbrille ist ein Beispiel für einen „wearable computer"[18] und allein schon wegen der Schwierigkeiten, die notwendige Hardware zu integrieren, absolute Zukunftsmusik. Hinzu kommen wie beim Geldautomaten die Probleme mit den variierenden Lichtbedingungen. Dafür sind hier höhere Fehlerraten recht unkritisch.

Im Hotel ist ein persönlicher Kontakt beim Ein- und Auschecken vielleicht wünschenswerter, weil man als Gast oft noch die eine oder andere Frage hat. Beim Zutritt zum Hotelzimmer dagegen scheint eine Verifikation durch ein GES durchaus sinnvoll und auch mit heutiger Technik zu verwirklichen. Die Hotelgäste müssen dann nicht mehr ihre Zimmerschlüssel mitführen oder jedes Mal beim Empfang abgeben, wenn sie das Hotel verlassen, und dem Hotel können keine Zimmerschlüssel mehr verloren gehen.

Für die Anwendung der Gesichtserkennung beim heutigen Stand der Technik gilt zusammenfassend:

- Die Gesichtserkennung ist im Verifikationsmodus als zusätzliche Sicherung oder zur Erhöhung des Komforts sinnvoll einsetzbar (z. B. für die Zutrittskontrolle oder zum Aufheben der Bildschirmsperre am PC).

- Gesichtserkennung im Identifikationsmodus ist derzeit nur bei einer geschlossenen Benutzergruppe von bis zu 100 Personen sinnvoll (z.B. Log-On am PC ohne Angabe von Benutzername und Passwort).

- Wegen der Kameraprobleme mit starken Beleuchtungsschwankungen und der noch unzureichenden Robustheit der Verfahren gegenüber diesen Schwankungen ist der Einsatz eines GES im Außenbereich derzeit oft nicht angebracht.

Die im Ausblick beschriebenen Entwicklungen werden in den nächsten Jahren dafür sorgen, dass die genannten Einschränkungen für die Anwendung immer schwächer werden. Die maschinelle Gesichtserkennung ist ein sehr aktives Forschungsgebiet, deren Ergebnisse innerhalb kurzer Zeit in Produkte umgesetzt werden. Zudem scheint es keinen prinzipiellen technischen Grund dafür zu geben, dass ein GES die Leistungsfähigkeit des Menschen, Gesichter zu unterscheiden, nicht erreichen oder gar übertreffen könnte.

---

[18] Pentland / Choudhury 2000

Literatur

Moghaddam, B., Pentland, A. (1997): Probabilistic Visual Learning for Object Representation, in: IEEE Trans on Pattern Analysis and Machine Intelligence 19, 7, S. 696-710

Pentland, A. Choudhury, T. (2000): Face Recognition for Smart Environments, in: IEEE Computer 33, 2, S. 50-55

Pentland, A. (1996): Intelligente Zimmer, in: Spektrum der Wissenschaft, Juni, S. 44-51

Phillips, P. J. et al. (1998): The FERET database and evaluation procedure for Face-recognition algorithms, in: Image and Vision Computing Journal 16, 5, S. 295-306

Phillips, P. J. et al. (1999): The FERET Evaluation Methodology for Face-recognition algorithms. Technical report NISTIR 6264, National Institute of Standards and Technology, Maryland, USA

Rizvi, S., Phillips, P. J., Moon, H. (1998): The FERET Verification Testing Protocol for face recognition algorithms. Technical report NISTIR 6281, National Institute of Standards and Technology, Maryland, USA

Sirovich, L., Kirby, M. (1987): Low-Dimensional Procedure for the Characterization of Human Face, in: Journal of the Optical Society of America 4, S. 519-524

Weber, F., Herrera Hernández, A. (1999): Face Location by Template Matching with a Quadratic Discriminant Function. Proc. International Workshop on Recognition, Analysis and Tracking of Faces and Gestures in Real-Time Systems, Corfu, Greece. IEEE Computer Society

Weblink:
http://www.dodcounterdrug.com/facialrecognition/FRVT2000/frvt2000.htm

Wiskott L, et al. (1997): Face Recognition by Elastic Bunch Graph Matching. IEEE Trans on Pattern Analysis and Machine Intelligence 19, 7: 775-779

8   Iriserkennung

John Daugman

8.1   Einführung

Die automatische Erkennung von Personen war schon immer ein attraktives Ziel der Informatik. Wie bei allen Mustererkennungs- oder -klassifizierungsaufgaben geht es in erster Linie um das Verhältnis der Variabilität zwischen den Klassen (*Interklassenvariabilität*) und derjenigen innerhalb der Klasse (*Intraklassenvariabilität*). Objekte können nur dann zuverlässig klassifiziert werden, wenn ihre Variabilität innerhalb einer Klasse geringer als die Variabilität der Klassenkennwerte ist.

Die Schwierigkeiten am Beispiel der Gesichtserkennung ergeben sich aus dem Umstand, dass das Gesicht ein veränderbares, sozial geprägtes Organ ist, welches eine Vielzahl von Empfindungen widerspiegelt; darüber hinaus stellt es ein aktives dreidimensionales Objekt dar, dessen projiziertes Abbild von Haltung, Betrachtungswinkel, Beleuchtung, Ausstattung und Alter abhängig ist. Gegenüber dieser hohen Intraklassenvariabilität (gleiches Gesicht) ist die Interklassenvariabilität beschränkt, da verschiedene Gesichter gleichartige Merkmale in grundsätzlich gleicher kanonischer Geometrie aufweisen. Es konnte leicht gezeigt werden[1], dass die Variabilität des Frontalabbildes eines beliebigen Gesichts allein durch die Beleuchtung wesentlich größer sein kann als die Variabilität der Abbildungen verschiedener Gesichter mit starrem Ausdruck. Es wurde außerdem festgestellt, dass die besten Gesichtserkennungsalgorithmen mit Fehlerquoten von 43%[2] bis 50%[3] behaftet sind, wenn sie mit Aufnahmen im Zeitabstand von mindestens einem Jahr konfrontiert werden.

Aus all diesen Gründen bieten sich die Irismuster als interessante Alternative an, um eine zuverlässige optische Personenerkennung zu erzielen, wenn die Bildaufnahmen aus einer Entfernung von einem Meter oder weniger möglich sind und insbesondere, wenn riesige Datenbanken durchmustert werden müssen trotz der rein zahlenmäßigen Möglichkeit für zufällige Fehlübereinstimmungen. Obwohl sie klein ist (nur 11 mm), was manchmal Probleme bezüglich der optischen Abbildung mit sich bringt, besitzt die Iris den großen mathematischen Vorteil, dass ihre Mustervariabilität zwischen verschiedenen Personen enorm ist. Hinzu kommt, dass es sich zwar um ein extern sichtbares, aber doch internes Augenorgan handelt, welches gegenüber der Umgebung gut geschützt und langzeitig stabil ist. Als Flachobjekt liefert die Iris eine Abbildung, die relativ unempfindlich gegenüber dem Beleuchtungswinkel ist. Auch Veränderungen des Betrachtungswinkels verursachen lediglich reversible affine Transformationen. Auch die nichtaffine Musterverzerrung

---

[1] Siehe dazu Belhumeur et al., 1997 und Adini et al., 1997

[2] Phillips et al., 2000

[3] Pentland et al., 2000

durch pupillare Erweiterung ist rechnerisch problemlos reversibel. Schließlich ist auch ein entscheidender Vorteil in der Tatsache zu sehen, dass die Augen in einem Gesicht leicht zu erkennen sind, wobei die ringförmige Gestalt der Iris die präzise und zuverlässige Erfassung alleine dieses Merkmals ermöglicht, um eine größeninvariante Darstellung zu erzielen.

Im dritten Monat der Schwangerschaft beginnt sich die Iris zu bilden[4], und bis zum achten Monat ist die Entwicklung der Muster-bildenden Strukturen weitgehend abgeschlossen, obwohl sich die Pigmentablagerung in den ersten Jahren nach der Geburt noch fortsetzen kann. Ihre komplexen Muster können viele distinktive Merkmale wie bogenförmige Bänder, Furchen, Stege, Gruften, Ringe, Kronen, Tüpfel und Zackenkragen enthalten. Abb. 8.1 zeigt einige Beispiele. Die Irisfarbe wird hauptsächlich durch die Dichte des Melaninpigments in der Vorderschicht und im Grundgewebe bestimmt[5]. Pigmentabwesenheit ergibt blaue Irisfarbe, weil dann das langwellige Licht durchgelassen und vom Pigmentepithel absorbiert wird, während kürzere Wellenlängen reflektiert und vom Grundgewebe gestreut werden. Das gestreifte Trabekelnetzwerk elastischer Pektinatligamente ist vorwiegend für das im Licht sichtbarer Wellenlängen erzeugte Muster verantwortlich. Dagegen ergeben die im nahen Infrarotbereich (NIR) eingesetzten Wellenlängen unauffällige Bildaufnahmen aus Entfernungen bis zu einem Meter Muster, die von den räumlich etwas langwelliger modulierten Merkmalen des tieferliegenden Grundgewebes beherrscht werden. Im Bereich der NIR-Wellenlängen liefern sogar dunkelpigmentierte Irisexemplare reichhaltige, komplexe Muster.

Geeignete Methoden zur Kodierung und Erkennung der Irismuster wurden erstmals von Daugman[6] vorgeschlagen. Diese Algorithmen wurden in Form ausführbarer Programme freigegeben und bilden seitdem die Grundlage für alle Iriserkennungssysteme, die man bisher für Versuche an der Öffentlichkeit eingesetzt hat, darunter die Projekte der British Telecom, US Sandia Labs, UK National Physical Laboratory, NCR, Oki, IriScan, Iridian, Sensar und Sarnoff. Alle diese Organisationen berichten von einer Fehlübereinstimmungsquote gleich Null in allen Prüfungen, die sich teilweise über Millionen von Irispaarungen erstreckten. Dieser Beitrag beschreibt die Funktionsweise der Algorithmen, erläutert die gegenüber den Originalalgorithmen vom Jahr 1993 inzwischen erzielten Verbesserungen und stellt neue Daten vor bezüglich der statistischen Eigenschaften und Einmaligkeit der Irismuster aufgrund von 2,3 Millionen durchgeführten Vergleichen.

---

[4] Kronfeld, 1962

[5] Chedekel, 1994

[6] Daugman, 1993

8.2   Auffinden der Iris in einer Abbildung

Um die reichhaltigen Einzelheiten der Irismuster zu erfassen, sollte die Auflösung des Abbildungssystems mindestens 50 Pixel im Irisradius entsprechen. In den bisherigen Feldversuchen wurden üblicherweise eher 100 bis 140 Pixel im Irisradius aufgelöst. Es wurden monochrome CCD-Kameras (480 x 640 Pixel) eingesetzt, da NIR-Beleuchtung im Wellenlängenbereich zwischen 700nm und 900nm erforderlich war, um das System für das menschliche Auge unsichtbar und unauffällig zu halten. Einige Bilderzeugungssysteme benutzten eine Weitwinkelkamera, um die Position der Augen im Gesicht grob zu erfassen und mit dieser Information die Optik einer Schwenk-/Neigungskamera mit engem Blickfeld für höherauflösende Bilder der Augen zu steuern

Es stehen viele Methoden zur Auswahl, um Gesichtsmerkmale wie die Augen zu erfassen, so dass auf dieses bereits sehr gut untersuchte Thema an dieser Stelle nicht weiter eingegangen werden muss. In den hier beschriebenen Untersuchungen wurden die meisten Bilder ohne aktive Schwenk-/Neigungsoptik gewonnen. Statt dessen bediente man sich der visuellen Rückkopplung über einen Spiegel oder mit einem Videobild, um es den kooperierenden Probanden zu erleichtern, ihre Augen selbst innerhalb des Blickfelds einer einzigen Schmalwinkelkamera zu positionieren.

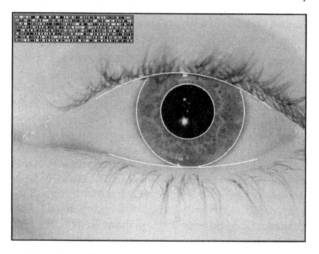

Abb. 8.1 Irismuster Beispiel eines Irismusters, monochromatisch abgebildet mit Beleuchtung im Wellenlängenbereich von 700nm – 900nm und einem Abstand von 35 cm. Die überlagerten Linien zeigen die Ergebnisse der Iris- und Pupillenortung sowie die Erfassung der Augenlider. Der Bitstrom oben links ist das Ergebnis der Demodulation mit komplexwertigen, zweidimensionalen Gabor-Wellenpaketen, um die Phasensequenz des Irismusters zu kodieren.

Die Fokussierung erfolgte in Echtzeit (schneller als die Videobildfolgefrequenz), indem die hochfrequente Gesamtleistung im zweidimensionalen Fourier-Spektrum von jedem Videohalbbild gemessen und zum Maximieren dieses Parameters benutzt wurde: Entweder wurde davon abhängig ein einstellbares Objektiv gesteuert, oder es wurde eine akustische Rückmeldung an die Person gegeben, als Anweisung, ihren Abstand entsprechend zu korrigieren. Bilder, die ein Mindestkriterium für die Bildschärfe erfüllten, wurden dann analysiert, um die Iris zu finden. Zunächst erfolgte die genaue Bestimmung ihrer Begrenzung mittels einer Strategie stufenweise gesteigerter Präzision, welche schließlich die Koordinaten des Zentrums und den Radius sowohl der Iris wie auch der Pupille mit einer Auflösung von einem Pixel ermittelte. Obwohl das Ergebnis der Irissuche die mögliche Fundposition der Pupille bereits stark einschränkt, darf man nicht einfach annehmen, dass diese Begrenzungsfiguren konzentrisch sind. Es kommt sehr häufig vor, dass der Mittelpunkt der Pupille näher zur Nase und tiefer als das Zentrum der Iris liegt. Der Pupillenradius kann im Bereich von 0,1 bis 0,8 des Irisradius liegen. Daraus folgt also, dass alle drei Bestimmungsparameter des Pupillenkreises getrennt von denjenigen der Iris bestimmt werden müssen. Ein sehr effektiver, integro-differentialer Operator zur Bestimmung dieser Parameter ist:

$$
\max_{(r,x_0,y_0)} \left| G_\sigma(r) * \frac{\partial}{\partial r} \oint_{r,x_0,y_0} \frac{I(x,y)}{2\pi r} ds \right| \tag{1}
$$

wobei $I(x,y)$ ein Bild wie Abb. 8.1 ist, die ein Auge enthält. Der Operator sucht im Bildbereich (x,y) nach dem Maximum - bezüglich zunehmendem Radius r - der unscharfen partiellen Ableitungen, für das normierte Konturenintegral von $I(x,y)$ entlang eines Kreisbogens ds mit Radius r und Mittelpunktkoordinaten (x_0,y_0). Das Symbol * steht für die Faltung, und $G_\sigma(r)$ ist eine Glättungsfunktion, z.B. eine Gauß-Funktion mit Skalierungsparameter σ. Insgesamt verhält sich der Operator wie ein Detektor für kreisförmige Kanten, mit σ als Unschärfemaß. Der Operator sucht iterativ nach maximierter Konturenintegralableitung bei zunehmendem Radius und zunehmend feiner unterteilten Analyseskalen im dreiparametrischen Raum der Mittelpunktkoordinaten und des Radius (x_0,y_0,r) zur Bestimmung des Konturen-integralwegs.

Der Operator (1) dient zum Auffinden sowohl der Pupillenbegrenzung wie auch der äußeren Begrenzung (Hornhautrand) der Iris. Allerdings sollte sich die Suche nach dem Hornhautrand zunächst auch nach Anzeichen einer darin enthaltenen Pupille richten, um ihre Rechenstabilität zu steigern, da der Hornhautrand selbst in der Regel sehr wenig Kontrast aufweist beim Einsatz langwelliger NIR-Beleuchtung. Nachdem die iterativ präzisionsteigernden Suchfunktionen für diese beiden Konturen die Einzelpixelauflösung erreicht haben, dient eine ähnliche Vorgehensweise zur Erfassung gekrümmter Kanten, um die Begrenzungen des oberen und unteren Augenlids zu finden. Der Konturenintegrationsweg in (1) wird von kreisförmig auf bogenförmig umgestellt, wobei die Spline-Parameter mit standardmäßigen statistischen Schätzverfahren angepasst werden zur optimalen Beschreibung der verfügbaren Information für jede Augenlidgrenze. Das Gesamtergebnis dieser Ortsbestimmungsoperationen ist die alleinige Erfassung des Irisgewebes unter Ausschluss aller sonstigen Bildbereiche, wie dies in der Abb. 8.1 mit der graphischen Überlagerung auf dem Auge gezeigt wird.

Phase-Quadrant Demodulation Code

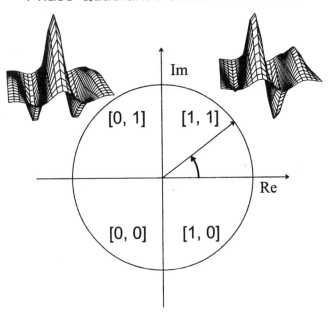

Abb. 8.2 Kodierung der Irismerkmale mittels Wavelet-Demodulation. Zur Kodierung der Irismuster eingesetzter Demodulationsprozess. Lokale Regionen einer Iris werden auf zweidimensionale Quadratur-Gabor-Wellenpakete projiziert (Gleichung 2), um komplexwertige Projektionskoeffizienten zu erzeugen, deren reelle und imaginäre Komponenten die Koordinaten eines Phasors in der komplexen Zahlenebene spezifizieren. Der Phasenwinkel von jedem Phasor wird einem der vier Winkelquadranten zugeordnet, und damit werden jeweils zwei Bit der Phaseninformation entsprechend gesetzt. Dieser Vorgang wird über die gesamte Fläche der Iris mit vielen Wellenpaket-Größen, Frequenzen und Orientierungen wiederholt, um 2048 Informationsbit zu extrahieren.

Jedes isolierte Irismuster wird sodann demoduliert[7] um die darin enthaltene Phaseninformation mittels zweidimensionaler Quadratur-Gabor-Wellenpakete[8] zu extrahieren. Der Kodierungsvorgang ist in Abb. 8.2 dargestellt. Er entspricht einer blockweisen Phasenquantisierung des Irismusters, indem ermittelt wird, in welchem Quadranten der komplexen Zahlenebene jeder resultierende Phasor liegt, wenn ein vorgegebener Bereich der Iris auf zweidimensionale Gabor-Wellenpakete mit komplexen Werten projiziert wird:

$$h_{\{Re,Im\}} = \text{sgn}_{\{Re,Im\}} \int_{\rho} \int_{\phi} I(\rho,\phi) e^{-i\omega(\theta_0-\phi)} e^{-(r_0-\rho)^2/\alpha^2} e^{-(\theta_0-\phi)^2/\beta^2} \rho d\rho d\phi \qquad (2)$$

wobei $h_{\{Re,Im\}}$ als komplexwertiges Bit betrachtet werden kann, dessen reelle und imaginäre Komponente nur die Werte 1 oder 0 (signum) annehmen können in Abhängigkeit vom Vorzeichen des zweidimensionalen Integrals. $I(\rho,\phi)$ ist die Rohabbildung der Iris in einem dimensionslosen Polarkoordinatensystem, welches maßstabs- und translationsinvariant ist und auch für die Pupillenerweiterung korrigierend wirkt, wie in einem späteren Abschnitt näher erläutert wird. α und β sind die mehrfach skalierten Größenparameter der zweidimensionalen Wellenpakete, die einen achtfachen Bereich von 0,15mm bis 1,2mm auf der Iris überdecken. ω ist die Wavelet-Frequenz, die sich über 3 Oktaven invers proportional zu β erstreckt. (r_0, θ_0) sind die Polarkoordinaten von jeder Region der Iris, für welche die Phasor-Koordinaten $h_{(Re,Im)}$ berechnet werden. Der in .Abb. 8.1 graphisch dargestellte Bitstrom ist ein Beispiel einer solchen Phasenquadranten-Kodierungssequenz für eine Iris. Eine willkommene Eigenschaft der in Abb. 8.2 gezeigten Phasenkodierung ist ihre zyklische Art, die dem Gray-Code entspricht. Dies bedeutet, dass sich bei einer Drehung zwischen zwei beliebigen benachbarten Phasenquadranten nur ein einziges Bit verändert. Dies steht im Gegensatz zu einer Binärkodierung, in welcher sich zwei Bits verändern können, so dass einige Fehler schwerwiegendere Konsequenzen haben als andere. Insgesamt werden 2048 solche Phasenbits (256 Byte) für jede Iris berechnet. Als wesentliche Verbesserung gegenüber den früheren Algorithmen[9] werden jedoch nunmehr ebenfalls gleich viele Maskierungsbits berechnet, um anzugeben, ob eine Irisregion von den Augenlidern überdeckt wird, Augenbrauen enthält, Glanzlichtreflexionen aufweist, Grenzartefakte von harten Kontaktlinsen zeigt oder mit einem schlechten Signal-

---

[7] Daugman / Downing, 1995

[8] Daugman ,1980, 1985, 1988

[9] Daugman, 1993

Rausch-Verhältnis behaftet ist, so dass solche Bereiche im Demodulationscode als evidente Artekakte verworfen werden sollten.

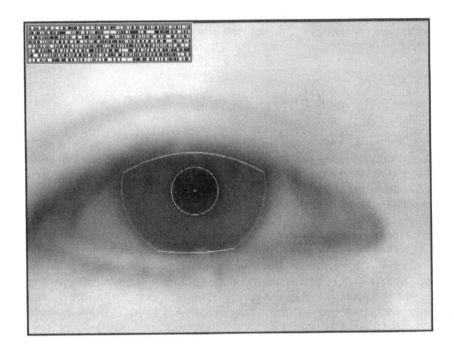

Abb. 8.3 Beispiel eines externen defokussierten Augenbildes

Die Darstellung zeigt, dass sogar für unscharf abgebildete Augen die Bits einer Demodulations-Phasensequenz immer noch gesetzt werden, hauptsächlich durch CCD-Rauschen. Dadurch weisen auch unscharfe Augenabbildungen keine Ähnlichkeiten im Mustervergleichsvorgang auf, wie es beispielsweise bei den Gesichtsvergleichen der Fall ist, bei welchen unscharfe Gesichtsabbildungen ähnlich aussehen und deshalb leicht verwechselt werden können.

Zur Iriserkennung wird nur Phaseninformation verwertet, weil die Amplituden-information nicht besonders aussagekräftig ist, denn sie hängt von irrelevanten Faktoren wie Bildkontrast, Beleuchtung und Kameraverstärkung ab. Die Phasenbit-Einstellungen, welche die Sequenz der Projektionsquadranten gemäß Abb. 8.2 kodieren, erfassen die Information der Wavelet-Nulldurchgänge, was am Vorzeichenoperator in (2) zu erkennen ist. Die Extraktion der Phaseninformation hat den weiteren Vorteil, dass Phasenwinkel unabhängig von etwa niedrigem

Bildkontrast sind, wie aus dem Beispiel des extrem defokussierten Bildes in Abb. 8.3 zu erkennen ist. Die statistischen Eigenschaften des Phasenbitstroms, z.B. die Lauflängen, von diesem schlechten Bild haben dennoch eine große Ähnlichkeit zu denjenigen des scharf fokussierten Augenbildes in Abb. 8.1 (Abb. 8.3 belegt auch das robuste Verhalten der Operatoren zum Auffinden von Iris und Pupille sowie zum Erfassen der Augenlider - trotz der Bildunschärfe.) Der entscheidende Vorteil ergibt sich hier aus der Tatsache, dass selbst für ein schlecht fokussiertes Bild wie in diesem Fall die Phasenbits dennoch gesetzt werden, wenn erforderlich durch das Zufallsrauschen des CCD. Beim Phasenvergleich kommt es somit niemals zu einer Verwechselung von zwei unscharfen Irisbildern. Im Gegensatz dazu werden zwei verschiedene Gesichter um so ähnlicher, je schlechter ihre optische Auflösung ist, so dass gestaltbasierte Gesichtserkennungsalgorithmen zu Verwechselungen führen können.

8.3   Prüfung auf statistische Unabhängigkeit: die Kombinatorik der Wavelet-Phasensequenzen

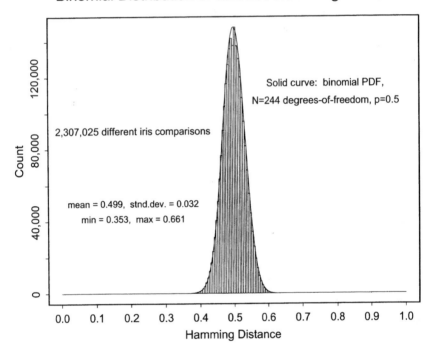

Abb. 8.4 Binominalverteilung des Iriscode-Flemming-Abstandes.

Die Verteilung des Hamming-Abstandes, gewonnen aus 2,3 Millionen möglicher Vergleiche von Paaren verschiedener Irise in einer Datenbank. Das Histogramm entspricht einer perfekten Binomialverteilung mit $p = 0,5$ und $N = 244$ Freiheitsgrade, dargestellt mit der durchgezogene Kurve (Gleichung 4). Die Daten zeigen, dass eine Nichtübereinstimmung von weniger als etwa einem Drittel der Phaseninformationen zweier verschiedener Irise ein extrem unwahrscheinliches Ereignis ist.

Der Schlüssel zur Iriserkennung liegt im negativen Ergebnis einer Prüfung auf statistische Unabhängigkeit: Diese Prüfung ist von so vielen Freiheitsgraden abhängig, dass sie auf jeden Fall bestanden wird, wenn die Phasencodes von zwei verschiedenen Augen miteinander verglichen werden, und ebenso sicher nicht bestanden wird, wenn zwei Versionen des Phasencodes vom selben Auge miteinander verglichen werden.

Die Prüfung auf statistische Unabhängigkeit wird mittels des einfachen Boolschen Exklusiv-Oder-Operators (XOR) implementiert, indem dieser auf die 1048 Bit langen Phasenvektoren angewendet wird, welche zwei Irismuster kodieren. Dabei werden beide Phasenvektoren mit ihren entsprechenden Bitmaskenvektoren kombiniert (AND-Logik), um irisirrelevante Artefakte von den Vergleichsoperationen auszuschließen. Der XOR-Operator ermittelt nichtübereinstimmende Bitstellen, während der AND-Operator $\cap$ dafür sorgt, dass nur solche Bitstellen dem Korrelationsvergleich unterzogen werden, die nicht durch Augenbrauen, Augenlider, Glanzlichtreflexionen oder sonstige Störungen ungültig sind. Die Normen (|| ||) der resultierenden Bitvektoren und der in AND-Logik kombinierten Maskenvektoren werden dann ermittelt, um einen normierten Hamming-Abstand (HD) als Maß für die Unterschiedlichkeit von zwei Irismustern zu bestimmen, deren Phasencode-Bitvektoren mit {code A, code B} und deren Bitmasken-Vektoren mit {mask A, mask B} bezeichnet werden:

$$HD = \frac{\|(codeA \otimes codeB) \cap maskA \cap maskB\|}{\|maskA \cap maskB\|} \tag{3}$$

Der Nenner entspricht der Gesamtanzahl verbleibender gültiger Phasenbits im Irisvergleich, nachdem Artefakte wie Augenbrauen und Glanzlichtreflexionen verworfen wurden. Demnach ist der sich ergebende HD ein normiertes Maß für die Unähnlichkeit. Der Wert 0 entspräche perfekter Übereinstimmung. Die Boolschen Operatoren XOR und AND werden vektoriell auf binäre Bitzeichenketten mit einer Länge bis zur Wortlänge des Mikroprozessors als einzelne Maschineninstruktionen angewendet. Mit einer gebräuchlichen 32-Bit-Maschine können zum Beispiel zwei beliebige Ganzzahlen im Bereich von Null bis 4 Billionen in einer einzigen Maschineninstruktion kombiniert werden, um eine dritte solche Ganzzahl zu erzeugen, von welcher jedes Bit in einer binären Interpretation das XOR-Ergebnis des entsprechenden Bitpaares der zwei ursprünglichen Ganzzahlen ist. Diese Implementierung von (3) in parallelen 32-Bit-Blöcken ermöglicht einen extrem schnellen Vergleich der Iriscodes bei der Durchmusterung großer Datenbanken zwecks Auffinden einer Übereinstimmung. Mit einem 300-MHz-Mikroprozessor laufen solche Großsuchoperationen mit einer Geschwindigkeit von etwa 100 000 Irismustervergleiche pro Sekunde.

Da jedes Bit im Phasencode eines Irismusters mit gleicher Wahrscheinlichkeit den Wert 1 oder 0 hat und da keine Korrelation zwischen verschiedenen Irismustern besteht, ergibt sich der Wert HD = 0,500 als erwartete Zufallsübereinstimmung der Bits in den Phasencodes zwei verschiedener Irismuster. Das Histogramm in Abb. 8.4 zeigt die Verteilung der HD-Werte, die aus 2,3 Million Vergleichen verschiedener Irismusterpaarungen von den Lizenzinhabern dieser Algorithmen im Vereinigten Königreich, in den USA und in Japan gewonnen wurden. Es handelte sich um 2 150 verschiedene Irisabbildungen, darunter je 10 aus einer Untermenge von 70 Augen. Unter Ausschluss der Duplikate von (700 x 9) Vergleichen derselben Augen und ohne Doppelzählung von Paaren bzw. Vergleichen eines Bildes mit sich selbst errechnet sich die Gesamtanzahl möglicher verschiedener Paarungen zwischen unterschiedlichen Augenbildern, deren HD-Werte berechnet werden konnten, mit ((2 150 x 2 149 - 700 x 9)/2) = 2 307 025. Ihr HD-Mittelwert beträgt p = 0,499 mit einer Standardabweichung von σ = 0,032. Die Gesamtverteilung in Abb. 8.4 entspricht einer Binomialfunktion mit $N = p(1 - p) / \sigma^2$ = 244 Freiheitsgraden, die als durchgezogene Kurve dargestellt ist. Die extrem genaue Übereinstimmung der theoretischen Binomialverteilung mit der beobachteten Verteilung ergibt sich aus der Tatsache, dass jeder Vergleich von zwei Phasencodebits aus zwei verschiedenen Irismustern im Wesentlichen ein Bernoulli-Versuch ist, allerdings mit Korrelation zwischen aufeinanderfolgenden Münzwürfen.

Im Phasencode für eine beliebige Iris sind wegen der internen Korrelationen, insbesondere radial innerhalb der Iris, nur kleine Bitteilmengen gegenseitig unabhängig (wären alle N = 2048 Phasenbits unabhängig, dann wäre die Verteilung in Abb. 8.4 wesentlich schärfer, mit einer zu erwartenden Standardabweichung von nur $\sqrt{p(1-p)/N}$ = 0,011, wobei das HD-Intervall zwischen 0,49 und 0,51 fast die gesamte Verteilung enthielte). Korrelierte Bernoulli-Versuche bleiben zwar binomial verteilt[10], aber mit einer Verringerung der effektiven Wurfanzahl N, und deshalb erhöht sich die Standardabweichung σ der HD-Verteilung. Form und Breite der HD-Verteilung in Abb. 8.4 lassen erkennen, dass der Unterschied zwischen den Phasencodes zweier verschiedener Irismuster wie 244 Würfe einer echt zufällig fallenden Münze verteilt ist (Bernoulli-Versuche mit p = 0.5, N = 244). Betrachtet man diese Variabilität als eine Diskriminierungsentropie[11], entspricht die beobachtete statistische Variabilität verschiedener Irismuster einer Informationsdichte von etwa 3,2 Bit/mm^2 auf der Iris bei typischen Durchmessern von 11 mm und 5 mm für Iris bzw. Pupille.

---

[10] Viveros et al., 1984

[11] Cover / Thomas, 1991

Quantile-Quantile: IrisCode Data vs. Binomial

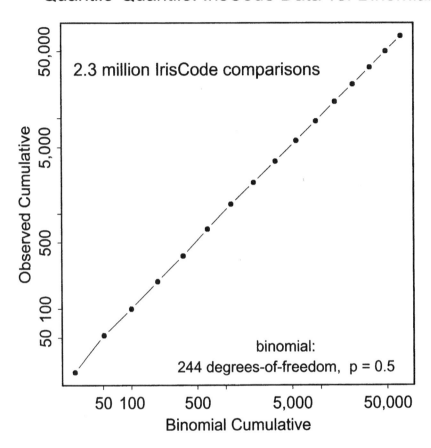

Abb. 8.5 Beobachtete Kumulation im Vergleich zu theoretisch binomial verteilten Kumulationen

Quantilweise Darstellung der beobachteten Kumulationen unter dem linken Auslaufbereich des Histogramms in Abb. 8.4, im Vergleich zu den vorausgesagten Kumulationen unter der theoretischen binominalen Verteilung. Deren sehr gute Übereinstimmung über mehrere Größenordnungen bestätigt das Binominalmodell für den Phasenbitvergleich verschiedener Irise.

Als normierte Funktion hat die mit durchgezogener Kurve in Abb. 8.4 dargestellte, theoretische Binomialverteilung die Form

$$f(x) = \frac{N!}{m!(N-m)!}\, p^m (1-p)^{(N-m)} \tag{4}$$

wobei $N = 244$, $p = 0,5$ und $x = m/N$ der genormte Erfolgsanteil aus N Bernouilli-Versuchen ist (z.B. Münzwürfe mit "Kopfergebnis" in jeder Serie). Im hier diskutierten Fall entspricht x der HD, nämlich dem Anteil der Phasenbits, die beim Vergleich zweier verschiedener Irismuster zufällig übereinstimmen. Um die Gültigkeit eines solchen statistischen Modells zu bestätigen, muss man auch die Auslaufstrecken der Verteilung untersuchen, indem die quantilweisen Darstellungen der beobachteten Kumulationen mit den theoretisch vorausgesagten Kumulationen von Null bis zu den Sequentialpunkten im Kurvenauslauf verglichen werden. Abb. 8.5 zeigt eine solche "Q-Q-Darstellung". Die lineare Beziehung bestätigt die sehr genaue Übereinstimmung zwischen Modell und Daten über einen Bereich von mehr als drei Größenordnungen. Aus beiden Abb. 8.4 und Abb. 8.5 geht eindeutig hervor, dass eine Nichtübereinstimmung zweier verschiedener Irismuster in weniger als einem Drittel ihrer Bits extrem unwahrscheinlich ist (unter den 2,3 Millionen Vergleichen verschiedener Augen, die zum Histogramm der Abb. 8.4 geführt haben, war der kleinste, tatsächlich aufgetretene Hamming-Abstand 0,353). Die Berechnung der Kumulation für $f(x)$ von 0 bis 0,333 zeigte, dass die Wahrscheinlichkeit des Auftretens eines solchen Ereignisses etwa 1 unter 10 Millionen beträgt. Die Kumulation von 0 bis genau 0,300 beträgt 1 unter 7 Billionen. Dies bedeutet, dass sogar eine relativ schlechte Übereinstimmung zwischen den Phasencodes zweier verschiedener Irisabbildungen (z.B. 70%, entsprechend HD = 0,300) stark auf eine Identität hinweist, da die statistische Prüfung auf Unabhängigkeit noch immerüberzeugend fehlschlägt.

Genetically Identical Eyes Have Uncorrelated IrisCodes

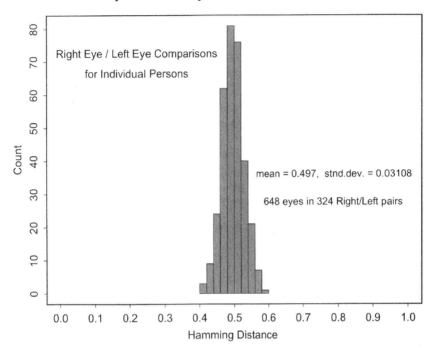

Abb. 8.6 Paarweiser Vergleich von rechten und linken Irismustern bei 324 Personen.

Verteilung des Hamming-Abstandes zwischen genetisch identischen Irisen an Hand von 648 gepaarten Augen von 324 Personen. Die Daten sind von den in Abb. 8.4 gezeigten Vergleichen beliebiger Irise statistisch nicht unterscheidbar. Im Gegensatz zur Augenfarbe ist die Phasenstruktur der Iris offensichtlich das epigenetische Ergebnis zufälliger Ereignisse und Einwirkungen in der Morphogenese dieses Gewebes.

In dieser Untersuchung wurden auch genetisch identische Augen in gleicher Weise miteinander verglichen, um herauszufinden, in welchem Umfang ihre Irismuster korrelieren und somit genetisch bestimmt sind. Eine zweckmäßige Quelle für solche Vergleichspaare sind das rechte und linke Auge derselben Person. Solche Paare haben dieselbe genetische Beziehung wie die vier Irise eineiiger Zwillinge bzw. die 2N Irise von N Klonen. Obwohl die Augenfarbe bekanntlich stark genetisch bestimmt ist, ebenso wie die Gesamtgestalt der Iris, verhalten sich die Muster genetisch identischer Irise erfahrungsgemäß genauso unkorreliert wie diejenigen von zwei genetisch unabhängigen Augen. Mit den gleichen Methoden wie oben beschrieben, wurden die linken und rechten Irismuster von 324 Personen paarweise verglichen. Es ergab sich ein mittlerer HD von 0,497 mit einer Standardabweichung von 0,031, wobei sich die statistische Verteilung (Abb. 8.6) in keiner Weise von der Verteilung beliebiger Augenpaare (siehe Abb. 8.4) unterscheiden lässt. Sechs Paarvergleiche der Augen eineiiger Zwillinge   brachten ebenfalls ein Ergebnis (mittlerer HD = 0,507), wie für beliebig ausgewählte Augen zu erwarten gewesen wäre. Daraus ist zu erkennen, dass die phänotypischen Zufallsmuster, die in der menschlichen Iris zu sehen sind, fast vollständig epigenetisch sind.

8.4   Erkennung der Iris unabhängig von Größe, Position und Orientierung

Robuste Darstellungen für die Mustererkennung müssen invariant sein gegenüber Veränderungen der Größe, Position und Orientierung der Muster. Im Fall der Iriserkennung bedeutet dies, dass man eine Darstellung ableiten muss, die invariant ist

- gegenüber der Abbildungsgröße der Iris im Gesamtbild (diese Abbildungsgröße hängt von Abstand zwischen Kamera und Auge sowie von der optischen Vergrößerung der Kamera ab),

- von der Pupillengröße innerhalb der Iris (die zu einer nichtaffinen Musterverzerrung führt),

- vom Ort und von der Orientierung der Iris im Bild (die von der Kopfneigung abhängen),

- von der Drehbewegung des Augapfels (Zyklovergenz)

- sowie von Kamerawinkeln in Zusammenwirkung mit Spiegeln und sonstigen optisch-mechanischen Bildsuchmaßnahmen, die zusätzliche Bildrotationsfaktoren in Abhängigkeit von Augenposition, Kameraposition und Winkelstellung der Spiegel einführen.

Glücklicherweise ist es problemlos möglich, gegenüber allen Faktoren dieser Art eine Invarianz zu erreichen.

Für axial positionierte, jedoch eventuell verdrehte Irismuster ist ein projiziertes, pseudopolares Koordinatensystem die zweckmäßigste Wahl. Das Polarkoordinatengitter muss nicht unbedingt konzentrisch sein, da die Pupille der meisten Augen nicht zentriert in der Iris liegt. Eine Verschiebung um bis zu 15% in Richtung zur Nase ist nicht ungewöhnlich. Dieses Koordinatensystem kann man als doppelt dimensionslos beschreiben: Die Polarwinkelvariable ist ohnehin dimensionslos, und in diesem Fall ist auch die Radialvariable dimensionslos, da ihr Bereich vom Pupillenrand bis zum Hornhautrand immer als Einheitsintervall [0, 1] normiert wird.

Die Erweiterung und Verengung des elastischen Netzwerks der Iris bei Veränderungen der Pupillengröße wird in diesem Koordinatensystem intrinsisch als Dehnung eines homogenen Gummituches modelliert, welches eine ringförmige, am Außenrand verankerte Topologie besitzt, deren Flächenspannung mit einem exzentrisch positionierten Innenring mit variablem Radius gesteuert wird.

Das homogene Gummituchmodell weist jedem Punkt auf der Iris ein reales Koordinatenpaar (r, θ) zu, unabhängig von der Irisgröße und der Pupillenerweiterung.. Dabei liegt r im Einheitsintervall $[0, 1]$, und der Winkel θ kann Werte $[0, 2\pi]$ annehmen. Die Umwandlung der Irisabbildung $I(x,y)$ von kartesischen Rohkoordinaten in dimensionslose Polarkoordinaten (r, θ) kann mit

$$I(x(r,\theta), y(r,\theta)) \rightarrow I(r,\theta) \tag{5}$$

beschrieben werden, wobei $x(r, \theta)$ und y (r, θ) als lineare Kombinationen sowohl der Pupillenrandpunkte $(x_p$ (θ), $y_p(\theta))$ wie auch der Hornhautrandpunkte als Außenbegrenzung der Iris $(x_s$ (θ), $y_s(\theta))$ definiert sind. Beide Punktmengen wurden erfasst, indem das Maximum des Operators (1) gesucht wurde.

$$x(r,\theta) = (1 - r)x_p(\theta) + rx_s(\theta) \tag{6}$$

$$y(r,\theta) = (1 - r)y_p(\theta) + ry_s(\theta) \tag{7}$$

Da der Radialkoordinatenbereich von der Innenbegrenzung der Iris bis zu ihrer Außenbegrenzung ein Einheitsintervall ist, erfolgt automatisch eine Korrektur für die elastische Musterverzerrung in der Iris bei Veränderungen der Pupillengröße.

IrisCode Comparisons after Rotations: Best Matches

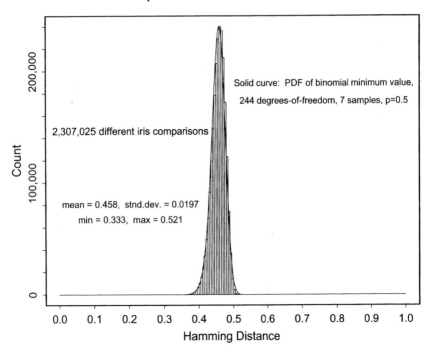

Abb. 8.7 Iriscode-Vergleiche nach Rotationen: Beste Übereinstimmungen

Verteilung des Hamming-Abstandes der in Abb. 8.4 gezeigten 2,3 Millionen Vergleichsergebnisse, wobei jedoch jeweils 7 relative Rotationen zugelassen und ausgewertet wurden, wovon für jedes Paar nur die beste Übereinstimmung beibehalten wurde. Diese Prüfung der "Beste aus n"-Übereinstimmung ergibt eine Schiefstellung der Verteilung nach links und verschiebt den Mittelwert von etwa 0,5 auf 0,458. Die durchgezogene Kurve entspricht der theoretischen Voraussage für eine solche Extremwert-Probeentnahme, die mit den Gleichungen (4) und (8) - (11) beschrieben ist.

Die oben beschriebene Ortszuweisung der Iris und des Koordinatensystems bewirkt eine Invarianz gegenüber der zweidimensionalen Position und Größe der Iris sowie bezüglich der Pupillenerweiterung innerhalb der Iris. Eine Invarianz gegenüber der Orientierung der Iris innerhalb der Bildebene wäre jedoch nicht gegeben. Eine Rotation der Abbildung selbst mittels der Euler-Matrix wäre nicht die zweckmäßigste Methode zur Iriserkennung mit Orientierungsinvarianz. Ein besserer Weg ist die Berechnung des Irisphasencodes in einer einzigen kanonischen

Orientierung mit anschließendem Vergleich dieser sehr kompakten Darstellung in vielen verschiedenen, diskreten Orientierungen, indem man ihre Winkelvariable zyklisch weiterschaltet. Die statistischen Konsequenzen der Suche nach bester Übereinstimmung in vielen Relativrotationsschritten von zwei Iriscodes sind recht einfach zu verstehen. $f_0(x)$ soll die Rohdichteverteilung sein, die man für die Hamming-Abstände zwischen verschiedenen Irisen nach einem Vergleich in nur einer einzigen Relativorientierung errechnet. Zum Beispiel könnte $f_0(x)$ entsprechend der Definition in (4) binomial verteilt sein. Dann ergibt $F_0(x)$, als Kumulation von $f_0(x)$ von 0 bis x, die Wahrscheinlichkeit einer falschen Übereinstimmung in einer solchen Prüfung, die auf der Verwendung von HD als Akzeptanzkriterium x beruht:

$$F_0(x) = \int_0^x f_0(x)dx \tag{8}$$

oder, äquivalent dazu,

$$f_0(x) = \frac{d}{dx} F_0(x) \tag{9}$$

Es folgt daraus, dass die Wahrscheinlichkeit des Nichtauftretens einer Falsch-übereinstimmung unter Verwendung des Kriteriums x mit dem Ausdruck $1 - F_0(x)$ nach einer einzigen Prüfung bzw. mit dem Ausdruck $[1 - F_0(x)]^n$ nach n voneinander unabhängigen solchen Prüfungen in verschiedenen Orientierungen gegeben ist. Folglich ist die Wahrscheinlichkeit einer Falschübereinstimmung nach einer Prüfung auf Übereinstimmung als "Bester aus n" nach dem HD-Kriterium x:

$$F_n(x) = 1 - [1 - F_0(x)]^n \tag{10}$$

unabhängig von der tatsächlichen Form der nichtrotierten Rohverteilung $f_0(x)$, wobei die mit dieser Kumulation verbundene Erwartungsdichte $f_n(x)$

$$
\begin{aligned}
f_n(x) &= \frac{d}{dx} F_n(x) \\
&= n f_0(x) [1 - F_0(x)]^{n-1}
\end{aligned}
\tag{11}
$$

beträgt.

Jede der 2,3 Millionen Paarungen verschiedener Irise, deren rohe HD-Verteilung in Abb. 8.4 dargestellt wurde, wurde weiteren Vergleichen in je 7 Relativorientierungen unterzogen. Dies erzeugte 16,1 Millionen HD-Ergebnisse; dabei wurde aber in jeder Gruppe von 7 Vergleichen, die einem Irispaar zugeordnet war, nur die beste Übereinstimmung (kleinster HD-Wert) beibehalten. Abb. 8.7 zeigt das Histogramm dieser neuen 2,3 Millionen besten HD-Werte. Da nur der kleinste Wert in jeder Gruppe von 7 Proben beibehalten wurde, lag die neue Verteilung schief und der Mittelwert mit HD = 0,458 niedriger, wie aus der Theorie der Extremwert-Probeentnahme zu erwarten war. Die durchgezogene Kurve in Abb. 8.7 ist eine Darstellung von (11) mit (4) und (8) als Terme. Sie zeigt eine ausgezeichnet gute Übereinstimmung zwischen der Theorie (Binomialextremwert-Probeentnahme) und den tatsächlichen Daten. Die Tatsache, dass der kleinste in all diesen rotierten Vergleichen beobachtete HD-Wert niemals kleiner als 0,333 war, bestätigt die extreme Unwahrscheinlichkeit, dass die Phasensequenzen zweier verschiedener Irise in weniger als einem Drittel ihrer Bits nicht übereinstimmen. Dies legt die Schlussfolgerung nahe, dass man nur einen recht bescheidenen Übereinstimmungsgrad benötigt (etwa HD < 0,330), um Personen an Hand ihrer Irismuster mit hoher Zuverlässigkeit identifizieren zu können.

8.5   Eindeutigkeit der nicht bestandenen Prüfung auf statistische Unabhängigkeit

Die statistischen Daten und die oben vorgestellte Theorie zeigen, dass erfolgreiche Irispersonenerkennung schon alleine mit der Prüfung auf statistische Unabhängigkeit möglich ist. Zwei verschiedene Irise werden "praktisch garantiert" diese Prüfung der statistischen Unabhängigkeit bestehen, wobei auch umgekehrt gilt, dass zwei Abbildungen, die diese Prüfung nicht bestehen (d.h. HD < 0,330) mit an Sicherheit grenzender Wahrscheinlichkeit von derselben Iris stammen. Die Eindeutigkeit eines Nichtbestehens der Prüfung auf statistische Unabhängigkeit ist somit die Grundlage der Iriserkennung.

Es ist lehrreich, die Signifikanz eines tatsächlich beobachteten HD-Übereinstimmungsgrades in Relation zur Wahrscheinlichkeit zu berechnen, dass diese Übereinstimmung zufällig von zwei verschiedenen Irisen zustande gekommen sein könnte. Solche Wahrscheinlichkeiten liefern ein Vertrauensmaß für Erkennungsentscheidungen. Abb. 8.8 zeigt die Wahrscheinlichkeiten falscher Übereinstimmungen als eingetragene Kumulationen im Auslaufbereich der in Abb. 8.7 dargestellten Verteilung (es handelt sich um die gleiche theoretische Kurve (11), wie in der Abb. 8.4 und Abb. 8.5 mit gleicher Rechtfertigung gezeigt).

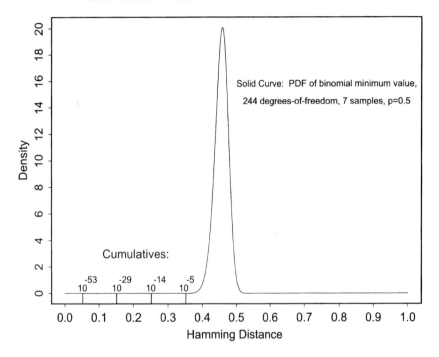

False Match Probabilities: Cumulatives under PDF

Solid Curve: PDF of binomial minimum value,
244 degrees-of-freedom, 7 samples, p=0.5

Cumulatives:

10^{-53} 10^{-29} 10^{-14} 10^{-5}

Abb. 8.8 Wahrscheinlichkeit falscher Übereinstimmung

Die berechneten Kumulationen unter dem linken Auslauf der in Abbildung 7 dargestellten Verteilung, bis zu den sequentiellen Punkten, die benutzt wurden für die Funktionalanalyse gemäß der Gleichungen (4) und (8) - (11). Die extrem steile Abnahme dieser Kumulationen stammt aus der Binomialkombinatorik, welche die Gleichung (4) dominiert. Dies erklärt auch die extreme Unwahrscheinlichkeit falscher Übereinstimmungen bei der Personenerkennung mittels des Nichtbestehens dieser Prüfung auf statistische Unabhängigkeit.

Tabelle 8.1 enthält eine Liste der Kumulationen von Gleichung (11) (Falschübereinstimmungs-Wahrscheinlichkeiten) als feiner aufgelöste Funktion des HD-Entscheidungs-kriteriums im Bereich zwischen 0,26 und 0,35. Die Berechnung der großen Fakultätsterme in (4) erfolgte mit der Näherung von Stirling, die für $n \geq 9$ einen Fehler von weniger als 1% aufweist :

$$n! \approx \exp(n \ln(n) - n + \frac{1}{2} \ln(2\pi n)) \qquad (12)$$

Tabelle 8.1 Kumulationen von (11), dargestellt als Wahrscheinlichkeiten falscher Übereinstimmung für verschiedene HD-Werte.

HD-Kriterium	Wahrscheinlichkeit einer falschen Übereinstimmung
0,26	$1 / 10^{13}$
0,27	$1 / 10^{12}$
0,28	1 / 84 Milliarden
0,29	1 / 8,6 Milliarden
0,30	1 / 1 Milliarden
0,31	1 / 127 Millionen
0,32	1 / 18 Millionen
0,33	1 / 2.9 Millionen
0,34	1 / 527 000
0,35	1 / 105 000

Die praktische Bedeutung der extrem geringen Wahrscheinlichkeit einer Falschübereinstimmung - wenn der Übereinstimmungsgrad besser als etwa HD $\leq$ 0,33 ist gemäß Abb. 8.8 und Tabelle 8.1 liegt im entsprechend hohen Vertrauensgrad beim Durchsuchen riesiger Datenbanken ohne wesentliche Gefahr einer Falschübereinstimmung trotz der vielen Formalgelegenheiten dafür. Die an eine Identifizierung von einem Element aus vielen Elementen gestellten Forderungen sind wesentlich strenger als im Einzelvergleich (für welchen nur eine Übereinstimmung zunächst behauptet und dann mit einer Ja/Nein-Entscheidung durch Vergleich mit der einen einzigen, gewählten Schablone bestätigt oder widerlegt werden muss).

Bezeichnet P_1 die Wahrscheinlichkeit für eine Falschübereinstimmung in einem einzigen Vergleichsversuch, dann ist P_N offensichtlich die Wahrscheinlichkeit für wenigstens eine Falschübereinstimmung beim Durchsuchen einer Datenbank, die N unabhängige Muster enthält. Es gibt:

$$P_N = 1 - (1 - P_1)^N \tag{13}$$

weil $(1 - P_1)$ die Wahrscheinlichkeit für keine Falschübereinstimmung im Einzelvergleich ist. Dies muss sich N-mal in unabhängiger Weise wiederholen für N solche Vergleiche, deshalb ist die Wahrscheinlichkeit, dass dabei eine Falschübereinstimmung erscheint, gleich $(1 - P_1)^N$.

Aufgrund von Gleichung (13) lohnt es sich, darüber nachzudenken, wie sich ein scheinbar beeindruckendes, biometrisches Einzelvergleichs-Bestätigungskriterium verhalten würde in einem Durchsuchungsvorgang, wenn der Umfang der Datenbank größer als etwa 100 wird. Ein Gesichtserkennungsalgorithmus, zum Beispiel der 99,9% korrekte Entscheidungen trifft bei seiner Prüfung mit nichtidentischen Gesichtern und somit nur 0,1% Falschübereinstimmungen aufweist, arbeitet scheinbar sehr zuverlässig, da er sogar nicht mehr als 10% aller eineiigen Zwillinge verwechseln würde (weil ungefähr 1% aller Personen in der allgemeinen Bevölkerung einen identischen Zwilling haben). Aber selbst mit diesem Wert von P_1 = 0,001: Wie gut wäre ein solcher Algorithmus für das Durchsuchen großer Datenbanken?

Formel (13) zeigt, dass bei einem Datenbankumfang von nur N = 200 unabhängigen Gesichtern, die Wahrscheinlichkeit für eine Falschübereinstimmung bereits 18% beträgt. Umfasst die zu durchsuchende Datenbank N = 2000 unabhängige Gesichter, immer noch keine sehr große Anzahl, beträgt die Wahrscheinlichkeit für mindestens eine Falschübereinstimmung sogar 86%. Offensichtlich erfordert die zuverlässige Identifizierung wesentlich strengere Kriterien als für die Einzelvergleichserkennung, die Verifikation, weil selbst bei noch recht bescheidenen Datenbankgrößen lediglich "gute" *Bestätigung*skriterien als *Erkennung*skriterien nutzlos sind. Unter Berücksichtigung der Näherung, dass $P_N \approx NP_1$ für kleine $P_1 \ll 1/N \ll 1$, muss ein Erkennungskriterium beim Durchsuchen einer Datenbank der Größe N etwa N-mal zuverlässiger als ein Bestätigungskriterium sein, um eine etwa gleiche Sicherheit gegen Falschübereinstimmungen zu bieten.

Die Algorithmen für die Iriserkennung nutzen die extrem steile Amplitudenabnahme im Auslauf der HD-Verteilung, die durch die Binomialkombinatorik entsteht und das Durchsuchen sehr großer Datenbanken ohne Falschübereinstimmungen ermöglicht. Die HD-Schwelle ist anpassungsfähig, um $P_N < 10^{-6}$ unabhängig von der Größe N der zu durchsuchenden Datenbank zu halten. Tabelle 8.1 zeigt, dass dies für eine zu durchsuchende Datenbank mit einer Million verschiedener Irismuster bedeutet, dass die HD-Übereinstimmungs-Entscheidungsschwelle nur von 0,33 auf 0,27 angeglichen werden muss, um immer noch eine Nettowahrscheinlichkeit der Falschübereinstimmung von 10^{-6} für die ganze Datenbank zu erhalten.

8.6   Entscheidungsumgebung für die Iriserkennung

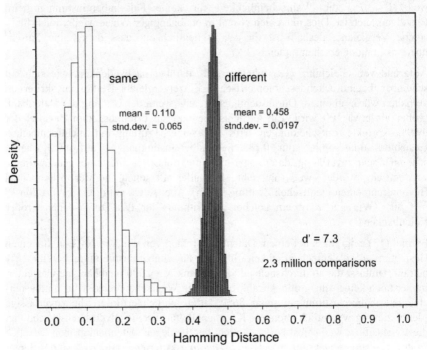

Abb. 8.9 Entscheidungsumgebung für Iriserkenung: Nichtideale Abbildungsbedingungen.

Die Entscheidungsumgebung für die Iriserkennung unter relativ unvorteilhaften Bedingungen, unter welchen die Bilder in verschiedenen Entfernungen mit verschiedenen optischen Systemen gewonnen wurden.

Die allgemeine Entscheidbarkeit des Problems der Personenerkennung an Hand ihrer Irismuster wird anhand eines Vergleichs der Hamming-Abstandsverteilungen für dieselben und für verschiedene Irise offengelegt. Die linke Verteilung in Abb. 8.9 zeigt die berechneten HD-Verteilungen für 7 070 verschiedene Abbildungspaare des gleichen Auges zu verschiedenen Zeiten, die unter verschiedenen Bedingungen und meistens auch mit verschiedenen Kameras aufgenommen wurden. Die rechte Verteilung zeigt dieselben 2,3 Millionen Vergleiche zwischen verschiedenen Augen, die bereits weiter oben dargestellt wurden. Die Iriserkennung ist insofern erfolgreich durchführbar als man zuverlässig entscheiden kann, ob der betreffende, aktuelle Vergleich zur linken oder zur rechten Verteilung in Abb. 8.9 gehört. Eine solche duale Darstellung des Entscheidungsproblems kann man eine "Entscheidungsumgebung" nennen, da sie aufzeigt, in wie weit die beiden Fälle (gleich oder verschieden) separierbar sind, und entsprechend wie zuverlässig darauf basierende Entscheidungen getroffen werden können, da der Überlappungsbereich der beiden Verteilungen die Fehlerquote bestimmt.

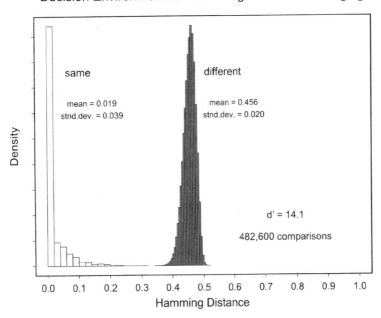

Decision Environment for Iris Recognition: Ideal Imaging

Abb. 8.10 Die Entscheidungsumgebung für die Iriserkennung unter vorteilhaften Bedingungen, wobei stets dieselbe Kamera benutzt wurde und die Entfernung sowie die Beleuchtung in einer Laborumgebung konstantgehalten wurden.

Abb. 8.9 zeigt die Entscheidungsumgebung unter weniger vorteilhaften Bedingungen, hier wurden die Bilder von verschiedenen Kamerasystemen aufgenommen. Abb. 8.10 zeigt die Entscheidungsumgebung unter idealen, aber künstlichen Bedingungen. Die Augen der Probanden wurden in einem Labor abgebildet, wobei stets dieselbe Kamera mit fest eingestelltem Zoomfaktor und gleichem Abstand und gleicher Beleuchtung eingesetzt wurde. Es überrascht kaum, dass dabei mehr als die Hälfte solcher Bildvergleiche einen HD-Wert von 0,00 erreichte und der HD-Mittelwert nur 0,019 betrug. Aus einem Vergleich der Abb. 8.9 und Abb. 8.10 geht klar hervor, dass die "Authentizität" der Verteilung für die Iriserkennung (Ähnlichkeit verschiedener Bilder desselben Auges, wie in den linken Verteilungen dargestellt), sehr stark von den Bedingungen der Bilderfassung abhängt. Die gemessene Ähnlichkeit für "Betrüger" (Verteilungen auf der rechten Seite) ist scheinbar fast vollständig unabhängig von den Abbildungsfaktoren. Statt dessen entspricht sie lediglich der Kombinatorik der Bernoulli-Versuche, wenn man die Bits aus unabhängigen Binärquellen (die Phasencodes verschiedener Irise) vergleicht.

Für binäre Entscheidungsaufgaben (z. B. gleich oder verschieden) wie biometrische Entscheidungen ist der "Entscheidbarkeitsindex" d' ein Maß dafür wie gut die beiden Verteilungen getrennt sind, da Erkennungsfehler durch ihren Überlappungsbereich verursacht werden. Wenn die zwei Mittelwerte als μ_1 und μ_2 bezeichnet werden mit den Standardabweichungen $\sigma 1$ und $\sigma 2$, dann wird d' definiert als

$$d' = \frac{|\mu_1 - \mu_2|}{\sqrt{(\sigma_1^2 + \sigma_2^2)/2}} \tag{14}$$

Dieser Entscheidbarkeitsindex ist von der Freizügigkeit oder Strenge der verwendeten Akzeptanzschwelle unabhängig. Es handelt sich nicht um ein Maß für die Trennung der Verteilungen, sondern vielmehr um einen Schätzwert dafür, wie hoch der Preis für eine Verbesserung beispielsweise der Fehlübereinstimmungsrate in Form einer Verschlechterung der Nichterkennungsrate von Übereinstimmungen ist. Die Leistungsfähigkeit jeder biometrischen Technologie kann an Hand ihrer d'-Werte geeicht werden. Die gemessene Entscheidungsfähigkeit für die Iriserkennung beträgt $d' = 7,3$ für die nichtidealen Bedingungen (verschiedene Systeme) gemäß Abb. 8.9 und $d' = 14,1$ für die idealen Bilderfassungsbedingungen gemäß Abb. 8.10.

Auf der Basis der linksseitigen Verteilungen in den Abb. 8.9 und Abb. 8.10 könnte man eine Tabelle der Wahrscheinlichkeiten für Nichtübereinstimmung als Funktion des HD-Übereinstimmungskriteriums berechnen, genau wie dies bereits in Tabelle 8.1 durchgeführt wurde für die Übereinstimmungswahrscheinlichkeiten auf der Basis der rechtsseitigen Verteilungen. Es könnte aber durchaus sein, dass sich solche Schätzungen als instabil erweisen, weil die "authentischen" Verteilungen sehr stark von der Qualität der Bilderfassung abhängig sind (Bewegungsunschärfe, Fokussierung, Zufallsrauschen usw.) und auch aufgrund der verschiedenen optischen Systeme Unterschiede entstünden. Wie oben für das schlecht fokussierte Bild in Abb. 8.3 bereits gezeigt wurde, werden die Phasenbits immer noch in zufälliger Weise mit binomialer Statistik gesetzt, wenn die Bilderfassungsbedingungen schlecht sind. Deshalb kann man davon ausgehen, dass die rechtsseitigen Verteilungen die asymptotisch erreichte, stabile Form sind sowohl im Fall gut abgebildeter (Abb. 8.10) wie auch im Fall schlecht abgebildeter Irise (Abb. 8.9). Die Abbildungsqualität bestimmt, wie stark sich die Verteilung für gleiche Irise verändert und nach links verschiebt, weg von der asymptotischen Verteilung für verschiedene Irise auf der rechten Seite. Auf jeden Fall stellten wir fest, dass der höchste HD-Wert bei den 7 070 Vergleichen gleicher Irise in Abb. 8.9 0,327 betrug, ein Wert, der klar unterhalb des kleinsten HD-Wertes von 0,333 für die 2,3 Millionen Vergleiche verschiedener Irise lag. Somit entspricht eine um 0,330 eingestellte Entscheidungsschwelle für die gezeigten empirischen Datenmengen einer richtig erkannten Übereinstimmungsrate von 100% - ohne eine einzige Falschübereinstimmung. Bei dieser Schwelleneinstellung liegt die Wahrscheinlichkeit einer falschen Übereinstimmung bei 1 / 2,9 Millionen, wenn man für diese Einschätzung die in der Tabelle 8.1 aufgelisteten Kumulationen aus (11) einsetzt.

Trotz dieser Diversität der Irismuster und ihrer damit erwiesenen, weitgehenden Einmaligkeit, die der hohen Anzahl von Freiheitsgraden zu verdanken ist, hängt die Verwertbarkeit dieses Verfahrens für die automatisierte Personenerkennung letztendlich noch von der zeitlichen Stabilität der Irismuster ab. Im Volksmund spricht man von einer systematischen Veränderlichkeit der Iris in Abhängigkeit von der Gesundheit und der Persönlichkeit. Es wird sogar behauptet, dass detaillierte Einzelheiten den Zustand einzelner Organe widerspiegeln ("Iridologie"). Solche Behauptungen wurden jedoch als medizinischer Schwindel entlarvt[12]. Auf jeden Fall steht grundsätzlich fest, dass das hier beschriebene Erkennungsprinzip eine hohe intrinsische Toleranz - bis zu etwa einem Drittel - gegenüber Korrumpierung der Irisinformation aufweist, ohne signifikante Verschlechterung der Erkennung der persönlichen Identität durch die einfache Prüfung der statistischen Unabhängigkeit.

---

[12] Z. B. Berggren, 1985, Simon et. al., 1979

8.7   Geschwindigkeit der Iriserkennung

Auf einer 300-MHz-Arbeitsstation von Sun ergeben sich mit optimiertem Ganzzahl-Maschinencode die in Tabelle 8.2 aufgelisteten Ausführungszeiten für die zeitkritischen Stufen der Iriserkennung.

Tabelle 8.2 Geschwindigkeit verschiedener Stufen der Iriserkennung

Operation	Ausführungszeit
Beurteilung der Bildschärfe	15 Millisekunden
Beseitigung der Glanzlichtreflexionen	56 Millisekunden
Lokalisation des Auges und der Iris	90 Millisekunden
Anpassung an die Pupillenbegrenzung	12 Millisekunden
Aufsuchen und Anpassen beider Augenlider	93 Millisekunden
Beseitigung der Wimpern- und Kontaktlinsenartefakte	78 Millisekunden
Demodulation und Bildung des Iriscodes	102 Millisekunden
XOR-Vergleich zweier beliebiger Iriscodes	10 Mikrosekunden

Die Suchmaschine kann etwa 100 000 komplette Vergleiche verschiedener Irisbilder pro Sekunde ausführen. Dies ist der effizienten Implementierung des Vergleichsbefehls mit den Booleschen Operatoren XOR und AND in paralleler Weise auf den errechneten Phasenbitsequenzen zu verdanken. Wenn sich die Datenbankgröße auf Millionen erfasster Personen erstreckt, sollte man aufgrund der schnelleren Geschwindigkeit die gegebene Parallelität des Suchvorgangs nutzen, indem man die Gesamtdatenbank in Blöcke von jeweils 100 000 Personen unterteilt. Die in Tabelle 8.1 aufgeführten Vertrauensgrenzen zeigen, wie die Entscheidungs-schwellen für jede dieser parallel arbeitenden Suchmaschinen angepasst werden sollten, um sicherzustellen, dass trotz der vielen umfassenden Suchvorgänge, die gleichzeitig ausgeführt werden, keine Falschübereinstimmungen entstehen.

Aus der mathematischen Grundlage dieser Iriserkennungsalgorithmen geht hervor, dass Datenbanken der Größe ganzer Nationen parallel durchsucht werden könnten, um eine zuverlässige Identifizierungsentscheidung für eine Person innerhalb von etwa einer Sekunde erreichen zu können. Dafür sind parallel arbeitende Gruppen kostengünstiger Mikroprozessoren einzusetzen, falls solch große Irisdatenbanken auf nationaler Ebene jemals zustande kommen.

8.8   Zusammenfassung

Die erstmals im Jahr 1993 beschriebenen Algorithmen zur Erkennung von Personen anhand ihrer Irismuster wurden in mehreren Feldstudien an der allgemeinen Bevölkerung erprobt, wobei sich unter einigen Millionen Vergleichstests keine Falscherkennungen ergaben. Das zugrundeliegende Erkennungsprinzip beruht auf dem negativen Ergebnis einer statistischen Prüfung auf Unabhängigkeit der durch mehrfach skalierte Wellenpakete kodierten Musterphasenstruktur der Iris. Die kombinatorische Komplexität dieser Phaseninformation bei verschiedenen Personen erstreckt sich über etwa 244 Freiheitsgrade und entspricht einer Diskriminierungsentropie von ungefähr 3,2 Bit/mm^2 der Irisfläche. Dies ermöglicht eine Echtzeitentscheidung zur Personenidentität mit extrem hoher Zuverlässigkeit. Ein so hohes Vertrauensniveau ist sehr wichtig als Voraussetzung für das zuverlässige Durchsuchen riesiger Datenbanken, um eine einzige Person aus einer sehr großen Anzahl von Personen ohne Mehrdeutigkeiten erkennen zu können. Biometrien ohne diese Eigenschaft können nur für Einzelvergleiche dienen. In diesem Kapitel wurden die gebräuchlichen Algorithmen für die Iriserkennung diskutiert und die Ergebnisse aus 2,3 Millionen Augenabbildungsvergleichen besprochen, die bei den Versuchen in England, den USA und Japan gewonnen wurden.

LITERATUR

Adini, Y., Moses, Y., Ullman, S. (1997): Face recognition: the problem of compensating for changes in illumination direction, in: IEEE Trans. Pattern Analysis and Machine Intelligence 19(7), S. 721-732

Belhumeur, P. N., Hespanha, J. P., Kriegman, D. J. (1997): Eigenfaces versus Fisherfaces: Recognition using class-specific linear projection, in: IEEE Trans. Pattern Analysis and Machine Intelligence 19(7), S. 711-720

Berggren, L. (1985): Iridology: A critical review, in: Acta Ophthalmologica 63(1), S. 1-8

Chedekel, M. R. (1995): Photophysics and photochemistry of melanin, in: Melanin: Its Role in Human Photoprotection, Overland Park, S. 11-23

Cover, T., Thomas, J. (1991): Elements of Information Theory, New York

Daugman, J. (1980): Two-dimensional spectral analysis of cortical receptive field profiles, in: Vision Research 20(10), S. 847-856

Daugman, J. (1985): Uncertainty relation for resolution in space, spatial frequency, and orientation optimised by two-dimensional visual cortical filters, in: Journal of the Optical Society of America A 2(7), S. 1160-1169

Daugman, J. (1988): Complete discrete 2D Gabor transforms by neural networks for image analysis and compression, in: IEEE Trans. Acoustics, Speech, and Signal Processing 36(7), S. 1169-1179

Daugman, J. (1993): High confidence visual recognition of persons by a test of statistical independence, in: IEEE Trans. Pattern Analysis and Machine Intelligence 15(11), S. 1148-1161

Daugman, J., Downing, C. (1995): Demodulation, predictive coding, and spatial vision, in: Journal of the Optical Society of America A 12(4), S. 641-660

Kronfeld, P. (1962): Gross anatomy and embryology of the eye, in: Davson, H. (ed.): The eye, London

Pentland, A., Choudhury, T. (2000): Face recognition for smart environments, in: Computer 33(2), S. 50-55

Phillips, P. J., Martin, A., Wilson, C. L., Przybocki, M. (2000): An introduction to evaluating biometric systems, in: Computer 33(2), S. 56-63

Phillips, P. J., Moon, H., Rizvi, S. A., Rauss, P. J. (2000): The FERET evaluation methodology for face-recognition algorithms, in: IEEE Trans. Pattern Analysis and Machine Intelligence 22(10), S. 1090-1104

Simon, A., Wothern, D. M., Mitas, J. A. (1979): An evaluation of iridology, in: Journal of the American Medical Association 242, S. 1385-1387

Viveros, R. Balasubramanian, K., Balakrishnan, N. (1984): Binomial and negative binomial analogues under correlated Bernoulli trials, in: The American Statistician 48(3), S. 243-247

9   Sprechererkennung

Joachim Zinke

9.1   Einführung

Wir sind es gewohnt, Menschen an ihrer Stimme zu erkennen. Ebenso normal ist es für uns, in das Mikrofon eines Telefons zu sprechen. Wenn nun auch ein Automat unsere Stimme erkennen kann, erscheint dies vielen zwar futuristisch (siehe Filmszenen aus 2001), aber nicht unbedingt beängstigend. All diese Faktoren begünstigen ein biometrisches System mit automatischer Sprechererkennung.

Schaut man sich Zeitsignale verschiedener Sprecher an, die das gleiche Wort gesprochen haben, scheint eine automatische Erkennung eines bestimmten Sprechers zunächst relativ einfach. Eine Betrachtung der Zeitsignale des gleiches Wortes vom Sprecher, das zu unterschiedlichen Zeiten aufgenommen wurde, weist schon auf die eigentliche Problematik hin: Das reine Zeitsignal reicht nicht aus, um die Variationsvielfalt in den Griff zu gekommen. Welche Verfahren hinter einer automatischen Sprechererkennung stehen und welche Probleme im täglichen Betrieb entstehen können, soll nachfolgend erläutert werden.

9.2   Begriffsklärung

Bei der automatischen Sprechererkennung muss zwischen einer Sprecherverifikation und einer Sprecheridentifikation unterschieden werden:

- Sprecherverifikation („Ist er es ?"):
  Der Sprecher ist durch Eingabe einer Kennung beispielsweise auf seiner Chipkarte und/oder seine PIN bekannt. Es soll geprüft werden, ob tatsächlich dieser Sprecher spricht.

- Sprecheridentifikation („Wer ist es?"):
  Es wird geprüft, welcher von den bekannten Sprechern spricht.

Bei beiden Prinzipien müssen Merkmale der Sprecher vor dem Erkennungsvorgang dem System bekannt gemacht werden, das System muss trainiert werden. Letztlich hängt es vom Training und der Speicher- und Entscheidungsverwaltung ab, ob eine Sprecherverifikation oder eine -identifikation erfolgt.

Der automatische Sprecherkennungsvorgang besteht aus vier wesentlichen Abschnitten:

- der Sprachanalyse zur Gewinnung der sprecherspezifischen Merkmale,

- dem Vergleich mit im Training gespeicherten Merkmalssätzen,

- der eigentlichen Schwellwertentscheidung über Annahme oder Ablehnung bei der Verifikation oder Sprecherauswahl bei der Identifikation,

- einer Adaption der Referenzen und der Entscheidungsschwellen an die zeitlichen Stimmveränderungen, die für den praktischen Betrieb vorteilhaft ist.

Grundsätzlich gilt, dass eine Erkennungsaufgabe umso schwieriger wird, je mehr Muster gleichzeitig erkannt werden sollen. Für Sicherungsaufgaben kommt daher vorwiegend eine Sprecherverifikation in Frage. Wichtig ist aber, dass die Erkennungsprinzipien weitgehend unabhängig von Verifikation oder Identifikation sind. Es kommt darauf an, ob das System die Erkennung anhand eines bestimmten gesprochenen Textes wie einem Schlüsselwort (textabhängig) oder anhand eines beliebigen Textes (textunabhängig) vornehmen soll.

Hier ist die Systemkonzeption entscheidend. Vom Gesichtspunkt der Erkennungssicherheit der eingesetzten Verfahren her ist die Vorgabe eines Schlüsselwortes am sichersten. Durch Wortwahl aus einer Schlüsselwortliste lässt sich vermeiden, dass für die Erkennung ungeeignete Wörter gewählt werden. Nachteilig dabei ist aber, dass durch die Möglichkeit um das Wissen des Schlüsselwortes Einbruchversuche unberechtigter Nutzer erleichtert werden.

Bei textunabhängigen Sprechererkennungen sind komplexere Verfahren nötig. Diese sind heute zum Beispiel in Diktiersystemen auf PC-Basis zu finden, wo sogenannte *Hidden-Markov-Modelle* (HMM-Modelle, siehe S. 169) von Wortsegmenten wie Phonemen eingesetzt werden. Textunabhängige Sprechererkennungen haben den Nachteil, dass ihr Training langwieriger und komplexer ist und die Erkennungssicherheit auch von der Länge der Sprechzeit bei der Überprüfung abhängt.

Aus Gründen des einfachen Trainings und einer einfachen Implementierung steht im Folgenden die textabhängige Sprecherverifikation im Vordergrund. Erläutert wird die *lineare prädiktive Codierung* (LPC) zur Sprachanalyse und die *dynamische Zeitnormierung* ("*dynamic time warp*", DTW) zum eigentlichen Vergleich der gespeicherten Referenzen mit den aktuellen Testdaten. Ein Ausblick auf HMM-Modelle zur Sprachsegmenterkennung zeigt Schritte für eine Vorgabe synthetisch erzeugter Schlüsselwörter auf.

9.3   Sprachanalyse - Gewinnung von Merkmalen aus dem akustischen Signal

Lautäußerungen erfolgen durch die lautspezifische Formung des Mund- und Rachenraumes, durch den ein geeignetes Anregungssignal akustisch gefiltert wird.

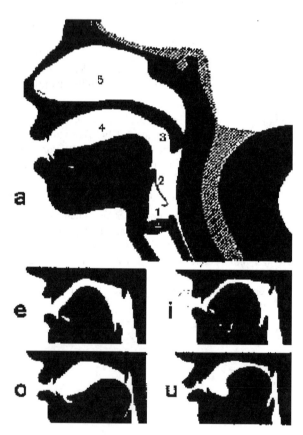

Abb. 9.1 Bei der Erzeugung langgezogener Vokale sind die charakteristischen Einstellungen von Mund- und Rachenraum leicht selbst nachvollziehbar. Diese bilden einen akustischen Resonanzraum, der das in der Glottis entstehende Anregungssignal in seiner spektralen Zusammensetzung filtert. (nach Zinke 1992) Legende: 1: Stimmritze, 2: Epiglottis, 3: Gaumensegel, 4: Mundhöhle, 5: Nasenhöhle

Für die langgezogenen, stimmhaften Vokale ergeben sich sehr charakteristische Einstellungen, die zeitlich auch relativ stabil sind (Abb. 9.1). Als Anregungssignal dient hierbei ein durch Schwingungen der Stimmlippen (*Glottis*) erzeugtes periodisches Pulssignal. Dieses besitzt eine bestimmte Grundfrequenz (*Pitch*), deren Vielfache ebenfalls leicht im Spektrum wiederzufinden sind. Stimmlose Laute wie „f" und „s" werden bei geöffneter Glottis durch den aus den Lungen strömenden Luftzug an Lippen und Zungenspitze zu einem eher rauschförmigen Signal geformt. Daneben sind sehr viele Mischformen möglich wie bei Formung eines Plosivlautes beim Buchstaben „p". Diese Laute haben meist nur eine sehr kurze Dauer und verändern sich somit noch schneller.

Um eine Analyse eines veränderlichen Signals durchzuführen, bedarf es einer Unterteilung in Zeitabschnitte. Meist werden Segmentfolgen von 10-30-ms-Abschnitten durch geeignete Zeitfenster gebildet. Grundlage dieser Analyse ist ein einfaches Modell zur Erzeugung von Sprache, bei dem ein einstellbares Zeitsignal nach Analysedaten ein Filter anregt, welches die Einflüsse des Vokaltraktes mit Mund- und Rachenraum nachbildet (Abb. 9.2).

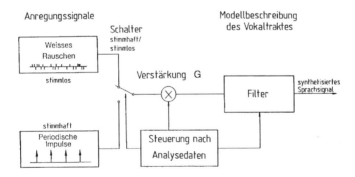

Abb. 9.2 Einfaches Modell zur Erzeugung von Sprache durch Filterung eines Anregungssignals mit einem Filter, dessen Parameter an den zeitlichen Verlauf des Sprachsignals innerhalb einer Analyse angepasst worden sind

Ein akustisches Filter kann aber, wenn das akustische Signal in ein elektrisches Signal und später in eine Folge von digitalisierten Werten umgesetzt worden ist, auch durch ein Digitalfilter nachgebildet werden. In dieses rekursive Digitalfilter laufen bei der Synthese der Sprache die Anregungssignale ein. Der Parametersatz dieses alle 10-30 ms adaptierten Filters wird unter dem Ansatz einer minimalen Abweichung des Vorhersagesignals vom vorliegenden Originalsignal des analysierten Lautabschnittes optimiert. Heraus kommt ein Vorhersagesignal, das umso besser mit dem früher analysierten Signal übereinstimmt, je besser die Optimierung der Parameter Filter, Verstärkung und Anregungssignal erfolgt ist. Für die Erkennung reicht die zeitliche Folge der so gewonnenen LPC("linear predictive coding")-Filterparameter aus. Eine Verwendung der Stimmgrundfrequenzwerte ist wegen deren Variabilität beim Sprechvorgang, etwa zur Betonung, eher nur als Zusatzparameter möglich. Auf Basis dieses Grundprinzips und bei weiterer Verfeinerung insbesondere der Betrachtung der Anregungssignale werden heute sehr natürliche Sprachqualitäten erreicht, angewendet unter anderem im Mobilfunk mit den Sprachcodern[1] der 2. Generation.

Die LPC-Filterparameter können noch in daraus abgeleitete transformierte Werte umgerechnet werden. Häufig genutzte Parameter sind sogenannte *Cepstralwerte*[2]. Daneben können differentielle Betrachtungen zeitlich aufeinander folgender Werte oder zusätzliche Normierungen die Stabilität gegenüber Variationen im Frequenzgang der Aufnahmeeinrichtung oder Hintergrundgeräuschen erhöhen.

---

[1] Sprachcoder komprimieren auf der Senderbreite die Datenrate zur Übertragung des digitalisierten Sprachsignals und rekonstruieren auf der Empfängerseite das ursprüngliche Sprachsignal.
[2] Furui, 1981

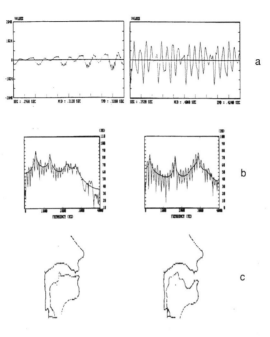

Abb. 9.3 .a Zeitsignal, b Spektrum mit Vielfachen der Stimmgrundfrequenz sowie glättender LPC-Filterschätzung und c Vokaltraktschätzung für Analysesegmente von 32 ms Länge aus dem Lautübergang von „j" nach „a" im Wort "ja"

Für ein Schlüsselwort von 1 Sekunde Länge ergibt sich bei einer Analyse-segmentlänge von 20 ms pro Äußerung ein Datensatz von 50 Segmenten mit jeweils etwa 10 Filterwerten (Abb. 9.3). Zur Kodierung der einzelnen Filterwerte ist eine Genauigkeit von 8 Bit ausreichend. Somit werden bei diesem Ansatz 500 Byte pro gespeicherter Schlüsselwortreferenz benötigt.

Wegen der Variationsvielfalt der eigenen Sprechweise ist die zufällige Auswahl einer einzigen Referenzäußerung mit hohen Fehlerraten verbunden. Beim Training werden daher meist wiederholte Äußerungen des zu trainierenden Schlüsselwortes genutzt. Diese können ebenfalls direkt als Referenzen gespeichert werden, was zu einem Vielfachen an Speicherbedarf führt. Mit diesen mehrfachen Äußerungen kann nun aber auch schon geprüft werden, wie viele Abweichungen zwischen den eigenen Sprechweisen bestehen. Dazu ist es vorteilhaft, den später eingesetzten Erkennungs- oder Mustervergleichsvorgang zu verwenden. Damit kann direkt eine der Äußerungen ausgewählt oder eine normierende Mittelung durchgeführt werden.

9.4 Mustererkennung von Sprache

Sprache ist gekennzeichnet durch ausgeprägte zeitliche Veränderungen. Diese müssen daher im automatischen Erkennungsvorgang maßgeblich eingehen. Ein relativ leicht nachvollziehbares Verfahren zur Erkennung eines isoliert gesprochenen Schlüsselwortes setzt die Sprachsignale durch Auftrag der frequenzspezifischen Energieanteile über die Zeit in Spektrogramme um (Abb. 9.4).

Anhand dieser Spektrogramme können nun die aus der optischen Mustererkennung bekannten Verfahren wie neuronale Netze eingesetzt werden. Dabei wird die Bedeutung (die Klasse) vorgegeben und das neuronale Netz so optimiert, dass beim Anlegen von Mustern dieser Klasse die geringste Abweichung auftritt, bei Anlegen anderer Klassenmuster im Training höhere Abweichungen.

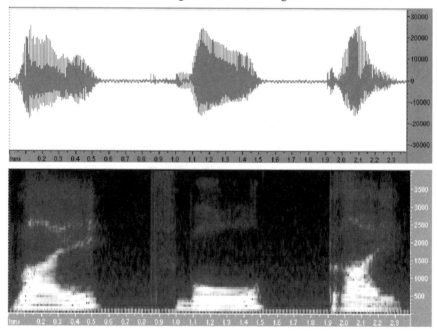

Abb. 9.4 Zeitsignal (*oben*) für eine Äußerung von "zwei zwo drei " und zugehöriges Spektrogramm (*unten*). Auf der x-Achse ist immer der zeitliche Verlauf aufgetragen, im oberen Zeitsignal ist auf der y-Achse die Amplitude, im Spektrogramm die Frequenz aufgetragen. Die Energie in den Frequenzbereichen wird durch die Spektralfarben bzw. Grauwerte gekennzeichnet. Schwarz: keine/wenig Energie, hell: hohe Energie. Man beachte die Ähnlichkeit von „zwei" und „drei" im unteren Spektrogramm.

Wegen der unterschiedlichen Sprechlängen sowie der zeitlichen Dehnungen und Stauchungen auch bei Äußerung des gleichen Wortes vom gleichen Sprecher verwischen die in den Spektrogrammen zu sehenden charakteristischen Konturen. Bei neuronalen Netzen sind somit zusätzliche Parameteraufbereitungen und eine Vielzahl von Trainingsmaterial nötig, um stabile Erkennungen zu ermöglichen.

Vorteilhaft wären Erkennungsvorgänge, die gleichzeitig mit dem frequenzmäßigen Vergleich auch eine Normierung dieser zeitlichen Verzerrungen durchführen.

9.5   DTW – "dynamic time warp"

Schon eine vorliegende Referenz und eine Testäußerung reichen, um das Verfahren der *dynamischen Zeitnormierung* (DTW) anzuwenden. Hierbei sucht der Algorithmus entlang eines vorgeschriebenen Pfadbereiches den optimalen zeitlichen Vergleichspfad zwischen Test- und Referenzäußerung. Gleichzeitig bestimmt der Algorithmus dabei die von Anfang bis Ende aufsummierten Differenzen der frequenzmäßigen Analyseparameter von Referenz- und Testsignal. Häufig werden Cepstralkoeffizienten als Merkmalswerte genutzt (Abb. 9.5).

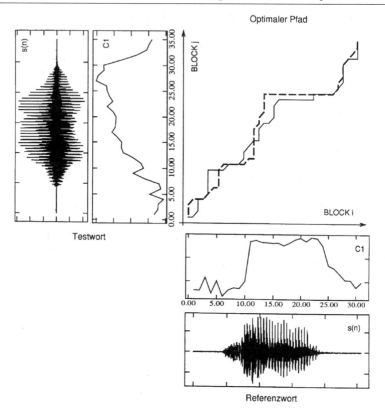

Abb. 9.5 Optimaler Vergleichspfad des DTW–Mustervergleichs zwischen den Merkmalsvektoren eines Referenz- und eines Testwortes. Für die zugehörigen Zeitsignale s(n) ist auch der erste Cepstralkoeffizient c1 aufgetragen. Wenn nur c1 im lokalen Abstand verwendet wird, ergibt sich der Pfad (- - -), dessen Weg den plötzlichen Anstieg von c1 ab Analyseblock 11 in der Referenz den allmählichen Anstieg im Testwort ausgleichen muss. Wenn für jeden Analyseabschnitt alle 8 Merkmalswerte c1 bis c8 eingehen, ergibt sich der optimale Pfad (—). Die Summe der lokalen Blockdifferenzen auf diesem Pfad ergeben den Ähnlichkeits- oder Abstandswert, der in die anschließende Entscheidung eingeht.

Wird das gleiche Signal als Referenz- und als Testsignal genutzt, kommt ein Abstand von 0 heraus. Wird ein anderes Wort getestet oder spricht ein anderer Sprecher das Referenzwort, steigt dieser Abstandswert an. Im Optimalfall sollten die Abstandswerte beim Sprechen des gleichen Wortes vom gleichen Sprecher kleiner sein als in den anderen Fällen. In der Realität kommt es jedoch zu starken Streuungen dieser Abstandswerte, die eine Festlegung der Erkennungsschwelle erschweren.

9.5.1   HMM – Hidden-Markov-Modelle

Beim stochastischen HMM-Verfahren wird aus einer Vielzahl von Trainingsäußerungen ein Modell berechnet, das die gleichen Folgen von Merkmalsvektoren erzeugen kann, wie sie bei der Analyse der Trainingsreferenzen gefunden worden sind. Dabei werden gleichzeitig charakteristische Abschnitte im Zeitsignal gefunden, die für die Erzeugung bestimmter Merkmalsvektoren wie beispielsweise bei den Vokalen oder anderen Sprachbestandteilen wie den Phonemen, den kleinsten sinntragenden Sprachbestandteilen, verantwortlich sind (Abb. 9.6).

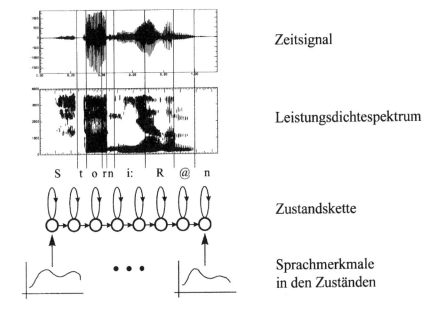

Abb. 9.6 Erkennungsprinzip mit Hidden-Markov-Modellen (HMM), das auch Wortbestandteile wie Phoneme modellhaft darstellen kann. Hier werden innerhalb des Algorithmus aus der Frequenzanalyse heraus Zustände bestimmt, die sich durch ähnliche Merkmalssätze auszeichnen. Durch Verkettung von Phonemmodellen können ganze Wörter und Sätze erkannt werden.

Damit ist auch der Grundstock dazu gelegt, mehr als nur isoliert gesprochene Schlüsselwörter wie bei DTW zu nutzen. Mit HMM kann auch natürliche kontinuierliche Sprache analysiert werden, oder die gewonnenen Beschreibungen der Sprachbestandteile können zur Synthese von neuen, vorher nicht gesprochenen Schlüsselwörtern dienen.

Beim Erkennungsvorgang mit HMM wird die Wahrscheinlichkeit berechnet, dass mit den trainierten Sprachmodellen die beobachteten Merkmalsfolgen der Testäußerungen erzeugt werden können. Je höher diese Wahrscheinlichkeit, desto höher auch die Wahrscheinlichkeit, dass das in der Erkennung genutzte Wortmodell das richtige Modell ist.

Beim HMM hängt es in starkem Maß vom Trainingsmaterial und von der Organisation von Training und Erkennung ab, ob eine textabhängige Sprecherverifikation oder eine bis zur textunabhängigen Sprecheridentifikation reichende Realisierung genutzt werden können.

Die Leistung von automatischen Erkennungsverfahren ist von vielen Parametern abhängig. Insbesondere beim HMM-Verfahren gehen die Art der Modellstrukturen (Zustände pro zu erkennendem Sprachbestandteil), der stochastischen Modellierung (Mittelwerte und Varianzen oder multivariante kontinuierliche Beschreibungen) sowie die Komplexität der Trainingsalgorithmen (bis zur Diskrimination der zu erkennenden Klassen) ein[3].

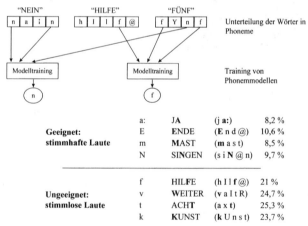

Abb. 9.7 Gewinnung von Phonemmodellen aus Trainingsmaterial und deren Eignung bei untrainiertem Testmaterial, dargestellt anhand der Fehlerraten. Die Phonemeinteilung kann nach einer Initialisierungsphase vom System automatisch vorgenommen werden. Zur Sprechererkennung können ungeeignete Bestandteile herausgefiltert werden. (nach Langlitz 1996)

---

[3] Euler et al., 1997

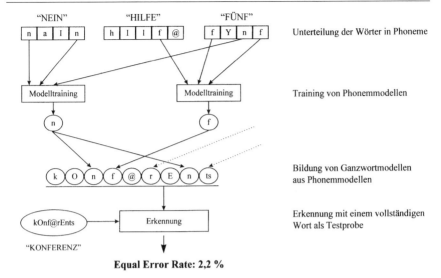

Abb. 9.8 Synthese von Ganzwortmodellen aus Phonemmodellen, die zu vergleichbaren Erkennungs-werten EER ("equal error rate") wie das Training von Ganzwortmodellen führt. Diese Technik kann zur Vorgabe noch nicht trainierter Schlüsselwörter genutzt werden, wenn der Sprecher vorher anderes Sprachmaterial trainiert hat, aber auch zur feindlichen Offline-Generierung von bekannten Schlüsselwörtern. (nach Langlitz 1996)

Die Verwendung von Phonembeschreibungen[4] kann dazu dienen, aus den zu vergleichenden Äußerungen diejenigen Bestandteile herauszutrennen, die für eine Sprechererkennung vorteilhaft sind. Liegen alle zur Beschreibung eines neuen Wortes notwendigen Phonembeschreibungen vor, können auch diese neuen Wörter als vom System vorgegebene Schlüsselwörter genutzt werden (Abb. 9.8). Die Fehlerraten liegen im gleichen Bereich wie bei Ganzwortmodellen[5].

9.5.2   Entscheidungsschwelle

Wie bei allen automatischen Erkennungsverfahren ist nach der Analyse und einem geeigneten „Mustervergleich" eine Auswertung der gewonnenen „Vergleichswerte" nötig. Für die Verifikation steht die Entscheidung an, ob das vorliegende Testsignal vom vorgegebenen Erzeuger stammt. Dabei sind zwei Fehlentscheidungsarten zu

---

[4] Rosenberg et al., 1990

[5] Langlitz, 1996

unterscheiden: Die wahre Person wird abgelehnt oder ein Eindringling (eine falsche Person) wird akzeptiert.

Werden die Erkennungswerte über viele Eigen- und Fremderkennungen aufgetragen, kommt es zu für die Erkennung charakteristischen Verteilungen der Eigen- und Fremdabstände. Optimal wäre ein sicherer Abstand zwischen Eigen- und Fremdabständen, so dass eine einfache Schwellenfestlegung zwischen „Gut" und „Böse" erfolgen könnte. In den meisten Fällen überdecken sich jedoch diese Werte in einer Region zwischen den häufigsten Abständen. Es liegt dann an der Sicherheitsvorgabe, ob eher Nichtberechtigte abzulehnen und damit auch berechtigte Nutzer abzuweisen sind, oder ob eher alle Berechtigten akzeptiert werden sollen und damit unvermeidlich auch Nichtberechtigte Zugang erhalten.

Bei der Sprechererkennung kommt erschwerend hinzu, dass diese Schwellen nicht global festgelegt werden sollten, da die Vergleichsabstände sprecher- und wortspezifische Wertebereiche einnehmen. Als Gegenmaßnahme können Normierungen auch vor der eigentlichen Entscheidung eingeführt werden.

9.5.3   Fehlerraten

Die Beurteilung von Sprechererkennern sollte unabhängig von der einstellbaren Entscheidungsschwelle möglich sein. Darum wird als Entscheidungsschwelle häufig der Vergleichswert der eigentlichen Erkennung genutzt, der zu gleich vielen Falschrückweisungen und Falschakzeptanzen führt. Dies führt zur *equal-error-rate* (EER) (Abb. 9.9).

Wichtig ist, dass diese Fehlerwerte sogenannte A-posteriori-Fehlerraten sind, die nur nachträglich nach dem eigentlichen überwachten Einsatz, beispielsweise im Testlauf einer Simulation, möglich sind. In der Praxis kommt es darauf an, a priori, also vor dem Einsatz, eine Entscheidungsschwelle festzulegen. Hilfreich sind hierfür Testläufe, die dem späteren Einsatz so nahe wie möglich kommen. Dabei sollten nicht nur die Eigenabstände des zu erkennenden Sprechers, sondern auch die Gegenabstände einer repräsentativen Zahl von fremden Sprechern berechnet werden und auf geeignete Weise mit in die A-priori-Schwellwertbestimmung einfließen.

Fehlerrate in %

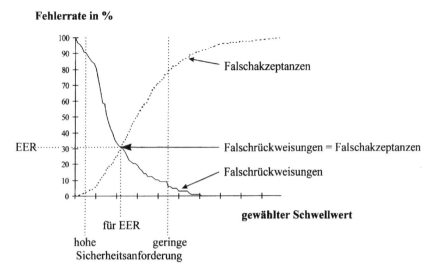

Abb. 9.9 Bestimmung der equal-error-rate (EER) mit gleich vielen Falschrückweisungen und Falschakzeptanzen als Leistungsmaß der Verifikation

9.6   Einflussfaktoren von Fehlentscheidungen

Im praktischen Betrieb wird die Sprechererkennung neben ihren großen Variationen im auszuwertenden akustischen Testsignal zusätzlich durch unvorhersehbare Einflüsse erschwert. Die Auswirkungen unterschiedlicher Wörter und Sprecher sowie nichttrainierte akustische Verhältnisse sind in Tabelle 9.1 für den häufig eingesetzten DTW-Algorithmus aufgetragen[6]. Andere Algorithmen zeigen ähnliches Verhalten[7], wobei Aussagen über ungeeignete Sprecher oder Wörter nicht verallgemeinert werden können, sondern algorithmenspezifisch sind. Wie in Tabelle 9.1 zu sehen ist, können unter optimalen Bedingungen - im Labor oder in der Simulation - gemessene Fehlerwerte nahe 0 % auf Werte um 10 % ansteigen. Zu beachten ist, dass dabei Fehlbedienungen durch mängelbehaftete Bedienoberflächen oder ungeübte Nutzer noch gar nicht berücksichtigt sind. Tabelle 9.2 fasst einige Probleme und bekannte Lösungen in einer Übersicht zusammen. Dabei sind die einzelnen Problembereiche in einer vom Autor gewerteten Reihenfolge steigender Lösungskomplexität angeordnet.

---

[6] Euler / Reininger, 1996

[7] Campbell, 1997

Tabelle 9.1 Wort- und Sprecherabhängigkeiten der EER für DTW mit 14 Cepstralkoeffizienten. Die mittleren Werte entstanden aus Mittelung der wort- und sprecherspezifischen EER-Werte. Durch weitere Merkmalsaufbereitungen konnten die mittleren EER-Werte noch von 1,04 auf 0,78 % bzw. von 4,16 auf 3,61 % gesenkt werden.

Ungestörte Signale:				
Mittel 1,04 %	0,0 %	2,3 %	0,0 %	4,0 %
Gestörte Testsignale:				
(Frequenzgang eines anderen Mikrofons kombiniert mit Messegeräusch im Hintergrund):				
Mittel 4,16 %	0,5 %	10,8 %	0,0 % („Konferenz", „Ende")	14,9 % („Zwo", „Acht" „Rückruf")

Tabelle 9.2 : Probleme der Sprechererkennung im praktischen Betrieb und Lösungsansätze (Reihenfolge der Faktoren nach vom Autor gewerteter steigender Komplexität)

Probleme	Lösungen
Akustik	
Unterschiedliche Mikrofone / Soundkarten bei Training und Anwendung, Raumeinflüsse, Stationäre und zufällige Hintergrundgeräusche	Parameteraufbereitungen z.B. differentielle statt statische Parameter Normalisierung der Parameter Komplexerer Sprachdetektor
Schwellwert	
Wortabhängigkeiten, Sprecherabhängigkeiten, ... Täuschungsversuche durch Aufbereitung von Sprachmaterial	Vorgabe von Schlüsselwörtern Schwelle Sprecher- und Wortabhängig Auffrischung der Referenzen Nachadaption der Schwelle Normalisierungen der Schwelle
Falsche Bedienung	
z.B. falscher Sprachzeitpunkt	Geeignete Bedienoberfläche mit Rückkopplung der akustischen Erkennung
Stimmveränderungen	
Langzeitstabilität, Stimmveränderungen durch Stress	Optimierung obiger Lösungen [9] Aufwendig zu Testen !!!

9.7   Feldtests mit Prototypen

Basierend auf dem DTW-Algorithmus mit 8 Cepstralkoeffizienten wurde ein PC-basierter Prototyp zur Sprecherverifikation aufgebaut[8]. Hierfür wurden 8 leicht zu merkende und in der Aussprache kaum variierbare Schlüsselwörter eingesetzt (Tabelle 9.3).

Für das Training waren für alle 8 Wörter drei Proben abzugeben, wobei die Reihenfolge der damit 24 Stimmproben zufällig war. Das verlangte Wort wurde sowohl beim Training als auch beim Test per Sprachansage vorgegeben. Während des Trainings wurden Gegenabstände zu im System gespeicherten Sprecher- bzw. Wortproben gebildet. Anhand der mehrfachen Äußerungen des trainierenden Sprechers wurden auch Eigenabstände schon während des Trainings berechnet. Dadurch konnte auch überprüft werden, ob die abgegebenen Sprachproben konsistent genug für die Verwendung als Referenz waren.

Aus in früheren Simulationen gefundenen mittleren Werten von Eigen- und Gegenabständen und den aktuell bestimmten Werten wurde ein Schwellwert bestimmt. Dieser konnte, wie allgemein üblich, mit einem einstellbaren Sicherheitsfaktor gewichtet werden. Außerdem wurde diese Schwelle im Testeinsatz an die adaptierten Muster angepasst.

Während des Testbetriebes waren maximal alle 8 Wörter zu sprechen. Nach zwei Testäußerungen unterhalb der Sicherheitsschwelle meldete das System eine erfolgreiche Erkennung und ersetzte die letzte gesprochene Äußerung durch eine der drei für dieses Wort gespeicherten Referenzen.

Ein erster Vorversuch wurde von einem nicht dem Entwicklerteam angehörenden Systembetreuer durchgeführt. Über einen Zeitraum von 10 Wochen fanden insgesamt 210 Zugangsversuche von 11 Personen gegen ihre eigenen Referenzen und 451 Versuche gegen fremde Referenzen statt. Hierbei ergab sich anhand nachträglich ausgewerteter Zugangsdaten ein berechneter EER-Wert von 1,8 %.

Bei einem anderen Prototypeneinsatz[9] wurden Räume an der Universität Frankfurt mit diesem Sprechererkenner abgesichert, der an einer kleinen Telefonanlage hing und einen Türöffner steuerte. Gleichzeitig wurden die im Test von ca. 20 Nutzern gesprochenen Äußerungen gespeichert und standen somit auch für Simulationszwecke zur Verfügung. Da dieser Test nicht überwacht wurde, sind quantitative Aussagen zur Erkennungssicherheit nicht möglich. Es zeigte sich jedoch, dass wie im ersten Feldversuch in den allermeisten Fällen nur zwei oder drei Wörter bis zur Akzeptanz gesprochen werden mussten. Bedingt durch den Sprachdialog variierte

---

[8] Zinke, 1992

[9] Euler / Reininger, 1996

die Zeit bis zur Akzeptanz zwischen 18 und 51 Sekunden, was auch Hauptkritik-punkt der Nutzer war.

Die während des Betriebs gespeicherten Äußerungen von 16 Sprechern gingen in eine zusätzliche Simulationsrechnung ein. Daneben wurden von 18 Sprechern externe Aufnahmen mit Studiomikrofon durchgeführt, bei denen die Wörter innerhalb eines Tages 20-mal gesprochen wurden.

Tabelle 9.3 Equal-error-rate (EER) der im Prototypen genutzten Wörter: Vergleich von externen Aufnahmen unter Studiobedingungen mit im realen Betrieb aufgezeichneten Protokollaufnahmen. Simulation ohne die im Prototyp eingesetzte Adaption!

Wort	Externe Aufnahmen	Protokollaufnahmen
Mosel	1,97	11,77
Donau	1,66	14,28
München	0,55	9,55
Berlin	1,82	6,56
Nord	1,97	15,93
Süd	3,43	13,52
Bier	2,39	12,53
Wein	1,15	13,07
Summe	1,87	12,53

Aus Tabelle 9.3 ist ersichtlich, dass die unter realen Bedingungen aufgezeichneten Sprachproben zu weit mehr fehlerhaften Entscheidungen führten. Einer der Gründe dürfte die in der Simulation fehlende Adaption sein, ein anderer die Variabilität der Sprechweisen über einen längeren Zeitraum sowie zufällige Hintergrundgeräusche. Bemerkenswert ist auch, dass die drei mehrsilbigen Wörter insbesondere im praktischen Betrieb zu den sichersten Schlüsselwörtern gehörten. Hier ist die sprecherspezifische zeitliche Sprechweise ein zusätzliches sicheres Sprecher-merkmal, das neben den charakteristischen Lautformungen vom DTW-Algorithmus genutzt werden konnte.

9.8   Zusammenfassende Wertung und Ausblick

Für den praktischen Einsatz der Sprechererkennung sind einige Besonderheiten im Blick zu behalten. Abgesehen davon, dass nicht jeder Mensch sprechen kann, kommt es zu sprecher- und wortspezifischen Ausreißern in der Erkennungsleistung. In lärmerfüllter Umgebung auftretende Hintergrundgeräusche fordern zusätzliche Verarbeitungsschritte innerhalb der Algorithmen und Implementierungen, deren Bedienoberfläche möglichst schon mit Vorergebnissen des Erkennungsalgorithmus gekoppelt sein sollte. Ungeeignete Trainingsreferenzen wegen zu hoher Ähnlichkeit oder Hintergrundstörungen sind daher zu vermeiden.

Die hohe Zeitinvarianz der Sprechweise und der Stimmcharakteristiken erfordert eine Adaption, um die Erkennungsleistung nach einiger Zeit nicht zu sehr herabzusetzen, wie es insbesondere in Stresssituationen der Fall sein kann. Gleichzeitig darf eine höhere Toleranz gegenüber Veränderungen der Stimme aber nicht zu dadurch erleichterten Einbruchversuchen mittels technischer Hilfsmittel führen. Liegen von einem Sprecher umfassendere Trainingsproben vor, so können vom System synthetisierte Schlüsselwörter in der Prüfphase verwendet werden, die der Anwender vorher gar nicht trainiert hat. Die gleiche aufwendige Technik bietet jedoch auch die Möglichkeit, künstlich Sprachproben bekannter Schlüsselwörter zu erzeugen[10] und damit Einbruchversuche zu starten.

Die Sammlung umfangreicher Sprachproben innerhalb der Trainings wird jedoch oft als sehr lästig empfunden. Daher wird eine möglichst kurze Lernphase angestrebt, die jedoch dann die Variabilität der eigenen Sprechweise meist nur sehr eingeschränkt erfasst. Insgesamt erfordert die gegenüber anderen biometrischen Verfahren höhere Akzeptanz noch Kompromisse in Bezug auf die Erkennungsleistung und den Realisierungs- und Implementierungsaufwand.

LITERATUR

Bou-Ghazale, S. E., Hansen, J. H. L. (2000): A Comparative Study of Traditional and Newly Proposed Features for Recognition of Speech Under Stress, in: IEEE Trans. Speech and Audio Proc. 8, S. 429-442

Campbell, J. P. (1987): Speaker Recognition: A Tutorial. Proc, in: IEEE 85, S. 1437-1463

Euler, S., Reininger, H. (1996): Zugangskontrolle durch Sprecherverifikation - Erste Erfahrungen aus dem praktischen Einsatz. ITG-Fachbericht, S. 139, Sprachkommunikation. Frankfurt, S.85-88,

Euler. S., Langlitz, R., Zinke, J. (1997): Comparison of Whole Word and Subword Modeling Techniques for Speaker Verification with Limited Training Data, in: IEEE ICASSP-97, S. 1079-1082

Furui, S. (1981): Cepstral analysis technique for automatic speaker verification, in: IEEE Trans. Acoustics, Speech and Signal Proc., ASSP-29, S. 254-272

Genoud, D., Chollet, G. (1999): Deliberate Imposture: a Challenge for Automatic, in: Speaker Verification Systems, S. 1-4

---

[10] Genoud / Chollet, 1999

Langlitz, R. (1996): Sprecherverifikation mit Hidden Markov Modellen, Diplomarbeit, FH Gießen-Friedberg

Rosenberg, A. E., Lee, C. H., Soon, F. K. (1990): Sub-word unit talker verification using hidden markov models, in: IEEE ICASSP-90, S. 269-272,

Zinke, J. (1992): Verfahren und Systeme zur Sprecherverifikation, Dissertation Johann-Wolfgang-Goethe-Universität Frankfurt

10   Unterschriftenerkennung

Christiane Schmidt und Jörg-M. Lenz

Obwohl die Unterschrift von allen rechtlichen Instanzen anerkannt wird, ist die automatische Unterschriftenprüfung ein sehr junges Forschungsgebiet.

Im Rahmen dieses Beitrages werden nach einer einleitenden Analyse von Grundproblemen der Schreibererkennung Methoden zur Beschreibung informationstragender Eigenschaften von Unterschriften präsentiert. Anschließend werden bereits existierende und potentielle Einsatzgebiete von Unterschriftenprüfungssystemen vorgestellt.

10.1   Einführung

Schon immer haben Menschen versucht, aus einem handgeschriebenen Text, mehr Informationen zu entnehmen als nur den Inhalt. Anders als in der Graphologie interessiert bei biometrischen Verfahren der Rückschluss auf die Identität des Schreibers. Der Graphologe ist an der Persönlichkeitsstruktur oder an physiologischen Einflüssen interessiert, denen der Schreiber ausgesetzt ist.

Mit Michon begann der nunmehr 100jährige Streit der Lehrmeinungen, was Schriftvergleichung und was Graphologie sei, oder ob das eine ein Teilgebiet des anderen sei; welche Disziplin Anspruch auf Wissenschaftlichkeit erheben könnte bzw. wie Schriftvergleich zu betreiben sei. Schriftsachverständige fühlten sich durch Graphologen diskreditiert und umgekehrt; zuweilen wurde gefordert, dass jeder Schriftsachverständige Graphologe ist; zuweilen misstraute man Schriftsachverständigen dann, wenn sie auch in der Graphologie bewandert sind[1].

Für die Schriftvergleichung ist es faktisch unbedeutend, ob Handschriften charakterologisch gedeutet werden können. Für die Personenidentifizierung durch Daktyloskopie ist es genauso wenig bedeutsam, ob sich die Handlinien im Hinblick auf Charakter und Schicksal seines Trägers deuten lassen. Zweifellos hat die moderne Schriftvergleichung auch der Graphologie mancherlei zu verdanken. Sie hat sich insbesondere von der alten kalligraphischen Formvergleichung abgewendet und die Handschrift als Objektivierung eines Bewegungsvollzuges erkannt[2].

Die manuelle Analyse wird in der Medizin und Schriftpsychologie seit langem praktiziert. Erst in den letzten Jahren wurde begonnen, die Handschriftenerkennung durch Verfahren der Mustererkennung zu objektivieren und zu automatisieren[3]. Dadurch ergab sich die Möglichkeit zur Verwendung von Unterschriften als personengebundenes Merkmal in der automatischen Benutzerverifikation oder – identifikation.

---

[1] Seibt, 1999

[2] Michel, 1982

[3] Plamondon / Lorette, 1989

10.2   Grundprobleme der Schreibererkennung

10.2.1   Entwicklung von Handschrift

Die Entwicklung von Handschrift im Allgemeinen vollzieht sich in der Auseinandersetzung mit der in der Grundschule gelehrten Ausgangsschrift. Sie ist durch den jeweiligen Zeitstil geprägt. In den ersten Schuljahren wird Schreiben anhand einer prototypischen Vorlage gelehrt. Aufgrund verschiedener Schreibvorlagen und Lerntechniken variiert das Schriftbild nicht nur von Land zu Land, sondern auch von Schule zu Schule[4].

Das Schreibenlernen beginnt zunächst mit einem Prozess des Kopierens der Vorlage, die nicht jedes Kind in der gleichen Art und Weise reproduziert. Im Laufe der Zeit entwickelt sich eine Handschrift mit individueller Ausprägung. Als Ergebnis weicht die Schrift von der Vorlage ab und enthält abgeleitete Elemente aus der Schreibvorlage selber, der Schriftversion des Lehrers und der Eltern sowie individuelle Variationen und idiosynkratische Elemente (Abb. 10.1). Jede Handschrift weist unter gleichbleibenden Bedingungen eine natürliche Variationsbreite auf. Nur durch Kopieren ist Deckungsgleichheit zu erzeugen.

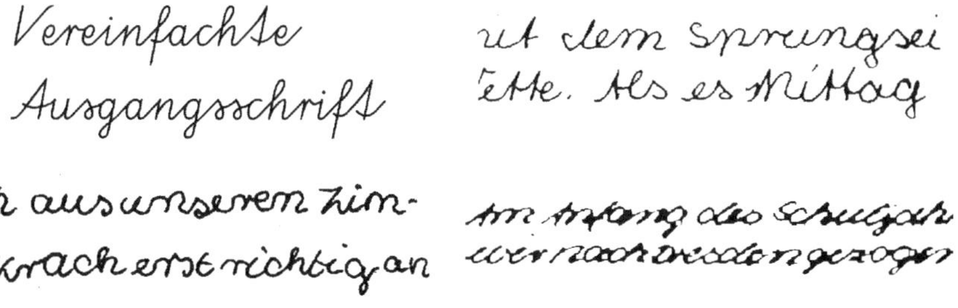

Abb. 10.1 Änderung der Handschrift in Abhängigkeit vom Alter. Die Abbildung zeigt eine prototypische Schulvorlage, die Handschrift einer Person im Alter von 10, 12 und 16 Jahren (von links nach rechts).

Die Unterschrift entwickelt sich vergleichbar mit der Veränderung der Handschrift. Die ersten Unterschriften enthalten die Buchstaben der Vorlage und unterscheiden sich nicht von der eigentlichen Handschrift. Mit zunehmender Schreibfertigkeit entwickeln sich schreiberspezifische Elemente, und mit dem Eintritt in die Pubertät wird versucht, die eigene Unterschrift so zu gestalten, dass sie das Aussehen der Unterschrift einer für den Schreiber wichtigen Person erhält. Danach finden viele

---

[4] Baier, 1980

Versuche statt, eine individuelle Unterschrift zu formen. Bei Eintritt in das Erwachsenenalter stabilisiert sich die Unterschrift[5].

10.2.2   Physiologische Einflussfaktoren

Der persönliche Schreibstil ist durch ein personenspezifisches Schreibtraining zu einer sensomotorischen Fertigkeit ausgebaut worden, die durch anatomische Gegebenheiten von Finger, Handgelenks- und Armmuskulatur beeinflusst wird. Abb. 10.2 stellt wesentliche während des Schreibvorganges ablaufende physiologische Prozesse dar.

Für das Schreiben mit der Hand werden Arm-, Handgelenk- und Fingerbewegungen überlagert. Die Überlagerungen müssen exakt aufeinander abgestimmt sein und in einer festen zeitlichen Abfolge verlaufen, um bestimmte Zeichen zu schreiben. Trotz dieses hohen Maßes an notwendiger Koordination und Exaktheit der Bewegungen schreibt der geübte Schreiber nahezu unbewusst[6].

---

[5] Michel, 1982

[6] Wallesch, 1983

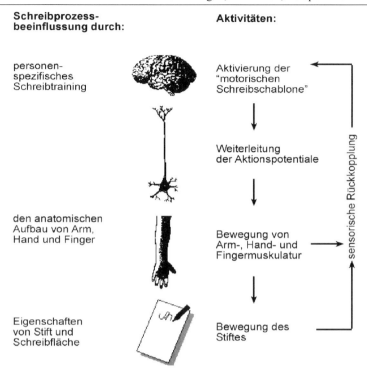

Schreibprozess-beeinflussung durch: **Aktivitäten:**

personen-spezifisches Schreibtraining — Aktivierung der "motorischen Schreibschablone"

Weiterleitung der Aktionspotentiale

den anatomischen Aufbau von Arm, Hand und Finger — Bewegung von Arm-, Hand- und Fingermuskulatur

Eigenschaften von Stift und Schreibfläche — Bewegung des Stiftes

sensorische Rückkopplung

Abb. 10.2 Biologisches Modell zur Erzeugung von Handschrift. Die Vorgänge von der Bewegungsabsicht über die Planung des Bewegungsmusters bis hin zur Ausführung der Schreibbewegung sind vereinfacht dargestellt.

Aus neurophysiologischer Sicht handelt es sich bei der Erzeugung einer Schreibbewegung um ein komplexes Zusammenspiel des ZNS - bestehend aus Gehirn und Rückenmark -, efferenten Nervenfasern und den Skelettmuskeln. Der motorische Cortex ist u.a. für die Ausführung zielgerichteter Bewegungen zuständig. Eine Beschreibung der Informationsprozesse in neuronalen Strukturen ist jedoch dadurch erschwert, dass die Information zwar in messtechnisch nachweisbaren Vorgängen, den Aktionspotentialfolgen, enthalten ist, jedoch nicht durch einzelne Neuronen repräsentiert wird.

Die Vorgänge vom Wollen bis zur Ausführung der Schreibbewegung erfolgen, vereinfacht dargestellt, durch das Zusammenwirken von motorischem Cortex, tiefen Großhirnkernen und Kleinhirn. Es kommt zu einem Bewegungsantrieb, dessen Entstehung von Mensch zu Mensch verschieden ist. Das Signal wird in den assoziativen Cortex weitergeleitet. Über Kleinhirn und Basalganglien werden die

Bewegungsprogramme abgerufen, die die Ausführung der Bewegung steuern. Die Bewegungsprogramme sind personenspezifisch und entstehen durch wiederholtes Üben. Das Ergebnis von Planung und Entwurf einer Schreibbewegung im Cortex ist nach heutiger Auffassung die Aktivierung einer motorischen Schreibschablone[7], d.h. die Generierung einer Folge von Aktionspotentialen, die über die motorischen Efferenzen die entsprechende Information zur Steuerung der Finger-, Hand- und Armmuskulatur übertragen. Die Informationsübertragung erfolgt durch Fortleitung der Aktionspotentiale.

Die Umsetzung von Denken und Wollen in Bewegungsprogramme bleibt derzeit außerhalb unseres Verständnisses. Auch über die Art der Informationen, die im Cortex gespeichert sind, liegen bisher keine genauen Erkenntnisse vor. Das Schreiben beispielsweise eines vertikalen Striches von normaler Schriftgröße in einem beliebigen Buchstaben dauert ca. 100 ms. Eine Korrektur, die aufgrund einer optischen Rückmeldung geschieht, tritt erst nach 190 – 260 ms ein. Die Information über die Erzeugung z.b. eines Buchstabens muss demzufolge komplett gespeichert sein. In den Bewegungsprogrammen müssen die Daten so abgelegt sein, dass die zu erzeugenden Zeichen entsprechend der Schreibsituation gestaltet werden können. Mit Hilfe der Bewegungsprogramme ist sowohl sehr große als auch sehr kleine Schrift möglich; es kann langsam oder schnell sowie mit allen möglichen Schreibmitteln geschrieben werden.

In diesem Zusammenhang stellt sich das Problem der in der Literatur häufig diskutierten sogenannten „Doppelhandschrift". Es handelt sich dabei um die allgemeine Frage, ob es zwei Menschen geben kann, deren Handschrift schlechthin voneinander nicht unterscheidbar ist. In der Literatur ist bislang jedoch kein einziger Fall bekannt geworden, bei dem man im strengen Sinne von einer Doppelgängerhandschrift sprechen könnte. Wohl findet man - und dies am ehesten bei eineiigen Zwillingen, gelegentlich auch bei sonstigen Verwandten und Eheleuten - Fälle von mehr oder minder großer Schriftähnlichkeit. Bei detaillierter Analyse ergeben sich aber auch bei solchen Handschriften differenzierte Merkmale. Rein theoretisch kann der Fall nicht ausgeschlossen werden, dass es dennoch irgendwann einmal einen Fall echter Doppelgängerhandschrift geben kann. „Genauso wenig ließe sich strikt beweisen, dass zwei Personen daktyloskopisch[8] doch keine Unterschiede in den üblicherweise berücksichtigten Merkmalen von Finger-abdrücken aufweisen. Ebenso könnten zwei Risskanten zufällig völlig gleichartig sein. Aber allein wegen solcher fiktiven Annahmen kann man nicht die Schriftver-

---

[7] Teulings / Schomaker, 1993

[8] Daktyloskopie [gr] ursprünglich Fingerschema

gleichung grundsätzlich in Frage stellen oder aber man müsste konsequenterweise gleiche Bedenken bei allen sonstigen Identifizierungsverfahren anmelden"[9].

Davon abzugrenzen ist die Frage, ob im konkreten Fall die zu untersuchende Schriftprobe überhaupt ausreichend ist, um verbindliche Aussagen über die Urheberschaft treffen zu können. Im Extremfall kann die Konfiguration der Merkmale so gering und unspezifisch sein, dass die Möglichkeit einer Schriftprüfung ausgeschlossen werden muss. So ergeben sich Einschränkungen bei sehr, sehr kurzen und völlig entindividualisierten Schriftproben[10]. Auch dieses Problem hat die Schriftprüfung mit allen anderen Identifizierungsverfahren gemeinsam, wenn nämlich die zu untersuchenden Spuren nur noch partiell enthalten oder zu unspezifisch sind.

10.2.3 Konstanz und Konsistenz in Schriftproben

Konstanz ist in der Schrift niemals in dem Sinne gegeben, dass bei wortgleichen Schriftzügen völlige Deckungsgleichheit zu erwarten ist. Vielmehr weist jede Schrift auch unter gleichbleibenden Bedingungen eine mehr oder minder große natürliche Schwankung auf. Diese Tatsache ist aus dem Alltag geläufig. Messtechnisch handelt es sich dabei um ein Problem der *Reliabilität* (Zuverlässigkeit) der Merkmale. Reliabilität betrifft die Frage, in welchem Grade Merkmale tatsächlich urheber-spezifisch, also nicht rein zufällig sind. Im weitesten Sinne kennzeichnet Reliabilität das Ausmaß, in dem die interindividuelle Streuung der Merkmale durch „wahre" interindividuelle Unterschiede erklärbar, also nicht zufallsbestimmt ist. Reliabilität ist der Oberbegriff für eine Reihe von Konzepten, die jeweils nur bestimmte Aspekte der Zuverlässigkeit betreffen.

Für die Schriftprüfung sind drei Aspekte der Reliabilität von Bedeutung: Objektivität der Merkmalserfassung, interne Konsistenz der Merkmale und Stabilität der Merkmale:

- Die Objektivität betrifft den Grad der interpersonellen Übereinstimmung von Sachverständigen bei der Feststellung der Merkmale; d.h. die Merkmals-erfassung erfolgt nach eindeutigen Messvorschriften.

- Die interne Konsistenz von Merkmalen untersucht die Frage, inwieweit eine Schreibleistung in sich als homogen oder variabel bezeichnet werden muss. Bisherige Untersuchungen haben für metrische Handschriftenmerkmale voll befriedigende Konsistenzen ergeben.

---

[9] Michel, 1982
[10] Naske, 1983

- Die Stabilität der Merkmale betrifft die Frage nach der zeitlichen Konstanz von Schriftmerkmalen: Inwieweit kann mit einer relativen Konstanz der Merkmale gerechnet werden, inwieweit zeigen sich Wandlungen der Handschrift im Laufe der Zeit?

Die Erfahrung zeigt, dass es einerseits Schriften von Personen gibt, die durch hohe Konstanz, ja unbewegliche Starre gekennzeichnet sind, andererseits Schriften, die eine schillernde Variabilität aufweisen: Entweder trägt der Schriftzug in sich vielfältige Wechselmerkmale, oder der Schriftzug ändert sich von Situation zu Situation. Variabilität und Konstanz müssen nicht für die gesamte Schreibleistung kennzeichnend sein[11].

10.3   Beschreibung von Schriftproben

10.3.1   Vorgehen beim Handschriftengutachten

Das Ziel eines Handschriftengutachtens ist es, anhand eines Sachbeweises mittels Vergleichsmaterial die Echtheit oder Unechtheit eines strittigen Schriftstückes festzustellen bzw. den Schrifturheber zu identifizieren. Insbesondere ist darauf zu achten, dass in hohem Maße ein objektives Vorgehen sowie die Vergleichbarkeit verschiedener Gutachten gewährleistet wird[12].

Begonnen wird mit der Prüfung der Verwertbarkeit des Schriftmaterials: Das Schriftmaterial muss im Original vorliegen. Bei wortgleichen Schriftzügen darf keine Deckungsgleichheit vorliegen. Die Entstehungszeitpunkte von fraglichem Material und Vergleichsmaterial müssen in etwa übereinstimmen. Die physikalisch-technischen Untersuchungen dienen zur Feststellung von sichtbaren und unsichtbaren Spuren, die auf eine Manipulation der Schriftzüge hindeuten können, aber auch auf die Herstellungstechnik oder die Schreibumstände.

Um für ein Gutachten die Schreibleistungen vergleichen zu können, müssen sich diese im Schriftsystem und in der Schriftart entsprechen. Es werden Kurrentschrift, Druckschrift und Versalschrift sowie Mischformen unterschieden. Von den Schreibleistungen werden die allgemeinen und die besonderen Schriftmerkmale erhoben. Unter den *allgemeinen Schriftmerkmalen* versteht man Merkmale, die in jeder Schrift vorkommen. Sie geben insbesondere für die Formgebung und die räumliche Anordnung der Schrift Durchschnittswerte an. Dazu gehören: Schriftlage, Schriftgröße, Größenproportionen, Schriftweite, Grad der Verbundenheit, Zeilenführung, Raumaufteilung, Schleifenform, Oberzeichen, Strichqualität,

---

[11] Yoshimura / Yoshimura, 1992

[12] Seibt, 1999

Strichkonstanz. Dagegen sind *besondere Schriftmerkmale* schreiberspezifische Weiterentwicklungen der Schulvorlage. Hier wird hauptsächlich die Bewegungsführung ermittelt[13]. Für diese Untersuchung sind bisher optisch-technische Hilfsmittel (z.B. Rasterelektronenmikroskop) verwendet worden. Zu den besonderen Schriftmerkmalen gehören: Variation bei gleichen Buchstaben, vom Gesamtschriftbild abweichende Zeichen, Störungsmerkmale in Form von Buchstabenzerbrechungen, Biegungen und Knicken, Verknüpfungsdetails.

10.3.2 Mathematische Modelle

Im Gegensatz zur physiologischen Interpretation des Schreibprozesses untersuchen Schreibbewegungsmodelle nur die Führung des Schreibgerätes auf der Schreibfläche. Die Modelle sind entwickelt worden, um Handschriften mit einer begrenzten Anzahl von Parametern zu beschreiben. Allen Modellen ist gemeinsam, dass sie die Handschrift mit einfachen Grundelementen (Kurvenstücke) beschreiben und dafür trigonometrische Funktionen verwenden, die durch entsprechende Modulation und Überlagerung Buchstaben und Zeichen erzeugen[14]. Bei der Überlagerung zweier beliebiger harmonischer Schwingungen in orthogonaler Richtung ergeben sich sogenannte *Lissajous-Figuren*. Ihre Form ist abhängig von den Amplituden, den Frequenzen und der Phasenverschiebung der beiden Schwingungen. Wird die horizontale Schwingungskomponente mit einer linearen Bewegung überlagert, so entstehen *Zykloiden*, die sich nicht mehr an einem festen Ort befinden, sondern eine räumliche Periodizität aufweisen, so dass die Stiftbewegung simuliert werden kann (Abb. 10.3). Beim Menschen werden diese Schwingungen in erster Näherung durch das Handgelenk und die Fingerbewegungen erzeugt.

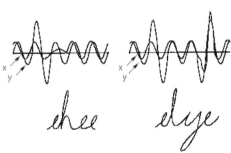

Abb. 10.3 Synthetische Erzeugung von Schrift

---

[13] Michel, 1982

Obwohl mit diesen Verfahren synthetische Handschrift generiert werden kann, sind die im realen Schreibprozess auftretenden Größenschwankungen innerhalb einer Schriftprobe nur mit großem Aufwand mit den Modellansätzen vereinbar. Das Gehirn scheint dagegen zu wissen, wie es die einzelnen Muskeln ansteuern muss, um eine bestimmte optische Form unter verschiedenen Schreibbedingungen zu erzielen. Die zur Verfügung stehenden Modelle berücksichtigen auch keine Störungen im Schreibprozess.

10.3.3   Erfassung von Schriftproben

Traditionell wird Handschrift mit einem Stift auf Papier geleistet. Anschließend kann mit Hilfe einer Kamera oder eines Scanners die Unterschrift digitalisiert werden. Das erzeugte Schriftbild stellt das *statische Ergebnis* des Schreibvorganges dar und wird in der Literatur als statischer Ansatz oder *Off-line-Unterschrift* bezeichnet. Off-line-Systeme überprüfen nur das Ergebnis, nicht jedoch den Vorgang des Unterschreibens.

Um die *Dynamik* des Schreibens, den Schreibvorgang, auswerten zu können, ist die Unterschrift während des Unterschreibens zu erfassen. Die Aufnahme kann mit einem handelsüblichen Grafiktablett oder mit einem Spezialstift erfolgen. Allen Aufnahmesystemen ist gemeinsam, dass sie die Bewegung des Schreibstiftes registrieren. Die so aufgenommenen Unterschriften werden als On-line-Unterschrift bezeichnet. Eine On-line-Unterschrift läßt sich durch eine Menge von eindimensionalen digitalen Zeitsignalen beschreiben, wie beispielsweise die Bewegung des Schreibstiftes in der Schreibebene oder den Schreibdruck (Abb. 10.4). Aus der Stiftbewegung lässt sich das Schriftbild rekonstruieren.

Die Spezialstifte unterscheiden sich in Art und Anzahl der eingesetzten Sensoren, der Anzahl der aufnehmbaren Signale sowie in der Auflösung der Signale. Als Sensoren werden Beschleunigungssensoren, Kraftsensoren und kombinierte Beschleunigungs- und Kraftsensoren eingesetzt. Vorteil der Stifte ist die direkte Messung der Beschleunigung während des Schreibens oder der durch das Handgelenk und die Finger erzeugten Kräfte auf den Stift. Spezialstifte messen auch die Haltung des Stiftes relativ zur Schreibfläche.

---

[14] Hollerbach, 1981

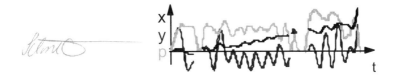

Abb. 10.4 Schriftbild und Schreibverlauf

Der verwendete Schreibstift bestimmt, aus welchen Komponenten sich die On-line-Unterschrift zusammensetzt; dies bedeutet, dass die zur Verfügung stehende Information über den Schreibvorgang vom Aufnahmesystem abhängt. Die Entwicklung der Leistungsfähigkeit grafischer Tabletts und deren zunehmende Verbreitung ermöglicht eine von vielen Benutzern bereits akzeptierte und außerdem kostengünstige Aufnahme von Unterschriften.

10.3.4 Qualitative und quantitative statische Schriftmerkmale

- Zu den *qualitativen Eigenschaften* zählen u.a. Eigenschaften wie betonte Ober- oder Unterlängen (Längenteilung), eckiges oder rundes Aussehen von Schleifen, links- oder rechtsschräge, steile oder wechselnde Schriftlage, kleine oder mittlere Schrift und die Schriftweite (eng, mittel, weit) sowie Bindungsformen (Winkel, Girlande, Arkade)[15]. Die Verwendung von qualitativen Merkmalen setzt voraus, dass Regeln zur Einteilung bekannt sind. Geeignete Verfahren zur automatischen Einteilung existierten bisher nicht, so dass zur Unterschriftenprüfung nur quantitative Merkmale berücksichtigt werden.

- *Quantitative Merkmale* sind direkt an der Unterschrift messbar. Aus dem Schriftbild lassen sich Merkmale wie die Schrifthöhe und -breite, die Anzahl von Schleifen, Punktierungen bestimmen. Weitere Eigenschaften sind die Anzahl und die Form von Schleifen (z.B. die Schleife eines handschriftlichen l oder g). Analog sind die Eigenschaften Bogenform (z.B. konvexer oder konkaver Bogen), Kreuzung (z.B. kreuzt ein t-Strich den vertikalen Aufstrich des Buchstabens) oder Abzweigung (z.B. die Abzweigung des senkrechten P-Striches mit seinem Bogen) ermittelbar. Eine Unterschrift kann sich auch aus mehreren Schriftzügen zusammensetzen. Ein einzelner Schriftzug ("stroke") zeichnet sich durch einen ununterbrochenen Kontakt des Schreibstiftes mit der

---

[15]Steinke, 1981

Schreibfläche aus. Sowohl die Unterbrechungen in der Unterschrift als auch die kennzeichnenden Anfangs- und Endpunkte eines jeden Schriftzuges sind Eigenschaften, die eine Unterschrift charakterisieren. Die in der deutschen Schrift vorkommenden Punkte auf den Buchstaben (i, ä, ö, ü) stellen Vergleichskriterien dar.

Anhand der aus dem Schriftbild bestimmbaren Eigenschaften kann eine Unterschrift vollständig beschrieben werden[16]. Von Nachteil ist, dass diese Eigenschaften offensichtlich sind.

10.3.5   Schriftmerkmale aus der Schreibbewegung

Van Gemmert et al.[17] haben den Wert von Merkmalen der Schreibdynamik bei der Beurteilung verstellter Schriften nachgewiesen. Die Erfassung der Schreibdynamik ermöglicht die Bestimmung charakteristischer Zeitfunktionen, aus denen sich weitere dynamische Merkmale wie die Schreibdauer oder die mittlere Schreibgeschwindigkeit bestimmen lassen. Die auf diesem Weg extrahierten Merkmale sind unabhängig vom Schreiber. Die Erfassung der Schreibdynamik bietet die Möglichkeit, durch eine Transformation der Schreibsignale personen-spezifische Schreibfrequenzen zu ermitteln[18].

Besonders einfach zu erfassen sind Merkmale, die auf einer statistischen Analyse von Unterschriften basieren. Die in dieser Weise extrahierten Merkmale beschreiben eine Unterschrift global. Statistische Merkmale können einerseits aus der Analyse einer Unterschrift, andererseits durch den Vergleich der Unterschriften derselben Person bestimmt werden. Hierbei klärt die statistische Analyse: Wie sind die Merkmale in der Unterschrift verteilt, oder wie oft treten Ereignisse in der Unterschrift auf? Unterschriften lassen sich beispielsweise durch Verteilungs-, Häufigkeits-, Verhältnis- und Korrelationsparameter beschreiben. Die *Verteilungs-parameter* stellen die größte Gruppe der aus einer Unterschrift extrahierten statistischen Merkmale. Zu ihnen zählen Merkmale wie der Mittelwert der Schreibgeschwindigkeit in x- und y-Richtung sowie deren Varianzen.

Häufigkeitsparameter werden nur wenige bestimmt, da sie direkt aus dem Schriftbild extrahierbar sind und damit offensichtlich für Fälscher sind. Ein Häufigkeitsmerkmal ist die Strokeanzahl. *Verhältnisparameter* beschreiben das Auftreten eines Merkmals in Bezug zu einem anderen Merkmal.

---

[16] Han / Sethi, 1995

[17] van Gemmert et al., 1996

[18] Schmidt, 1999

Neben der statistischen Analyse lassen sich Unterschriften über Merkmale, die sich aus dem Vergleich der Schreibsignale im Zeit- und im Frequenzbereich ergeben, definieren. Dazu werden die Signalverläufe zeitangepasst und zeitabhängig frequenztransformiert.

Die Ähnlichkeit zweier On-line-Unterschriften ist unmittelbar auf die Abstände zwischen den Zeitsignalen rückführbar. Hierbei wird jedes Zeitsignal als Musterfolge von Abtastpunkten angesehen. Die Abtastpunkte werden einander so zugeordnet, dass die Summe des berechneten Abstandes minimal ist. Die Bestimmung des Abstandes muss berücksichtigen, dass selbst die Unterschriften einer Person unterschiedliche Schreibgeschwindigkeiten aufweisen. Trotz gleicher Texte würden bei einer einfachen Differenzbildung teilweise unterschiedliche Unterschriftenabschnitte miteinander verglichen. Eine lineare Adaption der Zeitachse zum Zweck der Kantenzentrierung verdeutlicht, dass der durch die unterschiedlichen Schreibgeschwindigkeiten erzeugte Effekt im Allgemeinen nichtlinear ist. Dieser Effekt ist als Zeitverzerrung zu interpretieren.

10.3.6   Schreibbewegungsmerkmale aus dem Schriftbild

Einmütig wird in der einschlägigen Fachliteratur der forensischen Handschriften-vergleichung[19] die Meinung vertreten, dass in der Rekonstruktion der Schreib-bewegung und ihrer Komponenten der Schlüssel für die Prüfung der Authentizität fraglicher Unterschriften liegt. Experimentell wurde in diesem Zusammenhang festgestellt[20], dass die Unterscheidung zwischen echten und nachgeahmten Unterschriften auf der Druckgebung und der Strichbeschaffenheit basiert.

Während der Schreibbewegung lagert der Stift die Schreibpaste auf der Schreibunterlage ab. Die Menge der abgelagerten Schreibpaste wird nicht nur vom Dynamikverhalten des Schreibers beeinflusst, sondern auch von den verwendeten Schreibmaterialien. Die Intensität der abgelagerten Schreibpaste wird durch die Werte des digitalisierten Schriftbildes bestimmt. Diese bei einer Schreiber-identifikation „unerwünschten" Einflussfaktoren sind physikalischer Natur, dazu gehören u.a. die Art der Schreibpaste mit verschiedenen Viskositäten, die Art des Schriftträgers mit verschiedener Oberflächenstruktur und unterschiedlichem Absorbtionsverhalten sowie die Art der Schreibunterlage. Allein in Europa sind derzeit über 3000 Papierarten bekannt. Obendrein können diese Materialien in beliebiger vielfacher Kombination auftreten und die Anzahl von Einflussfaktoren, die durch die Schreibunterlage hervorgerufen werden, scheint schier unendlich. Für eine automatische Auswertung der Schriftproben müssen diese Einflüsse

---

[19] Michel, 1982; Hecker, 1993

[20] Conrad, 1971

berücksichtigt und weitestgehend ausgeschlossen werden, um Kreuzvergleiche zwischen verschieden Schriftproben zu ermöglichen.

Die Anwendbarkeit dieser pseudodynamischen Informationen im Rahmen von Off-line-Unterschriftenprüfsystemen ist bereits durch verschiedene Studien grundsätzlich nachgewiesen worden[21]. Insbesondere sollten die Effekte der am Schreibprozess beteiligten Materialien (Schreibmittel, Schreibunterlagen, Schriftträger) auf das Schriftprodukt ausgeschaltet oder zumindest isoliert werden, um vor allem schwach eingefärbte bzw. druckarm ausgeführte Anteile zu erfassen.

10.4   Einsatzgebiete automatischer Schriftprüfsysteme

Automatische Schriftenprüfsysteme kommen heute vor allem bei Kreditinstituten zum Einsatz. Allein in Deutschland wurden im Jahr 1998 nach Angaben des European Monetary Institute über 7,5 Milliarden Schecks und Überweisungen ausgestellt. Das Risiko liegt auf der Hand: Recht treffend beschrieb der Spiegel mit der Überschrift "Besser als Bankraub" in der Ausgabe 21/98 die Attraktivität gefälschter Überweisungen für kriminelle Handlungen.

Obwohl die Zahl der Schecks sinkt, kommen die Banken vom Papier nicht los. Die Zahl der Überweisungsbelege steigt schneller als die Schecks verschwinden. Die Banken sind unter vielfältigem Druck: Einerseits soll den Filialen und dem Back-Office Personal abgebaut, gleichzeitig jedoch soll der Zahlungsverkehr kosten-günstiger und sicherer werden. Ohne innovative Technik ist dies eine unlösbare Aufgabe. Es ist längst kein Betriebsgeheimnis mehr, dass Unterschriften heute teilweise nur noch geprüft werden, wenn die Beträge 6-stellig werden. Im Internet kursieren mehr oder minder unverschlüsselte Gebrauchsanweisungen zur Unterschriftenfälschung. Über Betrugszahlen schweigt sich die Branche ver-ständlicherweise aus.

In den Vereinigten Staaten wurden im Jahr 1999 68 Milliarden Schecks ausgestellt. Die Banken erlitten durch Scheckfälschungen einen Schaden, den die Amerikanische Bankenorganisation auf über eine Milliarde US-Dollar beziffert. Ein ebenfalls besonders interessanter Markt ist Lateinamerika: Allein in Brasilien werden jährlich rund 30 Milliarden Schecks ausgestellt, obwohl nur ein Fünftel aller Brasilianer ein Konto besitzen.

Die eigenhändige Unterschrift hat im Gegensatz zum Fingerabdruck oder der Iris unter den biometrischen Merkmalen eine Sonderstellung, da sie nie zufällig abgegeben wird. Unter Juristen wird sie als eindeutiges Zeichen einer Willenser-klärung gesehen. Auch bei Kunden im Zahlungsverkehr ist sie ein bereits

---

[21] Ammar et al., 1986; Sabourin / Plamondon / Lorette, 1992

akzeptiertes Verfahren der Authentifikation. Die Einführung der elektronischen Signatur wird die eigenhändige Unterschrift daher nicht ersetzen, sondern birgt zusätzliche Marktchancen. Rechtsexperten und Verbraucherverbände sind sich weitgehend einig: Die Authentifizierung der Nutzer elektronischer Signaturen kann nur durch biometrische Merkmale sichergestellt werden. SmartCards, Passwörter und PIN-Codes sind keine personengebundenen Merkmale und können unbeabsichtigt weitergegeben werden. Zukünftig wird man sich am Point-of-Sale oder bei Online-Banking-Systemen keine Geheimnummer mehr merken müssen - die eigene Unterschrift auf einem drucksensitiven Pad wird zum sichersten Zahlungs- oder Zugangscode.

Sicherer E-Commerce, insbesondere zwischen Geschäftspartnern, wird erst durch die Kombination von "klassischer Unterschrift" und elektronischer Signatur gewährleistet. Von vertraulichen Dokumenten über Verträge bis hin zu finanziellen Transaktionen reicht die Bandbreite der zukünftigen Anwendungen. Ein weiteres Potential liegt in der Bekämpfung von Betrug mit Kreditkarten, insbesondere am Point-of-Sale, wo Sicherheit durch Unterschriftenprüfung derzeit noch ein Fremdwort ist.

Die Speicherung und Verwaltung von verschlüsselten Unterschriftsmerkmalen auf dem Chip einer Smart Card – z.B. einer Kreditkarte - mit automatischem Merkmalsvergleich wird in nächster Zeit marktreif sein.

LITERATUR

Ammar, M., Yoshida, Y., Fukumura, T. (1986): A new effective approach for off-line verification of signatures by using pressure differences, in: in Proc. 8th International Conference on Pattern Recognition, Paris, France.

Baier, P. E. (1980): Schreibdruckmessung in Schriftpsychologie und Schriftvergleichung – Entwicklung und experimentelle Überprüfung neuer Registrierungsverfahren. Mannhold, Düsseldorf.

Conrad, W. (1971): Empirische Untersuchungen zur Differentialdiagnose zwischen verschiedenen Unterschriftsgattungen, Zeitschrift für Menschenkunde, 35, S.195-222.

Han, K., Sethi, I. (1995): Signature identification via local association of features: in International Conference on Document Analysis and Recognition, S. 187-190, Montreal, Canada.

Hecker, M. R. (1993): Forensische Handschriftenuntersuchung, Heidelberg.

Hollerbach, J. M. (1981): An oscillation theory of handwriting, in: Biological Cybernetics, 39, S. 139-156.

Michel, L. (1982): Gerichtliche Schriftvergleichung – Eine Einführung in die Grundlagen, Berlin.

Naske, R. D. (1983): Verfahren zur textbezogenen Schreibererkennung aus Handschriftenbildern von Einzelbuchstaben, Dissertation, Universität Karlsruhe.

Plamondon, R., Lorette, G. (1989): Automatic signature verification and writer identification – the state of the art, in: Pattern recognition, 22, 2, S. 107-131.

Sabourin, R., Plamondon, R., Lorette, G. (1992): Off-line identification with handwritten signature images: survey and perspectives, in: Baird, H. S., Dunde, H., Yamamoto, K. (ed.): Structured Document Image Analysis, New York.

Schmidt, C. (1999): On-line Unterschriftenanalyse zur Benutzerverifikation, Dissertation RWTH Aachen.

Seibt, A. (1999): Forensische Schriftgutachten – Einführung in Methode und Praxis der Forensischen Handschriftenuntersuchung, München.

Steinke, K. H. (1981): Entwicklung von Mustererkennungsverfahren zur textunabhängigen Analyse von Handschriftenbildern, Dissertation, RWTH Aachen.

Teulings, H. L., Schomaker, L. (1993): Invariant properties between stroke features in handwriting, Acta Psychologica, 82, S. 69-88.

Van Gemmert, A. W. A., Van Galen G. P., Hardy, H. (1996): Dynamical features of disguised handwriting, in: In Proc. 5th European Conference for Police and Handwriting Experts, The Hague, Netherlands.

Wallesch, C. W. (1983): Schreiben – physiologische Grundlagen und pathologische Erscheinungsformen. In: Günther, K. B. und H. Günther, (Hg.): Schrift, Schreiben, Schriftlichkeit, Tübingen.

Yoshimura, I., Yoshimura, M. (1992): On-line signature verification incorporating the direction of pen movement: An experimental examination to effectiveness, in: Impedovo, S., Simon, I. C. (ed.): From Pixels to Features III: Frontiers on Handwriting Recognition, Amsterdam.

11 Biometrische Identifikation aus Nutzerperspektive – empirische Befunde

Michael Behrens und Richard Roth

11.1   Einführung

Ziel der nachfolgenden Ausführungen ist die Darstellung von ausgewählten Ergebnissen, die erstmals im deutschsprachigen Raum auf der Basis empirischer Forschung im Rahmen der Nutzung von biometrischen Identifikationssystemen gewonnen wurden. Es handelt sich dabei nach unseren Erkenntnissen um die erste Untersuchung, die sich mit den Erfahrungen einer größeren Zahl von Nutzern biometrischer Identifikationssysteme außerhalb des Labors auseinandersetzt. Von Beginn an war die gleichgewichtige Betrachtung von technischen und sozial-wissenschaftlichen Fragestellungen eine Grundlage des Untersuchungsdesigns.

Für diese beiden Gebiete wird im folgenden Kapitel das theoretisch mögliche Untersuchungsspektrum ausgearbeitet. Sodann werden die Kenntnisse und Einstellungen der Nutzer, denen das Hauptaugenmerk dieses Beitrags gilt, darge-stellt. Anschließend werden die beim Nutzungsprozess erfassten Informationen ausgewertet. Inwieweit aus der Aggregation von Nutzungsfeldern Marktpotenzial entstehen kann, wird abschließend diskutiert.

11.2   Untersuchungsmethodik

Es ist evident, dass die Untersuchung biometrischer Identifikationssysteme sich nicht nur auf deren technische Leistungsfähigkeit beschränken darf, da ein Nutzer beim Umgang mit dieser Technologie seine persönlichen Körpermerkmale zur direkten Interaktion mit einer Maschine einsetzen muss, um erfolgreich identifiziert werden zu können. Deshalb müssen neben den technischen Aspekten die sozialwissenschaftlichen Fragestellungen gleichberechtigt analysiert werden.

Der Untersuchungsraum gliedert sich in die drei Dimensionen Untersuchungsinhalt, Durchführungsart und Aggregationsebene, was in Abb. 11.2 visualisiert wird:

• Die beiden *Untersuchungsinhalte* Technik und Sozialwissenschaft stellen die erste Dimension des insgesamt abzudeckenden Untersuchungsraumes dar[1].

• Jede empirische Untersuchung kann entweder als Feld- oder als Laborversuch durchgeführt werden; diese Durchführungsart ergibt die zweite Dimension des Untersuchungsraumes.

• Die dritte Dimension des Untersuchungsraumes wird über die *Aggregationsebene* bei den Untersuchungsobjekten gebildet. Sie führt zur

---

[1] Die Untersuchungsinhalte Technik und Sozialwissenschaft stellen ihrerseits Teilebenen aus den Bereichen Natur- und Geisteswissenschaft dar. Wie in diesem Band an vielen Stellen deutlich wird, sind Untersuchungsinhalte z. B. ethischer, medizinischer oder juristischer Art unbedingt weiterer Untersuchungen wert. Sie sind aber nicht Inhalt dieses Beitrags.

Unterscheidung von Mikro- und Makrobetrachtungen biometrischer Identifikationssysteme. Immer dann, wenn eine sich neu entwickelnde Technik vom Labormuster über Tests zu einem marktfähigen Produkt wird, ist die Frage relevant, inwieweit sich nicht nur ein einzelner Spezialist, sondern auch Personengruppen mit differenzierenden soziodemografischen Merkmalen mit solchen Systemen auseinandersetzen und damit umgehen können.

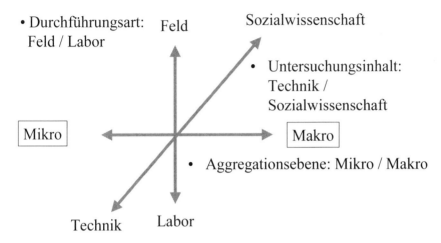

- Durchführungsart: Feld   Sozialwissenschaft
  Feld / Labor

  Feld

  • Untersuchungsinhalt:
    Technik /
    Sozialwissenschaft

  Mikro ◄─────► Makro

  • Aggregationsebene: Mikro / Makro

  Technik   Labor

Abb. 11.1 Deduktion der Untersuchungsmethodik

Untersucht man zum einen ein einzelnes biometrisches Identifikationssytem (z.B. ein spezielles Fingerbilderkennungssystem) mit Hilfe ausgewählter Testkriterien, dann befindet man sich auf der *mikroanalytischen Untersuchungsebene*. Werden zum anderen die

Verhaltensweisen einer größeren Probandenzahl im Umgang mit verschiedenen biometrischen Identifikationssystemen miteinander verglichen, dann beschreiben und erklären wir letztendlich Sachverhalte, die aus dem Zusammenwirken von aggregierten Größen entstehen. Damit befindet man sich auf der *makroanalytischen Untersuchungsebene*.

Mit den drei dargestellten Dimensionen ist der im Folgenden zu betrachtende Untersuchungsraum vollständig erfasst. Ausgehend von der kartesischen Darstellung können acht Teiluntersuchungsräume identifiziert werden, die alle zu berücksichtigen sind, wenn der Anspruch einer vollständigen Untersuchung aufrecht erhalten wird. Durch die konsequente Benutzung des Strukturierungsmodells werden eventuelle Defizite in der Forschung aufgedeckt, die Transparenz der vielfältigen

Fragestellungen erhöht und somit die Möglichkeiten für die Entdeckung und Schaffung von neuen kreativen Lösungskombinationen vermehrt.

Die Teiluntersuchungsräume sollen keinesfalls als streng abgetrennte Räume aufgefasst werden. Je nach Untersuchungsschwerpunkt können Fragestellungen zu mehr als einem Teiluntersuchungsraum gehören und sich möglicherweise genau im Übergang mehrerer Teiluntersuchungsräume befinden.

Die Kennzeichnung eines Teiluntersuchungsraumes beginnt zweckmäßigerweise mit der Angabe des Untersuchungsinhaltes, es folgt die Durchführungsart und schließlich die weitere Differenzierung über die Angabe der Aggregationsebene. Im Folgenden werden auf der Basis der inhaltlichen Dimension die zugehörigen Teiluntersuchungsräume kurz charakterisiert.

11.2.1 Untersuchungsinhalt Technik

Aus der oben dargestellten Systematik lassen sich die zu diesem Untersuchungsinhalt gehörenden Teiluntersuchungsräume ableiten:

- **TLMi**: - Untersuchungen technischer Aspekte biometrischer Identifikationssysteme unter Laborbedingungen in der Mikroebene: Es handelt sich dabei um folgendes Untersuchungsspektrum jeweils am einzelnen biometrischen Identifikationssystem: Bestimmung der Leistungsfähigkeit anhand von Fehlerraten, Verarbeitungsgeschwindigkeit, Zahl der unterscheidbaren Personen etc.;
  Material-/Umweltuntersuchungen, mechanische, elektrische, thermische, chemische und biologische Belastungstests;
  Integrationsfähigkeit wie Anpassbarkeit an Systemlösungen, unterschiedliche Betriebssysteme;
  Angriffsresistenz gegen Betrugsversuche, Vandalismus und Sabotage.

- **TLMa** - Untersuchungen technischer Aspekte biometrischer Identifikationssysteme unter Laborbedingungen in der Makroebene: Dabei geht es um die Vergleichbarkeit von Ergebnissen und Testbedingungen, die auf der Mikroebene (TLMi) erzielt wurden, und zwar sowohl von unterschiedlichen biometrischen Identifikationssystemen und eventuell verschiedenen Verfahren im selben Prüflabor (Intravergleichbarkeit) als auch von den selben biometrischen Identifikationssystemen in verschiedenen Prüflaboren (Intervergleichbarkeit). Dazu ist die Diskussion und die Standardisierung von Evaluationskriterien und zugehörigen Testverfahren erforderlich. Es bleibt an dieser Stelle festzuhalten, dass die in TLMi untersuchten, Erfolg versprechenden Systeme sich im eingeschränkten Wettbewerb im erweiterten Labortest bewähren müssen. Zusätzlich bietet der Vergleich der Ergebnisse auf der Makroebene die Chance zur Evolution von Testverfahren auf der Mikroebene.

- **TFMi** - Untersuchungen technischer Aspekte biometrischer Identifikationssysteme unter Feldbedingungen in der **Mi**kroebene: Die Untersuchungen erfassen in Alltagsumgebung   die Praxistauglichkeit biometrischer Identifikationssysteme, was bedeutet, dass im Unterschied zu der Laborsituation mit erheblichem Störpotential gerechnet werden muss. Die Messung von Zuverlässigkeit, Standfestigkeit und Fehlerraten bietet eine wichtige Kontrollmöglichkeit der im Labor ermittelten Messwerte und der verwendeten Testverfahren. Die Erfassung relevanter Umweltbedingungen an den Versuchsorten und ergänzende Materialuntersuchungen der im Feld eingesetzten Geräte können durch Vergleich mit den im Labor gewonnenen Ergebnissen Evolutionshinweise für bessere Laboruntersuchungen und Simulationen bringen.

Der Test von biometrischen Identifikationssystemen unter weitgehend kontrollierten Alltagsbedingungen ist der dominierende Untersuchungsansatz von BioTrusT.

- **TFMa** - Untersuchungen technischer Aspekte biometrischer Identifikationssysteme unter Feldbedingungen in der **Ma**kroebene. Dabei geht es um die Vergleichbarkeit von auf der Mikroebene (TFMi) erzielten Ergebnissen und Testbedingungen sowohl von unterschiedlichen biometrischen Identifikationssystemen auch unterschiedlicher Verfahren untereinander in derselben Feldumgebung (Intravergleichbarkeit)   als auch von denselben biometrischen Identifikationssystemen in unterschiedlichen Feldumgebungen (Intervergleichbarkeit). Im Allgemeinen macht ausschließlich der Vergleich im Zusammenhang mit spezifischen Applikationen Sinn. Zu diesem Zweck wurde im Rahmen des BioTrusT-Projektes die Versuchsplattform STargaTe aufgebaut, die die parallele Nutzung identischer Systeme mit einer soweit wie möglich identischen Bedienoberfläche erlaubt. Damit ist die Bedingung einer annähernd konstanten Feldumgebung gegeben. Da zusätzlich zu dieser Versuchsplattform noch weitere Applikationen wie Geldausgabeautomat und Zutrittskontrollsystem mit den gleichen biometrischen Identifikationssystemen und Bedienoberflächen im Feld aufgebaut worden sind, herrschen für unterschiedliche Applikationen vergleichbare Versuchsbedingungen. Dies erlaubt, Abhängigkeiten objektiver Messergebnisse von den Applikationen zu erfassen.

11.2.2 Untersuchungsinhalt Sozialwissenschaft

Die Teiluntersuchungsräume zu diesem Untersuchungsinhalt stellen sich wie folgt dar:

- **SLMi** - Untersuchungen sozialwissenschaftlicher Aspekte biometrischer Identifikationssysteme unter Laborbedingungen in der **Mi**kroebene. Experimentelle psychologische Tests bilden den Schwerpunkt dieses Teiluntersuchungsraumes. Dabei geht es um die Beantwortung kognitions- und wahrnehmungstheoretischer Fragestellungen.

- **SLMa** - Untersuchungen sozialwissenschaftlicher Aspekte biometrischer Identifikationssysteme unter Laborbedingungen in der **Ma**kroebene. Bei diesem Teiluntersuchungsraum ist in erster Linie an experimentelle Gruppenunter-suchungen zu denken, bei denen es darum geht, gruppendynamische Prozesse bei der Benutzung biometrischer Identifikationssysteme zu eruieren.

- **SFMi** - Untersuchungen sozialwissenschaftlicher Aspekte biometrischer Identifikationssysteme unter **F**eldbedingungen in der **Mi**kroebene. Besonderes Gewicht wird hier auf die Analyse von Kenntnissen und Einstellungen der Benutzer von biometrischen Identifikationssystemen gelegt, um daraus die Akzeptanzbedingungen, Barrieren und Anreize zur Nutzung der Systeme abzuleiten. Dabei kommen die typischen Methoden der empirischen Sozialforschung zum Einsatz: persönliches oder telefonisches Einzelinterview und schriftliche Befragung, entweder auf Papier oder in Form elektronischer Fragebogen. Die im nächsten Kapitel vorgestellten empirischen Ergebnisse sind überwiegend diesem Teiluntersuchungsraum zuzurechnen.

- **SFMa** - Untersuchungen sozialwissenschaftlicher Aspekte biometrischer Identifikationssysteme unter **F**eldbedingungen in der **Ma**kroebene. Diese Fragestellung gehört in den Bereich der klassischen Marktforschung, wo es um die Erhebung von Marktvolumina, Marktanteilen sowie um die Ableitung von Marktpotenzialprognosen geht. Diese Fragestellungen sind für die Nutzer-perspektive von nachgeordneter Priorität und werden deshalb im Kapitel 10.4 kurz aufgegriffen.

11.3   Empirische Ergebnisse

11.3.1   Ziele und Grundstruktur der empirischen Erhebung

Die vorliegenden Ergebnisse basieren auf empirischen Erhebungen, die im Rahmen des BioTrusT-Projektes im Zeitraum vom Dezember 1999 bis November 2000 gewonnen wurden. Befragt wurden drei unterschiedliche demografische Segmente:

- Schüler, Gymnasium 11te Klasse (n = 95)

- Studierende (n = 469)

- Mitarbeiter verschiedener Bankinstitute (n = 191)

Der Ablauf des Forschungsprozesses gliedert sich in zwei Hauptabschnitte:

1. **Auseinandersetzung** mit der biometrischen Identifikation **vor** jeglicher **Nutzung**. Diese Auseinandersetzung erfolgt in drei unmittelbar aufeinander folgenden Schritten.

- *Ex-ante-Erhebung*: Ausgehend von der grundlegenden Hypothese, dass der breiten Öffentlichkeit die Themenkreise Biometrie und biometrische Identifikation trotz einiger spektakulärer Medienereignisse weitgehend unbekannt sind, muss deren Kenntnisstand im Vorhinein ermittelt werden.

- *Treatment*: Alle Probanden werden im Rahmen einer ca. einstündigen Informationsveranstaltung mit den Grundzügen biometrischer Identifikationssysteme vertraut gemacht.

- *Ex-post-Erhebung*: Im direkten Anschluss an diese Informationsveranstaltung werden die spontanen Einschätzungen und Meinungen zu den verschiedenen Identifikationssystemen erfasst. Die dabei gewonnenen Einschätzungs- und Meinungsprofile dienen gleichzeitig als Ausgangsbasis für die Erfassung der Veränderungen von Kenntnissen und Bewertungen, die sich später aufgrund der Nutzungserfahrungen ergeben werden.

2. **Analyse des Lernprozesses** während und nach der Nutzungsphase. Dieser Untersuchungsabschnitt verfolgt drei Ziele:

- *Erfassung des intraindividuellen Lernprozesses*, das heißt: ermitteln und prüfen, inwieweit sich Kenntnisse und Bewertungen des einzelnen Nutzers im Verlauf der Nutzungsphase(n) verändert haben.

- *Erfassung des interindividuellen Lernprozesses*, das heißt der Unterschiede der Kenntnisse und Bewertungen zwischen den verschiedenen Benutzergruppen, beispielsweise Studierende vs. Bankmitarbeiter.

- *Systemvergleich*: Aus den subjektiven Einzelbewertungen der verschiedenen genutzten biometrischen Identifikationssysteme werden Gesamturteile gebildet.

Somit werden sowohl Systeme, die mit den gleichen biometrischen Merkmalen (Fingerbild vs. Fingerbild, Gesicht vs. Gesicht) als auch Systeme, die mit unterschiedlichen biometrischen Merkmalen (Fingerbild vs. Gesicht) arbeiten, untereinander vergleichbar.

Als Erhebungsmethoden kamen zum Einsatz:

- schriftliche Befragung,

- elektronische Befragung mit interaktivem Bildschirmterminal,

- persönliches Interview,

- persönliches Nutzer-Tagebuch.

Die elektronische Befragung fand beim Enrollment-Prozess unmittelbar nach erfolgter Registrierung der biometrischen Merkmale Verwendung. Sie erlaubt eine komfortable und schnelle Erhebung, was im Vergleich zur schriftlichen Befragung zu einer deutlich höheren Rücklaufquote führt.

Aufgrund der Tatsache, dass es bei der hier betrachteten Phase des Forschungs-prozesses auch darauf ankommt, möglichst viele Anregungen, Kritikpunkte und Mitteilungen über individuelle Probleme zu erfassen, ist der Einsatz von persönlichen Interviews besonders nützlich. Zur Erreichung dieser Ziele eignet sich ein halbstandardisiertes Interview[2]. Bei dieser Form wird bewusst auf ein strenges Fragebogengerüst verzichtet, um die Bereitschaft des Befragten zu steigern, Themen anzuregen und zu vertiefen. Den gleichen Zweck verfolgt der Einsatz des persönlichen Nutzererfahrungstagebuchs. Den Nutzern wird dadurch die Möglichkeit gegeben, ohne Rücksicht auf den zeitlichen und strukturellen Rahmen eines Fragebogens seine Meinung festzuhalten.

Der gewählte Ansatz erlaubt es, die Konsistenz zwischen objektiv gemessenen technischen Ergebnissen und subjektiven Urteilen zu überprüfen.

11.3.2 Kenntnisse und Einstellungen zur biometrischen Identifikation

Situation vor der Nutzung von biometrischen Identifikationssystemen

Im Rahmen der Ex-ante-Erhebung wurden erste Kenntnisse zum Begriff Biometrie erfragt. Die Verwendung des an sich korrekten Begriffs „biometrische Identifikation" wurde dabei zunächst bewusst vermieden, da es sich um die Feststellung der Allgemeinbildung zu diesem Thema handelt. Wie Abb. 11.2 zeigt,

---

[2] Siehe dazu Atteslander, 1974, S. 80 - 82 und Weis / Steinmetz, 2000, S. 83

kennt in allen untersuchten Segmenten die Mehrheit den Begriff Biometrie nicht, wodurch die im vorigen Kapitel formulierte Hypothese bestätigt wird.

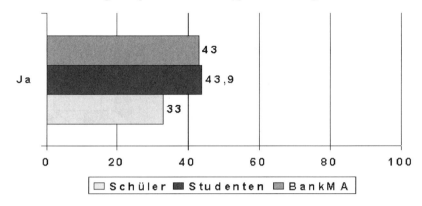

Abb. 11.2 Bekanntheit des Begriffs Biometrie; Angaben in Prozent

Zielsetzung der anschließenden Informationsveranstaltung ist es, einerseits eine alltagsbezogene Darstellung der Thematik der biometrischen Identifikation zu liefern und andererseits den Zuhörern einen kompakten Überblick über gängige biometrische Identifikationsverfahren zu verschaffen. Im Anschluss daran wird im Rahmen der Ex-post-Erhebung erstmals die spontane Einschätzung biometrischer Identifikationssysteme ermittelt (Abb. 11.3).

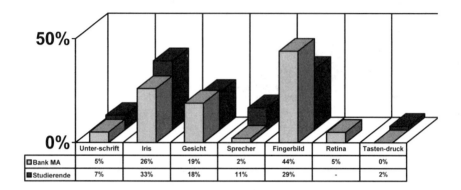

	Unter-schrift	Iris	Gesicht	Sprecher	Fingerbild	Retina	Tasten-druck
☐ Bank MA	5%	26%	19%	2%	44%	5%	0%
■ Studierende	7%	33%	18%	11%	29%	-	2%

Abb. 11.3 Spontane Zustimmung zu biometrischen Identifikationsverfahren

Aus Abb. 11.3 geht hervor, dass drei biometrische Identifikationsverfahren favorisiert werden: Fingerbild-, Iris- und Gesichtserkennung. Ein Grund für die stärkere Favorisierung der Iriserkennung bei den Studierenden könnte in der Faszination der dahinterliegenden Technik liegen. Auffällig ist, dass die Fingerbild-erkennung durch ihre Verwendung in der Kriminalistik offensichtlich nicht diskreditiert wird.

Die avisierte Substitution von PIN[3] und Passwörtern durch biometrische Identifikationsverfahren lässt die Frage nach dem Vergleich der Verfahren als naheliegend erscheinen. Somit ist die Einschätzung der biometrischen Identifikationsverfahren gegenüber PIN und Passwörtern vor jeglicher Nutzungserfahrung von besonderem Interesse. Abb. 11.4 zeigt, dass biometrische Identifikationsverfahren in drei Bereichen - Sicherheit, einfachere Handhabung und Attraktivität - höher bewertet werden als PIN oder Passwort.

---

[3] PIN: Personal Identification Number, persönliche Geheimzahl

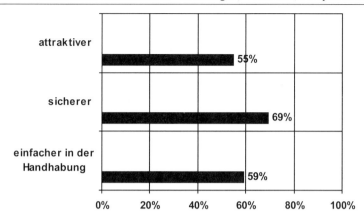

Abb. 11.4 Zustimmung: Biometrische Identifikationsverfahren erscheinen...als PIN/Passwort

Situation nach der Nutzung von biometrischen Identifikationssystemen

Während die bisherigen Einschätzungen spontane Meinungsäußerungen vor einer Nutzungserfahrung darstellen, sind die folgenden Ergebnisse als Beurteilung nach einer mehrmonatigen Nutzung deutlich differenzierter.

Weil ein Nutzer bei der biometrischen Identifikation seine persönlichen körpereigenen Merkmale zur Mensch-Maschine-Interaktion einsetzen muss, ist Involvement[4] für ihn zwingend erforderlich. Daraus lässt sich die These ableiten, dass es zu einer deutlichen Polarisierung bei der emotionalen Bewertung kommt: Gleichgültigkeit gegenüber den biometrischen Identifikationsverfahren wird eher selten zu finden sein.

Im Verlauf der Nutzung sammelt der Nutzer individuelle Erfahrungen über die Zuverlässigkeit und Robustheit der biometrischen Identifikationsverfahren. Dieses kognitive Erfahrungsspektrum interagiert mit seinem emotionalen Bewertungsprofil, woraus je nach Kombination eine Verstärkung (positiv-positive oder negativ-

---

[4] Zum Involvement-Aspekt siehe die breiten Ausführungen bei Kroeber-Riel / Weinberg, 1996, S. 360 – 363, wo das Involvement als ein theoretisches Konstrukt charakterisiert wird, das die Aktiviertheit einer Person kennzeichnet, von dem das Entscheidungsengagement dieser Person abhängt.

negative Einschätzung) oder Abschwächung (positiv-negative oder negativ-positive Einschätzung) des Gesamturteils erfolgen kann.

Wie in Abb. 11.5 deutlich wird, ist das affektive Bewertungsprofil nach der längeren Nutzungsphase überwiegend positiv. Die Nutzer sehen die biometrischen Identifikationssysteme überwiegend als sympathisch, angenehm, attraktiv und modern an. Etwas skeptischer fällt das Urteil der Nutzer hinsichtlich funktionaler Kriterien (Robustheit, Flexibilität) aus.

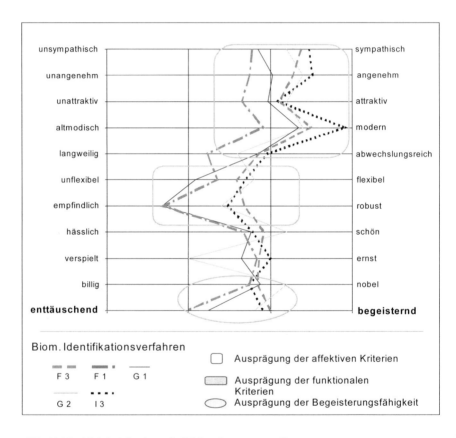

Abb. 11.5 Sachlich-funktionales und affektives Bewertungsprofil

Das vorliegende Urteilsprofil basiert auf den schriftlichen Befragungen. Die ergänzend durchgeführten qualitativen Einzelinterviews stützen die These, dass die objektiv vorliegenden technischen Probleme zusammen mit enttäuschten Erwartungen, beispielsweise hinsichtlich Systemreaktionszeiten oder Praktikabilität, zu der insgesamt zurückhaltenden Bewertung geführt haben[5]. Diese Bewertung schlägt sich auch in den Einschätzungen der zukünftigen Nutzung von biometrischen Identifikationssystemen nieder.

Vorstellungen über zukünftige Einsatzfelder

Die bisher vorgestellten Beurteilungen basieren auf Erfahrungen mit einer konkreten Anwendung, dem Einsatz biometrischer Identifikationssysteme zur physischen Zugangssicherung. Interessant ist es, Personen mit einem derartigen Erfahrungshintergrund über ihre Einschätzungen der Potenziale auch anderer Anwendungen biometrischer Identifikationssysteme zu befragen. Das Bewertungsprofil (Abb. 11.6) zeigt deutlich, dass die Nutzer kaum Ängste bezüglich gesundheitlicher Risiken oder Sorgen über Datenmissbrauch haben. Dies gilt für die Gesamtheit der betrachteten biometrischen Identifikationsverfahren. Es ist zu vermuten, dass die bereits erwähnten Defizite in der Leistung zum Teil dafür verantwortlich zu machen sind, dass bei den Fragen nach der zukünftigen Verbreitung und nach einer möglichen privaten Nutzung biometrischer Identifikationssysteme eher Zurückhaltung erkennbar wird. Auffällig ist, dass die Nutzer biometrische Identifikationssysteme überwiegend der PIN vorziehen. Dabei zeigt sich eine deutlich unterschiedliche Bewertung bei Gesichtserkennungsverfahren auf der einen und Fingerbild- oder Iriserkennungsverfahren auf der anderen Seite; letztere schneiden deutlich besser ab.

---

[5] Der Einfluss der Reaktionszeit auf die Bewertung wird derzeit in einem Teilfeldversuch untersucht.

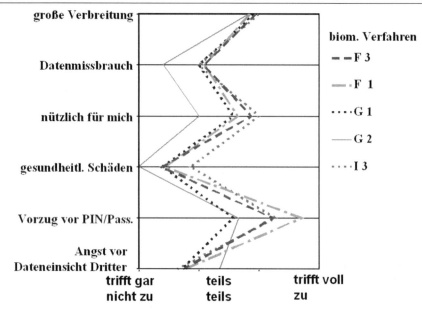

Abb. 11.6 Einschätzung der biometrischen Systeme

Welche Auswirkungen haben die auf eine Anwendung beschränkten Erfahrungen auf die Einschätzung unterschiedlicher Anwendungen im Alltag? Die Auswertung dieser Frage zeigt, dass die Nutzer um so zurückhaltender bei der denkbaren Verwendung von biometrischen Identifikationssystemen in der Zukunft werden, je mehr privater Bereich oder privates Eigentum betroffen sind (Abb. 11.7). Überraschenderweise zeigt sich bei der zu Kontrollzwecken befragten Gruppe der Studierenden ohne persönliche Nutzungserfahrung ein ähnlich verlaufender Trend. Daraus kann vorsichtig geschlossen werden, dass die biometrische Identifikation noch lange nicht als selbstverständliche Alltagstechnik angesehen werden wird.

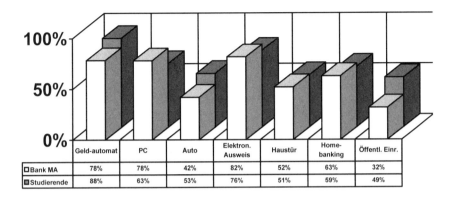

	Geld-automat	PC	Auto	Elektron. Ausweis	Haustür	Home-banking	Öffentl. Einr.
☐ Bank MA	78%	78%	42%	82%	52%	63%	32%
▣ Studierende	88%	63%	53%	76%	51%	59%	49%

Abb. 11.7 Bei ... ist die biometrische Identifikation einsetzbar

11.3.3   Analyse des Nutzungsprozesses

Vorbemerkungen

Ein Grundsatz des vorliegenden Untersuchungsansatzes ist der Vergleich zwischen subjektiven Beurteilungen und objektiv messbaren Ergebnissen. Bei der Feststellung von Akzeptanzbarrieren liefert die vergleichende Analyse von Widersprüchen und Konsistenzen zwischen subjektiven Beurteilungen und objektiv gemessenen Resultaten differenzierte Hinweise auf adäquate Lösungsstrategien.

Die im Folgenden vorgestellten Nutzungsdaten entstammen den in der Hochschule zu diesem Zweck eigens errichteten biometrischen Aktionscentern[6]. Diese Aktionscenter erlauben die vergleichende Prüfung von aktuell 10 unterschiedlichen biometrischen Identifikationssystemen (Abb. 11.8).

---

[6] In Berichten über das BioTrusT-Projekt werden die Aktionscenter auch mit dem Arbeitstitel StargaTe im Rahmen der Phase 0 des Projektes bezeichnet. Derzeit sind 11 Aktionscenter unterschiedlicher Basiskonfigurationen im Einsatz. (siehe auch http://www.biometrie-info.de)

Abb. 11.8 Aktionscenter an der Fachhochschule Giessen-Friedberg.

.

Deskriptive Analyse der Nutzer

Die große Zahl subjektiver Bewertungen erfordert eine adäquate Zahl von Nutzungen und damit eine ausreichend große Zahl von Nutzern[7].

Welche biometrischen Identifikationssysteme bei den insgesamt 25253 Nutzungen des ersten Versuchsabschnitts angewendet wurden, zeigt die nachfolgende Tabelle 11.1

---

[7] Zur Zeit liegt die Zahl der Benutzer bei 400 Teilnehmern.

Tabelle 11.1 Anzahl der Nutzungen der verschiedenen biometrischen Identifikationssysteme[8]:

Biometrisches Identifikationssystem	Anzahl
Gesichtserkennung G1	8625
Sprechererkennung S1	385
Fingerbilderkennung F1	8286
Fingerbilderkennung F2	7484
Iriserkennung I1	491

Bei jeder einzelnen Nutzung wird ein Logdatensatz erzeugt, der zur Charakterisierung der wichtigsten Nutzungsdaten dient. In Abb. 11.9 ist die Struktur des Logdatensatzes dargestellt. Zur Anonymisierung des Benutzers wird eine ID-Nummer verwendet, die keine Rückschlüsse auf seine persönlichen Daten erlaubt. Durch Gebrauch dieser Nummern sowohl bei jeder Nutzung der Aktionscenter wie auch bei den verschiedenen Befragungen wird die Zuordnung subjektiver Bewertungen und objektiver Nutzungsdaten ermöglicht. Die ID-Nummer ist auf einer Identitätskarte elektronisch und visuell lesbar vermerkt. Diese wird jedem Nutzer beim Enrollment ausgehändigt.

---

[8] Während des ersten Versuchsabschnitts waren 5 unterschiedliche biometrische Identifikationssysteme im Einsatz; die Zahl der Versuche entspricht dem Stand vom 1.12.2000. Die relativ niedrigen Nutzungszahlen bei Sprecher- und Iriserkennung erklären sich aus folgenden Gründen: Das Sprechererkennungssystem ist nicht im stark frequentierten Eingangsbereich aufgebaut, da der dort herrschende zu hohe Umgebungslärmpegel einen zu großen Aufwand bei der Lärmdämmung erfordert hätte. Im Gegensatz zu den anderen Verfahren steht bei der Iriserkennung nur ein einziges System zur Verfügung.

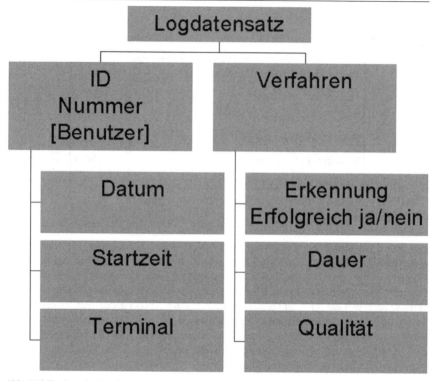

Abb. 11.9 Struktur des Logdatensatzes

Analyse der Zusammenhänge zwischen Nutzer und Benutzungen

Nach der globalen Analyse der Nutzungen ist es notwendig, die Nutzungsprozesse bei den einzelnen biometrischen Identifikationssystemen differenziert zu analysieren.

Der wichtigste Aspekt für einen Nutzer im Umgang mit den biometrischen Identifikationssystemen ist - unabhängig von der spezifischen Anwendung - die Beantwortung der Frage, ob er erkannt worden ist, was den Grundnutzen[9] einer biometrischen Identifikation ausmacht. Aufgrund der Tatsache, dass bei Benutzung der biometrischen Identifikationssysteme im Aktionscenter für die einzelnen

---

[9] Vgl. zum Nutzenbegriff mit den Differenzierungen Grund- und Zusatznutzen die Erläuterungen bei Meffert, 2000, S. 333

biometrischen Identifikationssysteme weitestgehend vergleichbare Versuchs-bedingungen herrschen, da *alle* Benutzer *alle* Systeme jeweils unmittelbar hintereinander benutzen, können die aus den Logdaten gewonnenen Erken-nungsresultate zur vergleichenden Bewertung herangezogen werden. Diese geschieht auf der Basis der Zielsetzung dieser Untersuchung, die Bedingungen für die Akzeptanz durch die Nutzer herauszufinden.

Dabei ist von der plausiblen Hypothese auszugehen, dass ein funktionierendes biometrisches Identifikationssystem dessen Akzeptanz eher fördert als behindert. Deshalb werden das Funktionieren als positives Akzeptanzmoment und ent-sprechend das Nichtfunktionieren als negatives Akzeptanzmoment eingestuft. Die Funktionalität genügt allerdings nicht als alleinige Erklärungsgrundlage, denn auch wenn keine objektiv zufriedenstellende Funktionalität vorliegt, kann durch überlagernde emotionale Bewertungskriterien eine Verdrängung oder Verminderung negativer Akzeptanzmomente stattfinden. Die Ergebnisse der Akzeptanzforschung[10] belegen, dass diese emotionalen Bewertungskriterien auch im Fall objektiv zufriedenstellender Funktionalität für die Akzeptanz sowohl förderlich als auch kontraproduktiv sein können.

Die objektiv durch die im vorigen Abschnitt beschriebenen Logdaten festgehaltene Funktionalität (erkannt/nicht erkannt) gibt wenige Hinweise auf eine eventuelle Ursache einer Nichterkennung während der Verifikation einer Nutzeridentität. Neben einer offensichtlichen Fehlfunktion des biometrischen Identifikationssystems ist im Feldversuch im Unterschied zum Laborversuch ein komplexes Bündel weiterer Einflussfaktoren für die Nichterkennung denkbar, die vom Benutzer überwiegend als Fehlfunktion des biometrischen Identifikationssystems interpretiert werden. Im folgenden werden die wesentlichen Einflussfaktoren angegeben:

- *Umfeldproblematik*: In diesen Problemkreis fallen beispielsweise Beleuchtungs-probleme, Schwierigkeiten durch ungünstigen optischen Hintergrund, Verschmutzung von Sensoren, Hintergrundgeräusche.

- *Technische Probleme*: Störung der Kommunikationstechnik, Fehler bei Chipkarten, auch: Ausfall des zur biometrischen Identifikation benötigten Sensors.

- *Bedienungsproblematik*: Benutzung eines falschen Sensors anstelle des gerade benötigten, Blick nicht zur Kamera gerichtet, nicht schnell genug bedient, Benutzung des falschen Fingers, usw..

- *Ergonomische Defizite*: schlecht gewählte Sensoranordnung, schlechte Benutzerführung.

---

[10] vgl. z. B. Kroeber-Riel / Weinberg, 1996, S. 104 und S. 200 - 203

Aus dem Logdatensatz kann auch die folgende Einflussgröße nicht erkannt werden, solange es der Benutzer nicht mitteilt.

- *Manipulationsproblematik*: Wenn ein Angreifer A versucht, sich für einen anderen Benutzer B auszugeben, kann das Ergebnis bei Erfolg von A nicht von einer erfolgreichen Erkennung von B unterschieden werden. Bei Misserfolg des Angreifers A kann das Ergebnis aber auch nicht von einer nichterfolgreichen Nutzung von B („Nichterkennung") unterschieden werden. Da im vorliegenden Feldversuch – wegen der Aufrechterhaltung der zugesicherten Anonymität und aus forschungsethischen Gründen[11] - bewusst auf weitergehende Maßnahmen[12] zur Erkennung von Manipulationsversuchen verzichtet worden ist, kann über den Umfang der Manipulationsversuche keine gesicherte Aussage getroffen werden. Die Qualität der Manipulationen kann das gesamte Spektrum vom spielerischen Ad-hoc-Versuch (Tauschen der Identitätskarten) bis zum professionellen Insider-Angriff umfassen.

Aus den bisherigen Erläuterungen wird deutlich, dass die in den Abb. 11.10 und Abb. 11.11 angegebenen Zahlen zur Erkennungsrate *keinesfalls* mit den oft in der Literatur angegebenen Werten für FAR ("false acceptance rate") oder FRR[13] ("false rejection rate") verwechselt werden dürfen. Aufgrund der gegebenen Versuchsbedingungen ist eine Fehlerkennungsrate (FAR) ohnehin nicht bestimmbar.

In Abb. 11.10 werden die Erkennungsraten der im Aktionscenter verwendeten biometrischen Identifikationssysteme mit den Kategorien 'erkannt', 'nicht erkannt' und 'Fehler' angegeben. Bei der Kategorie 'Fehler' handelt es sich um Fehlfunktionen, die in den Logdaten eindeutig als technische oder umfeldbedingte Artefakte registriert wurden. Die Fehlerquote bei G1 erklärt sich aus anfänglichen Kapazitätsproblemen des Netzwerkes im Versuchsaufbau. Bei der Iriserkennung I1 lassen die Logdaten auf insgesamt 12 % Manipulationsversuche schließen. Da eine solch hohe Zahl den Autoren in Anbetracht der Kompliziertheit gerade dieses Verfahrens in der Höhe unwahrscheinlich erscheint, wird dieser Anteil der Nichterkennungsrate zugeschlagen.

---

[11] Transparenz der Abläufe und Vermeidung einer Orwellschen Überwachungssituation sind von Beginn an erklärte Grundprinzipien des Forschungsansatzes der Autoren

[12] Zum Teil fanden von den Systemherstellern mitgelieferte Tools Verwendung

[13] TeleTrusT 1998, S. 14

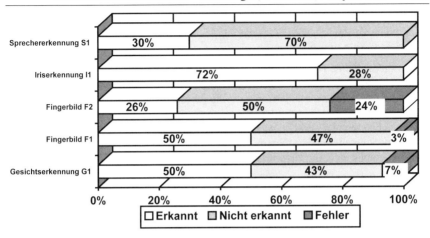

Abb. 11.10 Erkennungsraten der Systeme

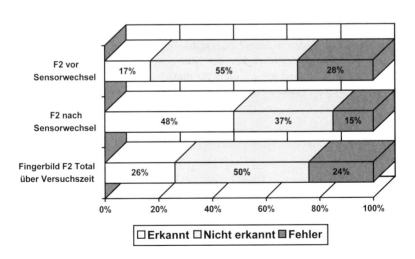

Abb. 11.11 Vergleich der Erkennungsraten bei Fingerbildsystem 2

Wie Abb. 11.11 zeigt, ist die hohe Fehlerrate beim System F2 - anfänglich 28 % - nach einem Austausch aller Sensoren auf 15 % reduziert worden. Gleichzeitig stieg die Erkannt-Rate signifikant an.

Schon dieses kleine Beispiel zeigt, dass im Alltagsbetrieb sehr viele unterschiedliche Einflüsse denkbar sind, die die Rate erfolgreicher Erkennungen drücken können. Um etwa den Einfluss der Sensoren bei Fingerbildsystemen auf die Erkennungsrate zu quantifizieren, ist es erforderlich, in einer ergänzenden experimentellen Studie bei gleichbleibender Erkennungs-Software mit unterschiedlichen Sensoren Ver-gleichsmessungen durchzuführen. Eine Vielzahl von Untersuchungen dieser Art wird notwendig sein, um zuverlässige Urteile zu gewinnen.

Abschließend wird die obige Hypothese aufgegriffen, dass ein funktionierendes biometrisches Identifikationssystem dessen Akzeptanz eher fördere als behindere. Die empirische Prüfung dieser Hypothese wird am Beispiel des Fingerbild-erkennungssystems F1 durchgeführt. Um den Zusammenhang zwischen erfolg-reicher Erkennungsrate und Nutzungsintensität zu eruieren, sind in Abb. 11.12 die Nutzer in vier Klassen eingeteilt worden. Diese Klassen repräsentieren jeweils spezifische „Erfolgsniveaus" der Nutzer. Die Klasse K1-K5 repräsentiert die Nutzer, die zwischen 0 und 25 % mittlere Erkennungsrate aufweisen, bei der Klasse K6–K10 liegt die mittlere Erkennungsrate zwischen 25% und 50%, bei K11-K15 zwischen 50% und 75% und bei K16-20 oberhalb von 75%. Es sind für die einzelnen Klassen jeweils die Gesamtzahl der Nutzungen und die Zahl der Nutzer angegeben. Daraus ergibt sich die durchschnittliche Nutzungshäufigkeit in jeder Klasse. Diese durchschnitt-liche Nutzungshäufigkeit ist in der Abbildung jeweils eingerahmt. Die Nutzungs-häufigkeit der Nutzer mit der geringsten Erkennungsrate (< 25%) ist um 72% niedriger als die Nutzungshäufgkeit der Nutzer aus der Klasse K16-20 (>75%). Die eingangs formulierte Hypothese wird somit erhärtet.

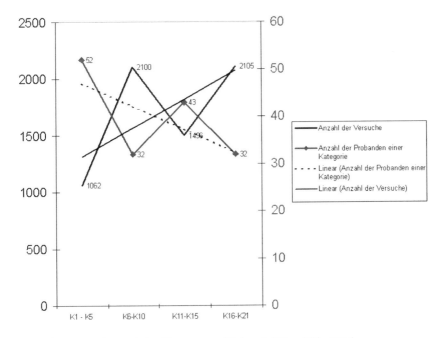

Abb. 11.12 Zusammenhang zwischen Nutzungen und Nutzern bei Fingerbildsystem 1

Für eine umfassende Überprüfung der Hypothese über den Zusammenhang zwischen Erkennungsrate und Nutzungsintensität ist es notwendig, die verschiedenen biometrischen Identifikationssysteme in der gleichen Art zu analysieren[14].

11.4   Entwicklung von Nutzungsfeldern zu einem Markt

Wie in Kap. 11.3.3 beschrieben, sind die vorgestellten Ergebnisse auf der Grundlage der Nutzungen innerhalb des Aktionscenters an der Fachhochschule Gießen-Friedberg gewonnen worden. Das spezifische Umfeld dieses Aktionscenters ist vor allem für die vergleichende Analyse unterschiedlicher biometrischer Identifikationssysteme ausgelegt. Um eine möglichst hohe Nutzungsrate zu erzielen, ist die Nutzung auf den spielerischen Umgang ausschließlich mit den biometrischen

---

[14] Eine detaillierte Analyse findet sich im Arbeitspapier „Zusammenhang zwischen Erkennungsrate und Nutzungsintensität bei verschiedenen biometrischen Identifikationssystemen" des Instituts für biometrische Identifikationssysteme

Identifikationssystemen fokussiert mit der Zielsetzung, den Umfang potenzieller Störeinflüsse auf ein Minimum zu reduzieren. Diese Störeinflüsse sind selbstverständlich stark abhängig von der gewählten Anwendung. Als Beispiel für derartige Störvariablen sind etwa für einen Geldausgabeautomaten mit biometrischer Identifikation - anstelle einer PIN – zu nennen: der Umgang mit dem eigenen Geld, damit verbunden Angst vor Fehlfunktionen oder Betrug, die insgesamt eher relativ geringe Frequenz der Nutzung, weil die biometrische Identifikation nur bei Geldbedarf zum Einsatz kommt. Allerdings hat auch der spielerische Umgang mit biometrischen Identifikationssystemen seinen Preis. Dies reicht von der teilweise geringen Ernsthaftigkeit über den Gesichtspunkt, dass Freude am Spiel oft auch Freude am Betrug ist, bis zu der vermutlich schneller eintretenden Langeweile.

Beim Einsatz der biometrischen Identifikationssysteme am Geldausgabeautomaten sind zusätzlich die banktechnischen Aspekte zu berücksichtigen. Nur in Ausnahmefällen ist heute ein isolierter Betrieb eines Geldausgabeautomaten möglich. Vielmehr muss der einzelne Geldausgabeautomat in einen komplexen Gesamtprozess der Banken eingebunden werden. Dazu müssen die Anbindung an bestehende Kontoführung, die Benutzung von Kundenkarten, gerade auch bei globaler Anerkennung, mit den zugehörigen Rechts- und Versicherungsfragen festgelegt werden. Diesen großen Aufwand beim flächendeckenden Einsatz von Geldausgabeautomaten mit biometrischen Identifikationssystemen werden die Banken nur dann leisten, wenn vorher zufriedenstellende Ergebnisse bezüglich der Zuverlässigkeit, Sicherheit und Kundenakzeptanz biometrischer Identifikationssysteme vorliegen. Dieser Gedankengang lässt sich auf eine Vielzahl denkbarer Applikationen[15] innerhalb und außerhalb des Bankensektors übertragen. Mit dem Aktionscenter – und der damit verbundenen Stimulierung hoher Nutzungszahlen – ist ein erster Schritt aus dem Labor hin zu einer mehr feldorientierten Analyse dieser Themen gelungen.

---

[15] Zu den Applikationsfeldern siehe den Beitrag von Behrens / Roth, Kapitel 2 in diesem Band

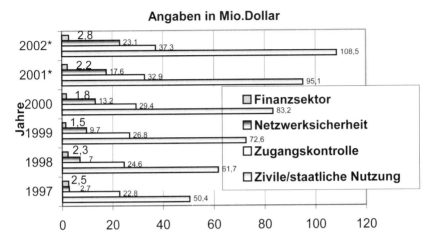

Abb. 11.13 Der Markt für biometrische Identifikationsverfahren; *geschätzte Angaben

Wie in Abb. 11.13 deutlich wird, ist das Ausweisen eines Marktes für biometrische Identifikationsverfahren durch ein engbegrenztes Anwendungsfeld und ein relativ kleines Umsatzvolumen gekennzeichnet. Gerade bei dieser Analyse ist kritisch zu ergänzen, dass die einzelnen Applikationsbereiche nicht eindeutig voneinander abgrenzbar sind. So dürfte es sich beispielsweise bei einem Großteil der zivilen oder staatlichen Nutzung von biometrischen Identifikationssystemen tatsächlich ebenfalls um Zutrittskontrollen in Bereichen wie Reiseverkehr, Strafvollzug oder bei Rechenzentren handeln.

11.5   Zusammenfassung und Ausblick

Das für die Untersuchungsmethodik entwickelte dreidimensionale Modell lässt zunächst zwei Erkenntnisse zu: Zum einen offenbart der Untersuchungsraum nicht nur die Vielfalt möglicher Erklärungen, sondern auch die Komplexität des zu Erklärenden. Zum anderen bietet das vorgestellte Modell ein großes heuristisches Potenzial zur Untersuchung biometrischer Identifikationssysteme aus unterschiedlichen Perspektiven.Bei den empirischen Ergebnissen sind folgende Gesichtspunkte hervorzuheben:

Die untersuchten Zielgruppen zeigen eine insgesamt positive Einschätzung der biometrischen Identifikation im Vorfeld jeglicher Nutzung. Biometrische Identifikationssysteme erhalten eine positivere Bewertung als PIN oder Passwort.

Nach einer mehrmonatigen Nutzungsphase mit z.T. nicht zufriedenstellenden Erfahrungen hinsichtlich funktionaler Kriterien geben die Probanden im affektiven Bereich zwar immer noch positive Noten, doch wird die Praktikabilität und Robustheit der benutzten biometrischen Identifikationssysteme deutlich skeptischer gesehen.

Folglich sind die Nutzer auch um so zurückhaltender bei ihrer Einschätzung zum zukünftigen Einsatz von biometrischen Identifikationssystemen, je mehr diese Einsatzbereiche die private Sphäre betreffen.

Die lange Nutzungszeit im vorliegenden Feldversuch hat eine Vielzahl von Einflussfaktoren auf die Erkennung bzw. Nichterkennung zu Tage gefördert, die einen Vergleich mit den FAR- oder FRR-Angaben nicht erlauben.Die vorgestellten Marktzahlen belegen ein vom Sicherungsaspekt dominiertes Anwendungsspektrum biometrischer Identifikationssysteme mit noch bescheidenem Umsatzvolumen.

Auf der Grundlage der vorgestellten Untersuchungsergebnisse wagen wir einen Ausblick zum Potenzial biometrischer Identifikationssysteme. Die wachsende Bedeutung von biometrischen Identifikationssystemen sehen wir durch drei Thesen erhärtet:

- Die Zunahme des gesamten *E-Business* (Homebanking, E-Shopping etc.) macht einen gesicherten und praktikablen Authentizitätsnachweis notwendig.

- Die verstärkte Entwicklung von *E-Public-Services* (Ausweise, Sozialversicherung, Grundbuchamt, etc.) eröffnet den biometrischen Identifikationssystemen zusätzliche Anwendungschancen.

- Der Markt für *E-Personalized-Tools* (Handy, PDA, PC...) wird enorm wachsen und damit den biometrischen Identifikationssystemen ein weites Anwendungsspektrum vor allem im Komfortbereich eröffnen.

LITERATUR

Atteslander, P. (1974): Methoden der empirischen Sozialforschung, Berlin, New York

Kroeber-Riel, W., Weinberg, P. (1996): Konsumentenverhalten, 6. Aufl. München

Meffert, H. (2000): Marketing. Grundlagen marktorientierter Unternehmensführung, 9. Aufl. Wiesbaden

TeleTrusT (1998): Bewertungskriterien zur Vergleichbarkeit biometrischer Verfahren – Kriterienkatalog, Erfurt

www.teletrust.de/down/kritkat-1.zip

Weis, H. Ch., Steinmetz, P. (2000): Marktforschung, 4. Aufl. Ludwigshafen

12   Innovative Unternehmensgründungen aus der Hochschule - einige Grundüberlegungen am Beispiel des Technologiefeldes Biometrie

Maria Rumpf

12.1   Braucht Deutschland eine neue Gründungswelle?

Innovative Unternehmensgründungen und eine Dynamisierung des unternehmerischen Engagements sind zentrale gesellschaftliche Themen der Gegenwart in Deutschland. In den Mittelpunkt rückt dabei vor allem die schnelle Umsetzung von Forschungsergebnissen in marktfähige Produkte und Dienstleistungen. Innovation meint dabei nicht allein eine technische Neuerung, sondern auch die erfolgreiche Einführung und Positionierung am Markt. Innovationen erfordern also die Verknüpfung von technischen Fähigkeiten mit einer zielgerichteten Umsetzungsorientierung. Diese Kombination stellt die eigentliche Herausforderung für Unternehmen dar. Die hohe gesamtwirtschaftliche Bedeutung von innovativen und technologieorientierten Unternehmensgründungen bedingt nicht zuletzt auch von Seiten des Forschungs- und Bildungssystems neue Ansätze und Anreize. Die Zahl der technologieorientierten Unternehmensgründungen konnte sich in Deutschland in den 90er Jahren ausgehend von einem vergleichsweise niedrigen Niveau nahezu vervierfachen[1], dennoch sind weitere Anstrengungen notwendig, damit Deutschland sich im internationalen Innovationswettbewerb behaupten kann.

Die aktuelle Situation an deutschen Hochschulen ist daher durch intensive Bemühungen gekennzeichnet, das vorhandene Gründungspotenzial effektiver zu fördern. Ziel ist es, Wissenschaftler und Studierende frühzeitig zu unterstützen, ihr fundiertes Fachwissen in eine selbstständige Tätigkeit einzubringen und die vorhandenen vielversprechenden Gründungsideen erfolgreich umzusetzen. Bei der Entwicklung einer so verstandenen Gründungsdidatik an deutschen Hochschulen ist an den Defiziten anzusetzen, die anhand der bisherigen Existenzgründungen aus Hochschulen heraus festgestellt werden können. Hier sind vor allem fehlende wirtschaftswissenschaftliche Kenntnisse, mangelnde Branchen- und Markterfahrung und unzureichende Managementkompetenzen zu nennen.[2] Im Folgenden werden zuerst einige wesentliche Erfordernisse an eine gezielte Unterstützung von Existenzgründungen aus Hochschulen am Beispiel des Technologiefeldes Biometrie skizziert. Im Anschluss werden einige Ideen zur Verstärkung der Kooperation zwischen Hochschule und Wirtschaft aufgezeigt.

---

[1] Vgl. Projekt ATHENE, 2000, S. 19-35

[2] Vgl. GründerZeiten, 1999, Nr. 12

12.2 Evaluation eines Gründungsvorhabens: Was ist entscheidend bei der Förderung von innovativen Ausgründungen aus Hochschulen?

Im Spannungsfeld von Markt, Wettbewerb und technologischem Wandel hängt der Erfolg innovativer Gründungsideen entscheidend von den Größen Marktpotenzial und Marktattraktivität ab. Die zukünftigen Absatzchancen eines Produktes oder einer Dienstleistung müssen als Grundlage für jede weitere Planung ebenso abgeschätzt werden wie die Überprüfung möglicher Hindernisse, die den Marktzugang erschweren oder gar verhindern könnten. Trotz der vielfältigen Anwendungsmöglichkeiten und dem wachsenden Bedarf an sicheren Identifikations- und Zugangsverfahren sind zum Beispiel bei der Beurteilung der Zukunftsaussichten biometrischer Verfahren vor allem die Risiken des Persönlichkeitsschutzes und der Akzeptanz bei den Nutzern zu berücksichtigen. Es reicht eben nicht aus, eine qualitativ hochwertige technische Lösung im Sinne eines „rationalen Produktes" zu entwickeln. Das Vertrauen in die Sicherheit ist eine Voraussetzung der Akzeptanz und wird den Nutzungsgrad determinieren. Ein Coaching der Wissenschaftler und Studierenden, die sich in diesem Technologiefeld selbstständig machen wollen, zur Überprüfung der Marktfähigkeit ihrer Idee sollte somit ein Kernbestandteil einer Existenzgründungsförderung an Hochschulen sein. Des weiteren sollten sich Wissenschaftler und Studierende bereits parallel zur Forschung mit einer bedarfsgerechten Umsetzung der technischen Lösung auseinander setzen. Dies stellt die grundsätzliche Bedeutung der Grundlagenforschung nicht in Frage. „Grundlagenforschung, insbesondere naturwissenschaftliche Grundlagenforschung, ist [...] unverzichtbare Voraussetzung für das Meistern unserer Zukunft, denn sie ist Ideenlieferant für technologische Innovationen, auf die ein rohstoffarmes und exportierendes Land wie Deutschland in besonderem Maße angewiesen ist."[3]

Aber aufgrund der zunehmenden Kooperationen zwischen Forschungseinrichtungen und der Wirtschaft werden Grundlagenforschung auf der einen und anwendungsorientierte Forschung auf der anderen Seite zukünftig schwieriger zu trennen sein. Als Folge werden von den Wissenschaftlern und Studierenden neue Qualifikationen verlangt. Neben einem hohen Fachwissen zur Entwicklung technisch ausgereifter und möglichst fehlerresistenter Lösungen ist auch ein gewisses betriebswirtschaftliches Know-how im Bereich Marketing gefordert. Nur so gelingt beispielsweise eine an den Kundenbedürfnissen orientierte Gestaltung des Produktes, was wiederum eine wesentliche Grundlage für eine spätere effiziente Marktbearbeitung darstellt.[4]

---

[3] Bundesbericht Forschung, 1998, S. 95

[4] Vgl. hierzu unter anderem die Ergebnisse verschiedener Untersuchungen zur Akzeptanz der einzelnen biometrischen Verfahren, zum Beispiel Behrens / Roth, 2000, S. 327-331

Über die Aspekte der Marktchancen hinaus ist für den Erfolg eines Gründungsvorhabens auch die Güte der Geschäftsstrategie entscheidend. Es gilt, zusammen mit den Gründungsinteressierten eine realistische und in sich konsistente Geschäftsstrategie zu entwickeln. Die Idee muss durch eine konsequente Planung einer Umsetzung erst zugänglich gemacht werden. Zu überlegen ist beispielsweise sehr grundlegend, inwieweit ein junger Existenzgründer im Bereich der Biometrie in der Lage ist, eine komplette Lösung von der Hardware über die Applikation bis zum Security-Consulting anzubieten, oder ob er sich nicht stärker auf bestimmte Anwendungsnischen oder -verfahren konzentrieren sollte. Auch hier sind vor allem betriebswirtschaftliche Fragestellungen zur Investition, Finanzierung und Organisation zu vermitteln. Dabei reicht eine punktuell angelegte Qualifizierung nicht aus. Die Maßnahmen sollten vielmehr begleitend zum Entstehungs- und Entwicklungsprozess des Vorhabens angeboten werden. Erst die Kenntnis und Berücksichtigung des Gesamtprozesses, beginnend mit der Innovationsentwicklung und der Strategiefindung über die Konzeptumsetzung bis hin zur Etablierung am Markt, ermöglicht adäquate Problemlösungen.

Bleibt zuletzt als Erfolgskriterium für ein Gründungsvorhaben die Persönlichkeit des Gründers bzw. des Gründungsteams. Die Motivation und bestimmte Persönlichkeitsmerkmale wie zum Beispiel Risikoneigung und Fähigkeit zur Selbstorganisation haben ebenfalls signifikanten Einfluss auf den Erfolg. Potenzielle Gründer haben entsprechend auch ein großes Bedürfnis, etwas über ihre persönlichen Stärken und Schwächen zu lernen und Veränderungsmöglichkeiten und Coping-Strategien im Bereich des Persönlichkeitsmanagements aufgezeigt zu bekommen.

LITERATUR

Behrens, M., Roth, R. (2000): Sind wir zu vermessen, die PIN zu vergessen. Erfahrungen aus einem Feldversuch, in: Datenschutz und Datensicherheit, 24. Jg., Nr. 6, S. 327-331

Bundesministerium für Wirtschaft und Technologie (Hg.): Bundesbericht Forschung, Faktenbericht 1998, Bonn 1998

GründerZeiten (1999): Nachrichten für Existenzgründung und -sicherung, Bundesministerium für Wirtschaft und Technologie (Hg.), Nr. 12, Berlin

Olbert, J., Schweizer, C., Sturm, P. (1998): Forschung und Lehre in Entrepreneurship. Stand der Disziplin in den USA und Schlussfolgerungen für Deutschland. Band 1, WHU-Forschungspapier Nr. 46 / Januar 1998, Vallendar

Projekt ATHENE (1998): Ausgründungen technologieorientierter Unternehmen aus Hochschulen und außeruniversitären Forschungseinrichtungen, Abschlußbericht, ADT – Arbeitsgemeinschaft Deutscher Gründungszentren e.V. (Federführung), Berlin

Sternberg, R. (2000): Entrepreneurship in Deutschland. Das Gründungsgeschehen im internationalen Vergleich. Länderbericht Deutschland 1999 zum Global Entrepreneurship Monitor, Berlin

Sydow, J.: Strategische Netzwerke. Evolution und Organisation, Wiesbaden 1993

13   Wachstumsmarkt Biometrie?

Lothar Klemm

Die Biometrie steht heute – vergleichbar mit der Biotechnologie vor einigen Jahren - an der Schwelle zum wirtschaftlichen Durchbruch. Wie in der Biotechnologie entscheidet auch in der Biometrie nicht allein das technologische Know-how, sondern auch die Kapitalausstattung der Unternehmen über ihren wirtschaftlichen Erfolg.

Die derzeit meist noch kleinen Stückzahlen biometrischer Produkte bedeuten in der Regel hohe Stückkosten. Die Produktionsverfahren sind auf kleine Serien ausgelegt und die Fertigungsprozesse bisher unzureichend rationalisiert. Hohe Produktpreise sind die Folge. Dadurch können sich technologisch unterlegene Produkte noch in Märkten halten, für die die Biometrie überlegene Lösungen bereithält.

Der Einsatz von Biometrie ist in den USA schon weiter fortgeschritten als in Deutschland. Die Globalisierung fordert von deutschen Unternehmen ein schnelles Wachstum, wenn sie im Weltmarkt wettbewerbsfähig werden wollen. Langsames Wachstum bedeutet heute nicht weniger Erfolg, sondern oft Misserfolg. Die Schnellen schlagen die Langsamen, d.h. die Unternehmen müssen ihre biometrischen Verfahren zügig in konkurrenzfähige Produkte umsetzen und in den Markt einführen.

Der Investitionsgüterbereich verlangt nach Produkten von höchster technischer Qualität mit problemloser Integration in vorhandene Systeme und einem günstigen Kosten-Nutzen-Verhältnis. Biometrische Verfahren der Zutrittskontrolle zu Gebäuden und Hochsicherheitsbereichen und zum Schutz von Rechnern und Geldautomaten stoßen im Verhältnis zu herkömmlichen Verfahren auf großes Interesse. Denn hier zählen nicht allein die Anschaffungskosten, sondern auch die Aufwendungen für die notwendige Verwaltung, den Ersatz oder die Wiederherstellung von verlorenen Karten und Schlüsseln und vergessenen Passwörtern.

Als Bestandteil von Konsumartikeln müssen biometrische Verfahren vor allem für die Masse der Kunden erschwinglich sein und den Schutz der Privatsphäre garantieren. Die zunehmende Akzeptanz bei den Endverbrauchern wird den Durchbruch biometrischer Systeme in Alltagsprodukte fördern. Die ansteigende Flut von PINs und Passwörtern, wie z.B. für Mobiltelefone, Bankautomaten und Homebanking, erhöht die Attraktivität der Biometrie. Sie bietet zusätzliche Sicherheit *und* Bequemlichkeit. Biometrische Merkmale können weder vergessen werden noch gehen sie verloren. Zudem kann man bei den meisten der Verfahren - innerhalb eines Toleranzbereichs – von einer lebenslangen Gültigkeit ausgehen.

Vergleichbar mit dem Biometriemarkt brauchten auch die Märkte der PC-Industrie, des Internets und der Mobiltelefonie lange, bis sie eine Reife erlangten. Der Durchbruch kam dann allerdings innerhalb kurzer Zeit. In den USA wurden in der Biometrie in den Jahren 1995 bis 1997 jährlich ca. $ 20 Millionen umgesetzt, 1998 stieg der Umsatz auf ca. $ 87 Millionen und 1999 sogar auf ca. $ 225 Millionen.

Angesichts dieser Erhöhung des Handelsvolumens in den USA wird auch der Durchbruch in Deutschland nicht mehr allzu lange auf sich warten lassen.

Wenn sich deutsche Unternehmen im Biometrie-Weltmarkt erfolgreich positionieren sollen, ist es wichtig, technologische Innovationen, Unternehmergeist und Kapital zusammenzuführen. Venture Capital ist eine Möglichkeit, jungen Unternehmen schon in der Phase der Unternehmensgründung haftendes Eigenkapital zur Verfügung zu stellen. Eigenkapital ist eine wichtige Voraussetzung für schnelles Unternehmenswachstum. Wachstum wiederum ist heute eine wichtige Voraussetzung für Marktdurchdringung. Markterfolg ist Bedingung für die Steigerung des Unternehmenswertes, an der der Venture-Capital-Geber interessiert ist.

Aus meiner Sicht ist es allerdings entscheidend, technischen Erfindergeist und Kapital nicht einfach nebeneinander zu stellen. Langfristiger Erfolg wird sich nur einstellen, wenn Kapitalgeber und Unternehmensgründer gemeinsam eine Kompetenz für die Besonderheiten in der Biometrie aufbauen und so Chancen und Risiken wirklich erkennen und realistisch einschätzen können.

Grundvoraussetzung hierfür ist, Venture Capital nicht nur als Mittel zur Beschaffung von Eigenkapital zu betrachten, sondern als unternehmerische Partnerschaft. Gründer brauchen "Capital & Competence". "Competence" bedeutet professionellen unternehmerischen Support und eine intensive persönliche Betreuung. Dazu gehört auch, dass der Venture-Capital-Geber sein Netzwerk für die jungen Unternehmen einsetzt und so z.B. strategische Allianzen initiiert, Technologietrends einschätzt, Marketingunterstützung bietet oder zusätzliche Vertriebswege eröffnet. Denn allein ein innovatives Produkt bedeutet keineswegs automatisch Unternehmenserfolg, der stellt sich nur ein, wenn ein Unternehmen professionell geführt wird.

In dieser Beziehung hat sich in Deutschland in den letzten Jahren einiges getan. Wenn die in dieser Zeit gesammelten Erfahrungen beim Aufbau der jungen Biometriebranche genutzt werden, werden die Unternehmen sich in diesem Wachstumsmarkt erfolgreich positionieren können.

first
photonics
capital

Autorenverzeichnis

Albrecht, Astrid, RA

Jahrgang 1968, studierte Rechtswissenschaften in Bonn. Seit 1998 befasst sie sich mit vielfältigen Bereichen der neuen Medien wie z.B. der elektronischen Signatur, zuerst als verbraucherpolitische Referentin bei der Arbeitsgemeinschaft der Verbraucherverbände (AgV e.V.) und jetzt für den Rechtsnachfolger der AgV, den Bundesverband der Verbraucherzentralen und Verbraucherverbände – Verbraucher-zentrale Bundesverband e.V. (VZBV e.V.). Für den VZBV betreut sie das Projekt BioTrusT. Hier liegt ihr Arbeitsschwerpunkt auf den rechtlichen, sozialen und technischen Rahmenbedingungen eines Einsatzes biometrischer Verfahren im Verbraucheralltag. Für die AgV erstellte sie 1999 die Studie „Biometrie, digitale Signatur und elektronische Bankgeschäfte zum Nutzen für Verbraucher“. Sie ist Leiterin der Arbeitsgruppe 6 „Biometrische Identifikationsverfahren“ des TeleTrusT e.V., einem Verein zur Förderung der Vertrauenswürdigkeit in der Informations- und Kommunikationsgesellschaft.

Behrens, Gloria, Dr.

Jahrgang 1956. Nach dem Studium der Humanmedizin, Staatsexamen und Dissertation über ein Thema der Humangenetik an der RWTH-Aachen. Mehrjährige Tätigkeit als Assistenzärztin am Krankenhaus. Fachärztin für Anästhesiologie. Seit zehn Jahren ist sie als Dozentin in der Ausbildung medizinischer Assistenzberufe tätig.

Behrens, Michael, Prof. Dr.

Jahrgang 1957. Nach dem Studium der allgemeinen Elektrotechnik an der RWTH Aachen hat er dort auch über ein Thema aus der Rechnerarchitektur promoviert. Im Rahmen seiner Industrietätigkeit (6 Jahre) bei einem Elektronikkonzern hat er sich im Bereich der Nachrichtentechnik, des Designs von integrierten Schaltungen und der Koordination von Forschungsprojekten an verschiedenen deutschen und europäischen Standorten engagiert. Seit 1993 ist er Professor an der FH Gießen-Friedberg im Fachbereich Elektrotechnik mit den Forschungsschwerpunkten Datensicherheit und biometrische Identifikationssysteme. Seit Beginn 1999 sind Prof. Dr. Michael Behrens und Prof. Dr. Richard Roth gemeinsam Leiter des wissenschaftlichen Begleitprogramms des Forschungsprojektes BioTrusT und seit

2000 Leiter des TransMIT-Zentrums IBIS, des Instituts für biometrische Identifikationssysteme.

Daugman, John, Prof. Dr.

lehrt an der Universität von Cambridge, UK in den Fachgebieten neuronale Computerwissenschaft, Informationstheorie und Bildverarbeitung. Davor hatte er den Toshiba Stiftungslehrstuhl am Institut für Technologie in Tokyo inne. Studium und Promotion absolvierte er an der Harvard Universität. Er ist Mitbegründer und Vorstandsmitglied bei Iridian-Technologies, Autor zahlreicher Veröffentlichungen zur Iris-Erkennung und mehrfach für seine Forschungsarbeiten ausgezeichnet worden.

Heumann, Björn, Dipl.-Ing.

Jahrgang 1972, studierte nach einer Ausbildung zum Industrieelektroniker an der Fachhochschule Gießen-Friedberg Elektrotechnik (Fachrichtung technische Informatik). Seit 1999 auf dem Gebiet der Biometrie tätig, schrieb er im Februar 2000 seine Diplomarbeit über das Thema „SmartCard-basierte Personenidentifizierung: Systementwicklung und Programmierung im Rahmen des BioTrusT-Projektes". Seit April 2000 ist er als wissenschaftlicher Mitarbeiter im BioTrusT-Projekt zuständig für die Integration der biometrischen Systeme in die Serverumgebung, Anpassung der Schnittstellen und die Optimierung der Enrollmentprozesse.

Klemm, Lothar, RA und Staatsminister a. D.

Von 1994 bis 1999 war Herr Klemm Hessischer Minister für Wirtschaft, Technologie und Verkehr. Im selben Zeitraum war er Vorsitzender des Aufsichtsrates der HLT Investitionsbank Hessen AG, der Mittelständischen Beteiligungsgesellschaft Hessen und Vorsitzender des Stiftungsrates der Technologiestiftung Hessen. Als Technologieminister initiierte er den Gründerwettbewerb Science 4 Life, der gemeinsam mit dem VCI, der DECHEMA und der Hoechst AG durchgeführt wurde. Herr Klemm ist Partner der first photonics capital Beteiligungs GmbH.

Lenz, Jörg-M., Dipl.-Betriebsw.

ist Manager für Marketing und Öffentlichkeitsarbeit bei der SOFTPRO GmbH & Co. KG. Sein Studium der Betriebswirtschaft an der FH Nürtingen beinhaltete unter anderem einen Schwerpunkt im Wirtschaftsjournalismus. Er ist seit 1999 bei SOFTPRO tätig. In sein Aufgabengebiet fällt die Förderung von Verständnis und Akzeptanz der Biometrie sowie die aktive Mitwirkung an der Gestaltung von Einsatzbedingungen durch Recht und Politik. Herr Lenz arbeitet als aktives Mitglied in den Arbeitskreisen 5 und 6 von TeleTrusT e. V. und ist für das Projekt BioTrusT im Pressebereich tätig.

Probst, Thomas, Dr.

studierte Mathematik und Physik in Braunschweig und Kiel. Nach seiner Dissertation im Bereich der Numerischen Mathematik beschäftigt er sich seit 1999 beim Unabhängigen Landeszentrum für Datenschutz Schleswig-Holstein in Kiel mit Fragen datenschutzfreundlicher Technikgestaltung und der Validier- und Auditierbarkeit datenschutzgerechter Produkte. Einen Schwerpunkt bildet der Fragenkomplex „Datenschutz und Biometrie", den er im Rahmen des Projekts BioTrusT bearbeitet. Er ist Autor und Co-Autor von Veröffentlichungen und Vorträgen zum Themenkreis (datenschutz)rechtlicher und –technischer Fragen biometrischer Verfahren.

Reimer, Helmut, Prof. Dr.

Studium der Elektronik an der TU Ilmenau, wo er auch 1964 promovierte. Von 1971 bis 1990 Universitätsprofessor für Mikroelektronik an der TU Ilmenau. Von 1980 – 1991 parallel in der Mikrochip-Industrie tätig. Seit 1992 ist Prof. Reimer Geschäftsführer von TeleTrusT e. V.; Herausgeber der Fachzeitschrift Datenschutz und Datensicherheit (DuD) und weiterer einschlägiger Publikationen.

Roth, Richard, Prof. Dr.

Jahrgang 1952, ist seit 1995 Professor an der Fachhochschule Gießen-Friedberg im Fachbereich Wirtschaftsingenieurwesen und Produktionstechnik. Seine Lehrgebiete sind Marketing-Management, Führung und Organisation, Grundlagen des wissenschaftlichen Arbeitens. Nach dem Studium der Betriebswirtschaftslehre an den Universitäten Würzburg und Mannheim war er über 14 Jahre in der Industrie, zuletzt als Marketingleiter eines Unternehmens der Konsumgüterindustrie, tätig.

Seine Forschungsschwerpunkte liegen im Bereich Service-Marketing, Kunden-zufriedenheit und Biometrische Identifikation. Er ist Autor und Co-Autor zahlreicher Veröffentlichungen sowie Vorträge zu den Themen Service-Marketing, Innovation, Informationsmanagement, Electronic-Commerce und Biometrische Identifikation. Ferner ist er, zusammen mit Prof. Dr. Michael Behrens, Leiter des TransMIT-Zentrums IBIS, des Instituts für biometrische Identifikationssysteme .

Rumpf, Maria, Prof. Dr.

Jahrgang 1965, ist seit 2000 Professorin an der Fachhochschule Gießen-Friedberg im Fachbereich Sozial- und Kulturwissenschaften. Sie hat dort die Stiftungs-professur für Allgemeine Betriebswirtschaftslehre, insbesondere Existenzgründung inne. Nach dem Studium der Wirtschaftswissenschaften an den Universitäten Bonn, Mannheim, Nancy und Birmingham war sie einige Jahre in der Konzernentwicklung einer international tätigen Bank beschäftigt bevor sie an der Universität Jena im Fachbereich Internationales Management promovierte. Neben der Assistenten-tätigkeit beriet und begleitete sie verschiedene Existenzgründerteams auf dem Weg in die Selbstständigkeit. Ihre Forschungsschwerpunkte liegen in den Bereichen Entrepreneurship, Strategische Unternehmensführung und Internationales Manage-ment.

Schmidt, Christiane, Dr.

ist Produktmanager Biometrie bei der SOFTPRO GmbH & Co. KG. Ihre Promotion an der RWTH Aachen handelt von der „On-line Unterschriftenprüfung zur Benutzerverifikation". 1999 erfolgte ihr Einstieg bei SOFTPRO. Durch ihre Arbeit erweitert SOFTPRO sein Angebotsspektrum um die Prüfung dynamischer Anteile einer Unterschrift und ihrer Integration im Umfeld von Public Key Infrastrukturen und auf Smartcards. Frau Dr. Schmidt ist unter anderem als aktives Mitglied in den Arbeitskreisen 1 und 6 von TeleTrusT e. V. tätig,.

Splett, Jörg, Prof. Dr.

geboren 1936 in Magdeburg, studierte in Pullach, Köln und München (Philosophie, Psychologie, Fundamentaltheologie, Pädagogik). Nach der Promotion bei Max Müller war er Assistent von Karl Rahner. Er lehrt seit 1971 Philosophische Anthropologie, Religionsphilosophie (Philosophische Theologie) sowie Geschichte der Philosophie im 19. und 20. Jh. an der Philosophisch-Theologischen Hochschule Sankt Georgen in Frankfurt/M.; zugleich als Gast an der Hochschule für Philosophie in München. Daneben ist er in der Erwachsenen-, Lehrer- und Priesterfortbildung tätig. Er ist Autor zahlreicher Veröffentlichungen in deutschen wie ausländischen Zeitschriften und Sammelwerken und Redaktionsmitglied bei Theologie und Philosophie (Frankfurt / Freiburg), Il Nuovo Areopago (Roma / Bologna).

Weber, Frank,

Jahrgang 1963, hat maßgeblich an der Entwicklung der Algorithmen mitgewirkt, die dem Gesichtserkennungssystem FaceVACS der Cognitec AG zugrunde liegen. Nach dem Studium der Informatik arbeitete er an der GMD – Forschungszentrum Informationstechnik GmbH in Sankt Augustin (nunmehr Teil der Frauenhofer-Gesellschaft) und forschte dort über den Einsatz künstlicher neuronaler Netze für Regelungsaufgaben und zur optimalen Versuchsplanung. Im Jahre 1996 wechselte er zur Siemens Nixdorf Advanced Technologies GmbH und arbeitete dort an der Entwicklung von Gesichtserkennungsverfahren. Diese Arbeit führte er von Januar 1998 bis Februar 2001 bei der plettac electronic security GmbH und seitdem bei der Cognitec AG fort. Seit Oktober 2000 leitet er dort die Algorithmenentwicklung.

Zinke, Joachim, Prof. Dr.

Nach seinem Studium der Elektrotechnik (1975-81) an der Technischen Hochschule Aachen war er von 1981-93 Entwicklungsingenieur der Fa. Telefonbau und Normalzeit, Frankfurt, bzw. BOSCH Telecom; Systementwicklung Dienste und Terminals, Gruppenleiter innerhalb der Multimedia-Kommunikation. 1993 promovierte er über Verfahren und Systeme zur Sprecherverifikation an der Johann-Wolfgang-Goethe-Universität Frankfurt. Seit 1994 ist er Professor an der Fachhochschule Gießen-Friedberg im Fachbereich Elektrotechnik II in Friedberg mit den Arbeitsgebieten: Digitale Audioverarbeitung, Benutzeroberflächen, Einsatz von Medien in der Lehre.

Weitere Titel aus dem Programm

Gunter Lepschies
E-Commerce und Hackerschutz
Leitfaden für die Sicherheit elektronischer Zahlungssysteme
2., überarb. Aufl. 2000. VI, 242 S. mit 43 Abb. (DuD-Fachbeiträge) Br.
DM 98,00/€ 49,00   ISBN 3-528-15702-X
„Wer Näheres zur Sicherheit von Cybercash, Chipkarten oder Internet-
Banking wissen will, ist hier richtig."   e-commerce magazin 3/99

Andreas Pfitzmann, Alexander Schill, Andreas Westfeld, Gritta Wolf
Mehrseitige Sicherheit in offenen Netzen
Grundlagen, praktische Umsetzung
und in Java implementierte Demonstrations-Software
2000. 260 S. mit CD-ROM. (DuD-Fachbeiträge) Geb. DM 68,00/€ 34,00
                                                 ISBN 3-528-05735-1

Patrick Horster (Hrsg.)
Kommunikationssicherheit im Zeichen des Internet
Grundlagen, Strategien, Realisierungen, Anwendungen
2001. 422 S. mit 110 Abb. (DuD-Fachbeiträge) Geb. DM 168,00/€ 84,00
                                                 ISBN 3-528-05763-7

Abraham-Lincoln-Straße 46
65189 Wiesbaden
Fax 0611.7878-400
www.vieweg.de

Stand 1.7.2001. Änderungen vorbehalten.
Erhältlich im Buchhandel oder im Verlag.
Die genannten €-Preise sind gültig ab 1.1.2002.